张治中传

陈劲松 著

北京师范大学出版集团
安徽大学出版社

图书在版编目(CIP)数据

张治中传/陈劲松著. —合肥:安徽大学出版社,2018.7
ISBN 978-7-5664-1690-2

Ⅰ.①张… Ⅱ.①陈… Ⅲ.①张治中(1890—1969)—传记 Ⅳ.①K825.2

中国版本图书馆 CIP 数据核字(2018)第 183428 号

张 治 中 传
Zhang Zhizhong Zhuan

陈劲松 著

出版发行:	北京师范大学出版集团 安 徽 大 学 出 版 社 (安徽省合肥市肥西路 3 号 邮编 230039) www.bnupg.com.cn www.ahupress.com.cn
印　　刷:	合肥创新印务有限公司
经　　销:	全国新华书店
开　　本:	170mm×230mm
印　　张:	22.5
字　　数:	323 千字
版　　次:	2018 年 7 月第 1 版
印　　次:	2018 年 7 月第 1 次印刷
定　　价:	58.00 元

ISBN 978-7-5664-1690-2

策划编辑:吴泽宇　　　　　　　　　装帧设计:张　浩　李　军
责任编辑:吴泽宇　李　君　　　　　美术编辑:李　军
责任印制:陈　如

版权所有　侵权必究
反盗版、侵权举报电话:0551-65106311
外埠邮购电话:0551-65107716
本书如有印装质量问题,请与印制管理部联系调换。
印制管理部电话:0551-65106311

序　XU

在近代中国的著名人物中,张治中有其独具的特色,有一些不易索解之谜。

一是出身低微而成为最高领导身边的要人。张治中1890年(清光绪十六年)出生于安徽巢湖的一户贫寒家庭。祖父是半自耕农,父亲是篾匠。张治中早年当过杂货店学徒、盐防营备补兵、学堂传达和警察,属于社会下层。武昌起义后张治中在上海参加学生北伐军,后入保定陆军军官学堂。1916年12月毕业,被分配到安徽军阀倪嗣冲部见习;1917年,到上海投身于孙中山领导的护法运动,历任连长、营长、师参谋长等职;1939年3月,被蒋介石任命为委员长侍从室第一处主任,掌握军事机要,成为蒋介石身边的要人。这一职位,就是中国古代所谓的"天子近臣"。张治中虽"拥蒋而不反蒋",但多次对蒋提出批评,甚至是很尖锐的批评。张自己说,"口头的,书面的,不知多少次数"。尽管如此,蒋对张治中的信任却始终不衰。

二是在国共矛盾中长期保持中立。1924年,国共合作,张治中参加黄埔军校建校,历任第三期学生总队代总队长、第四期入伍生团团长。当时,军校内部左右两派分化、斗争激烈,张治中曾向周恩来要求参加共产党,周答以"稍待适当时机"。此后,张治中在两派斗争中力求中立,并和周恩来保持良好友谊。张治中屡任军职,带兵打仗,但打完仗后,即请辞回校,从事军事教育,始终避免和中共领导的武装力量作战。张治中自称:"在国民党高级将领中,没有参加反共的,我算是少数人中的一个。"在1948年"剿共"期间,国民党命令将原"西北行辕"改为"西北绥靖公署",张治中坚决不改,迫使蒋介石只能同意改称"西北军政长官公署",成为唯一的例外。

三是抗日先锋。1932年淞沪抗战,张治中主动请缨,任第五军军长,在庙行战斗中取得胜利。1937年8月,第二次淞沪抗战,张治中任京沪警备司令兼第九集团军总司令,采取"先发制人"策略,指挥所部主动进击上海日军。其后,日军在长江口的狮子林等地登陆,企图抄袭我军侧背,形成包围之势,张治中冒着敌机轰炸,骑自行车赶往江湾前线指挥。

四是多次参加国共两党之间的谈判。皖南事变后,张治中力谏蒋介石,主张派人员与共产党会谈,以求得团结抗日。自1942年至1944年,中共先后派林彪、林祖涵、周恩来等代表到重庆谈判,张治中都是国民党方面的主要代表。抗战胜利后,张治中坚决反对内战,致力于争取国内和平。他积极参加1945年8月至10月的重庆谈判,往返延安接送毛泽东,并将自己的住宅桂园腾出来供毛泽东使用;同年12月的停战谈判,1946年2月的整军谈判,3月的东北停战谈判等,张治中无役不予。在整军谈判中,由张治中、周恩来及美国代表达成《关于军队整编及统编中共部队为国军之基本方案》,国内和平气氛一时达于顶点。不久,张治中第三次访问延安,形成"历史佳话"。当时,张治中对国民党的腐朽政权濒于绝望,主张"联共救党",认为"只有联合中共,让中共进来参加政治,在两党竞赛之下,或可刺激国民党的改造,影响国民党的进步"。1949年1月,蒋介石下野,李宗仁接任代总统。4月1日,张治中率领国民政府代表团到北平和中共谈判,半个月后,达成国内和平协定8条24款,但因国民党方面的拒绝而未能成功。1963年,张治中还陪同周恩来到南海海上,和台湾当局的代表秘密会晤。张治中是中共的老朋友,多次参与国共合作谈判,因此有"和谈将军"之称。

五是持有独立的外交主张,由主张疏美、亲苏转变为提议美苏并重。国民党和南京国民政府长期亲美,但张治中却长期亲苏。他主张,要取得抗战胜利,一定要争取苏联的同情与援助。珍珠港事变爆发后,美国开始援华,张治中由此主张美苏并重,反对重庆政府采取的"一面倒"的亲美政策。

序

六是解决新疆和西北问题。1944年11月,新疆伊犁发生暴动,分裂主义分子在外部势力支持下成立"东土耳其斯坦共和国",其武装力量推进到距离迪化不远地区。在形势极端复杂危急的情况下,张治中奉命到新疆,与分裂主义分子谈判,达成和平协议,取消分裂政权,组建新疆联合省政府。其后,张治中利用其关系和影响,促成新疆和平解放。

张治中一生地位特出,做了许多别人无法做到或无法取代的事情,是研究、叙述民国历史不可或缺的关键人物之一。陈劲松先生长期参与安徽政协文史资料的征集和研究工作。20多年来,他个人征集文史资料数以千万字、历史照片近万幅,成绩卓著。他在编辑《江淮文史》时,以"兔子的腿"(喻勤于联系作者)、"鹰隼的眼"(喻善于捕捉信息)、"八哥的嘴"(喻善于提出问题)、"秀才的笔"(喻善于记录编撰)自励,使该刊成为华东以至全国的名刊。他的这本《张治中传》广泛收集资料,参考已有成果,全面、翔实地描绘了张治中的一生;而且,陈先生与张治中同籍安徽,写乡贤,亦自有其便利、亲切、生动之处。相信本书的出版,将有助于近现代中国历史和安徽地方历史的研究,也有助于对安徽这一特出历史人物的了解。

杨天石

于北京东城之书满为患斋

目录

MULU

第一章　历尽磨难　找寻出路 ………………………………… 1

　　第一节　洪家疃的靠山张 ………………………………… 1
　　第二节　艰难的十年私塾 ………………………………… 4
　　第三节　从小秀才到小学徒 ……………………………… 7
　　第四节　"咬口生姜喝口醋" …………………………… 10
　　第五节　从备补兵到备补警察 …………………………… 12
　　第六节　终于有了编制 …………………………………… 16

第二章　矢志革命　南北颠沛 ………………………………… 18

　　第一节　参加上海学生军团 ……………………………… 18
　　第二节　入读保定军校 …………………………………… 20
　　第三节　驱逐校长王汝贤 ………………………………… 24
　　第四节　分派安武军 ……………………………………… 28
　　第五节　南下广州 ………………………………………… 30
　　第六节　宣汉化装逃生 …………………………………… 35
　　第七节　主持桂系军校 …………………………………… 40

第三章　服务黄埔　十年执教

第一节　"红色"教官 …… 44

第二节　参加北伐 …… 49

第三节　夹缝中的艰难 …… 52

第四节　游历欧美 …… 58

第五节　十年教育长 …… 62

第六节　"讨逆"之战 …… 65

第四章　请缨抗日　浴血淞沪

第一节　一·二八淞沪抗战 …… 71

第二节　八一三淞沪抗战 …… 83

第五章　主政湖南　革职留任

第一节　省训：廉政勇勤 …… 110

第二节　兵匪之祸 …… 112

第三节　出巡与治贪 …… 114

第四节　建设新湖南 …… 117

第五节　抗战动员与准备 …… 120

第六节　长沙大火 …… 123

第七节　留任善后 …… 130

第六章　襄赞军机　两度和谈

第一节　主管军事机要 …… 137

第二节　出任军委会政治部部长 …… 149

第三节　抗战中的国共谈判 …… 158

目录

第七章　重庆谈判　三到延安 …… 175

- 第一节　国共关系影射美苏矛盾 …… 175
- 第二节　重庆谈判 …… 180
- 第三节　护送毛泽东回延安 …… 194
- 第四节　停战协定 …… 198
- 第五节　政协会议与军事整编 …… 203

第八章　和共亲苏　安定新疆 …… 215

- 第一节　蒋介石收复新疆主权 …… 215
- 第二节　伊宁事变前后 …… 220
- 第三节　调查伊宁事变 …… 226
- 第四节　新疆谈判 …… 228
- 第五节　建立联合省政府 …… 242
- 第六节　万里护送共产党人 …… 248

第九章　北平和谈　唯张是赖 …… 257

- 第一节　直谏蒋介石"联苏和共" …… 258
- 第二节　桂系的反蒋与和共 …… 263
- 第三节　溪口之行 …… 266
- 第四节　北平和谈 …… 271
- 第五节　南京政府拒绝和平 …… 283
- 第六节　留居北平 …… 285

第十章　殚精竭虑　造福西北 …… 297

- 第一节　乌斯满事件 …… 297
- 第二节　二二五事件前后 …… 302

第三节　反麦斯武德与三县暴动 …………………… 306
  第四节　促进新疆起义 ………………………………… 313
  第五节　稳定新疆 ……………………………………… 323

第十一章　参政议政　肝胆相照 …………………… 328

  第一节　爱国为民不遮不掩 …………………………… 328
  第二节　随毛泽东视察大江南北 ……………………… 332
  第三节　为两岸统一耗尽心血 ………………………… 336
  第四节　故人的缅怀 …………………………………… 341

主要参考书目 …………………………………………… 344

后　记 …………………………………………………… 347

第一章
历尽磨难　找寻出路

巢湖之美,不仅在于她的辽阔浩大,更因她物产丰富、文脉深厚和湖边遍布风景名胜。在巢湖的北岸,有一座"常有云彩飘荡、经常保持着碧清色和淡白色"的山,它的主峰高约300米,美其名曰西黄山。立于山上望巢湖,"气吞吴楚千帆落,影动星河五夜来",浩渺的巢湖,水天相连,一望无际;湖面渔帆点点,渔歌阵阵。"湖天第一胜境"中庙矗立在凤凰台赤砂礁岩上,"红色庙墙,陡峭错落,赤迹凤台,直抵湖中,波涛冲刷,纹丝不动。湖浪吞吐,飞流喷珠,湖潮入洞,犹如钟鸣",誉之为"人间蓬岛"。

八百里巢湖惊涛涌雪,烟波浩渺,既是风光秀丽之地,也是人文荟萃之区。古往今来,名流如星斗中天,辉耀古今,涌现出范增、文翁、周瑜、丁汝昌、冯玉祥、李克农等历史人物。在几十年风云际会中,以特立独行和真知灼见行世,获得国共两党两军一致赞誉的和平将军张治中,也生于斯长于斯。

第一节　洪家疃的靠山张

风景秀丽的西黄山南麓,有一个古老的村子,叫洪家疃。走近洪家疃,首先映入眼帘的就是村前的清水塘,一排青砖灰瓦建筑坐落在塘北侧,倒映于水中。水塘西侧有几棵古老香樟树,两人方能抱住,挺立于池塘路边,向来客展示着村庄的悠久历史。

巢湖胜景

进入村庄,便见自东向西分布有不少巷道,巷道将每家每户串联起来,巷口一般只有两三米宽,至今还有明沟痕迹。村里的老人说,以前每条巷道中都修筑有排水明沟,与居民天井相连,雨水通过这些明沟排入清水塘,尤其是遇到大雨,九条巷道的水滚滚直入村前清水塘,犹如"九龙戏水"。这种"九龙攒珠"的排水系统既可免除水患,又富有文化内涵。然而历经几百年的洗礼,这种曾经流行的村庄格局大多已面目全非。所幸的是,巢湖北岸黄麓镇的一些村庄至今还完整地保留着这种村庄格局。

在洪家疃,土墙壕沟、青砖灰瓦、黄砖楼房间或其中,不同的建筑反映着各个时代的建筑风格。村中有座古井镶有汉白玉井圈,已经没有人知道它的年龄了,只有汉白玉石井圈上十多条被绳索磨成的深深勒痕讲述着它的沧桑历史,见证着村中人们生活的艰辛。

村中,建于清乾隆年间的洪氏宗祠虽已破损严重,但高翘的屋角、精致的木雕依旧展现出当年洪氏家族的兴旺发达。然而,兴旺的洪氏家族并不是村庄的原主人,更不是村庄的建设者。

自宋元战争之后,江淮地区一片荒芜,富饶的巢湖岸边也是野草丛生,人烟稀少。明朝建立后,朱元璋为繁荣家乡,下令老百姓从江南迁移到巢湖岸边。早期进入西黄山脚下"洪家疃"的即是江西"瓦屑坝"和徽州移民徐氏、黄氏、庄氏家族。

张治中故居(正中)远眺

在西黄山地区,因为山水常常顺流而下,难以控制。下游地区为保证农业生产,只有在西黄山上修筑一个水坝,才能调节水源,保证丰收。来到山区后,徐氏、黄氏、庄氏选择了面向下游冲田的一个较窄的山口修筑了一个水坝,建成徐家坝村。通过这个拦水坝,山水在水坝前逐渐形成了一个小湖泊,这就是现在洪家疃村前的清水塘。

据说,徐家坝庄氏家族一位叫"隆公"的人因触犯朝廷,皇上震怒,被满门抄斩。庄姓匆匆逃离这个村庄,留下了空空的房屋。后来,徽州洪姓迁来徐家坝,成为这里的第二批移民,逐渐发展为当地最大的家族。随着洪氏家族掌握村庄的领导权,村名也改成"洪家疃"。

在此期间,同样来自东部小村的"靠山张"张氏家族也逐渐迁到徐家坝,张治中就是张氏后人。张氏、洪氏慢慢融合,成了村里的两大宗族。截至1949年,该村获得少将以上军衔者即有十多位,少将以下军官则更多,洪家疃成为西黄山脚下第一大村。

第二节　艰难的十年私塾

张治中的先祖于明朝末年从江西迁移至安徽,落户于巢湖东南。张氏四大房分居四个村庄,人称"四房张"。张治中的先人是大房,早期住在西黄山脚下,故又称"靠山张",后迁入洪家疃。

张治中故居近景

张治中于1890年10月27日出生在洪家疃。父亲给他取名本尧,字警魄。张治中的祖父张邦栋是一个本分的传统农民,为人耿直。张治中的父亲张桂征念过书,粗通文墨,能写信记账,有一手篾匠手艺,在今天肥西的丰乐河镇上开了个篾匠店,经营自己编制的箩、筐等竹制家私和其他日常杂货。张桂征的性格和他的父亲张邦栋不同,比较柔和,做事不紧不慢,遇事不愠不怒,整天为一家人的生活奔波忙碌。从张治中后来的人生轨迹及为人处世看,他基本遗传了父亲张桂征的性格。

张治中的母亲是洪家疃洪家的女儿,祖母在张治中出生前就去世了。张治中的母亲温柔贤良,吃苦耐劳,生育了本尧(张治中)、本舜、本禹、文心兄弟四人,另有一女早夭。在张治中一生中,对他影响最大的就是他的母亲。

母亲自小即艰辛劳作,得了气喘病。嫁入张家后,不仅要养育子女,操持家务,还要帮助丈夫照管篾器店。这位贤德的农村妇女,为了儿子的前途,悄悄凑钱给儿子,鼓励儿子走出去。她常常从人生的理想、个人的长远发展教育儿子,将家乡的格言"咬口生姜喝口醋"给儿子作座右铭。她希望儿子无论经历多少艰难困苦,尝尽多少酸甜苦辣,都要成人成才。后来,张治中请于右任老先生将这句格言书写下来,作永远的纪念,教育孩子们常常诵读,牢记母亲的遗训。

张治中故居后院

六岁,跟随父母在丰乐河镇生活的张治中,进入镇上李先生的私塾读书。一年后,回到洪家疃,跟随堂舅洪子远读书,前后共七年,期间随丰乐河镇唐先生读书一年,此后又师从洪家疃长冈张村西峰庵张来轩先生读书一年。张治中的私塾生活一共有十年时间。

在张治中的四个塾师中,要求最严厉的当是洪子远先生。洪先生熟读四书五经,下笔千言,踱步作诗立就,但命运不济,多次参加科考都名落孙山。他心地仁厚,纯正善良,张治中对他很敬重。即使在后来的戎马倥偬中,张治中也保持与洪先生书信往来。

洪先生常说:"板子南山竹,不打书不熟。"张治中右额头上有一道隐隐约约的伤疤,那就是背书时,因为脱落丢句,被洪先生的竹板打伤留下的"记号"。至于罚跪打手心,不给回家吃饭,在洪先生的私塾更是家常便饭了,也是当时私塾的一般风气。洪先生教学极其认真,放学时,常将没有达到教学要求的孩子留下补课,张治中也不乏这样的经历。夜深人静时,母亲见张治中还没有放学回家,挂念这个未满十岁的孩子,就悄悄来到私塾门外,从门缝里、窗缝里看儿子在那里疲倦地苦读,等到放学,再牵着儿子的小手一起回家。有一次,张治中被罚留私塾背书,不给回家吃饭,母亲看儿子饿得难受,遂悄悄买了两个粑粑塞给儿子吃。

对于这段经历,张治中后来回忆说"永远不会忘记",一方面感念洪先生的严格教导,一方面怀念慈母的疼爱之情。也正是这段艰苦的求学经历为张治中打下了坚实的文字功底,同时也让张治中能在任何艰难条件下坚持学习。所以张治中说师从洪先生的读书时期,是他"最受磨难而同时最有进益的时代"。

当然,随着新思潮新思想的传播,洪先生的教学方法也逐步改进。张治中中途到丰乐河镇随唐先生读书一年,再次回到洪家疃随洪先生读书时,感受犹深:洪先生不再体罚孩子们了。

丰乐河镇老街

当时在洪家疃前面冈上梨园随洪先生读书的孩子,总计有二十多人,只有张治中和另两个同学在私塾住校,三人共同带米做饭,但各吃各的菜。这两位同学中,一个是本村富裕人家的子弟,餐餐有肉吃;一个是外村寡妇的儿子,家里条件尚好,常常给他送好吃的。只有张治中餐餐吃小菜,望着别人碗里的好菜咽口水。有一次,实在忍不住馋了,张治中要厨子回家向祖父提出要肉吃,祖父说:"肉吗?除非从我身上割下来!"听了厨子传来的祖父的话,张治中深深自责。想到父母带着弟弟们在丰乐河镇做手艺讨生活,祖父带着自己从土里刨生活,是多么不易。他想起在丰乐河镇时,身上长疥疮,听人说吃猪油蒸红枣,可以健脾,利于治好疥疮。回家后,张治中告诉了母亲。母亲黯然神伤,对孩子说,我们饭都吃不饱,哪有钱去做猪油蒸红枣啊!

回首往事,张治中倍感心酸,深知唯有发愤读书,求得出路,摆脱贫困,回报亲人。在一起学习的孩子们里,张治中的书读得最好。张治中的最后一个塾师张来轩先生说,教了几十年的书,才遇到这么一个聪明的学生!这位国学功底深厚的张先生逢人便夸张治中将来大有出息。

第三节 从小秀才到小学徒

十三四岁时,张治中的文章已写得很出色了,张桂征决定让儿子参加科举考试,猎取功名,以光大门楣。其时,随着西学的传播和洋务运动的发展,科举制度正发生改变。1888年,清政府准设算学科取士,首次将自然科学纳入考试内容;1898年,再设经济特科,荐举经时济变之才,并在康有为等维新人士建议下,废八股文改试策论,以时务政策命题。戊戌变法失败后,慈禧下令剿除维新派,软禁光绪皇帝,将所有考试恢复旧制。打开的闸门再关上谈何容易,1901年9月清廷实行"新政"后,各地封疆大吏纷纷再提科举改革,要求恢复经济特科。1904年,清廷颁布《奏定学堂章程》,此时,科举考试虽已改八股为策论,但尚未废除。因科举乃利禄所在,人们趋之若鹜,新式学堂难以发展。1905年9月2日,袁世凯、张之洞奏请立即停止科举,以便推广学堂,学习强国强军的实际本领。清廷为维护摇摇欲坠的统治,遂下诏自1906年始废除科举,令学务大臣迅速颁发各种教科书,责成各地督抚采取切实手段统筹新式学堂的发展,严饬府州县于城乡各处设各级学堂。张治中参加科举考试,正是科举制度将废未废之际。

科举考试得从县试、府试、院试开始,如果每一关都通过了的,就称为童生,又叫秀才。秀才参加几年一次举办的省级乡试,通过的叫举人,头名举人称解元。举人就可以做官了。举人之后还有更严格的会试,只有举人才有资格参加,脱颖而出的称作贡士,头名贡士又称会元。贡士齐聚京城,参加由皇帝亲自主持或者委派重臣主持的考试,就叫殿试,这是科举考试的最高层次。殿试的结果,会把贡士们分成三等,也叫三甲。一甲头名叫状元,第二名叫榜眼,第三名叫探花,皇帝对一甲三人赐号为进士及第;二甲选定剩下的三分之一,赐号为进士出身;三甲是最后的三分之二,赐号为同进士出身。这三甲又统称为进士。当了进士,就在仕途上发展了。

张治中没有参加过县试,在塾师的力荐下,在县学办了补考手续,直接参加府试。

原合肥四中内于旧址重建的庐州府学

府试的前一天,张桂征放下手头的活计,带着张治中来到合肥城,找了一家便宜的旅店住下。第二天早晨,张桂征早早喊醒儿子,三更天就提着装着笔墨纸砚的考篮,带着干粮来到考场。考场外已满是考生和送考的家长,等了一会,考官便开始点名进场。进场后,考场封门,考生一人一个鸽子笼般的小考棚,考棚里一桌一椅,拐角处有一个瓦罐。每个考棚的门上有考生的姓名,考生对名入棚,端坐沉思,等待考官出题。考官出题后,考生开始答卷,挥舞笔墨,穷尽所学。考试时间是一天两夜,饿了吃几口自带的干粮,大小便在棚内的瓦罐解决,不许出棚。考试结束时间到,考生交卷离场。

放榜那天,张治中在父亲陪同下,早早赶往贴榜处。榜单前已是人头攒

第一章 历尽磨难 找寻出路

动,张治中费力挤到榜单下,开始仔细搜寻自己的名字。那时发榜的方式与现在不同,不是按照名次往下排列的,而是用圆圈排列名次的先后,越靠近圆心,名次越高,圆心就是第一名。张治中从外围开始,一圈圈寻找自己的名字,终于在离圆心"府首"很近的第二圈,找到了自己的名字,高兴得一下子跳起来。

府考后,张治中回到家里,潜心准备接下来的院考。当张治中再到合肥参加院考的时候,别人见他年纪小,长得清秀,又有才学,都称他小秀才。远远看见张治中来考场,都说"小秀才来了"。张治中也是抱着极大的信心,希望通过院考,真正获得一个"秀才"的桂冠。他洋洋洒洒写好策论,回家等待好消息。但这次幸运之神掠他而过,张治中名落孙山。张治中晚年曾回忆,这次落榜,或许是因为字写得不好看,松散拉扯,两字占三个格子。须知,在科举考试中,一手漂亮的毛笔字是榜上有名的首要条件啊。刘春霖就是因为一手漂亮的毛笔字,被慈禧喜爱,进而发懿旨取其为历史上的最后一名状元。

当时,新式学堂已在中国各地出现,落榜后的张治中很想进入学堂读书,但高昂的学费将这个穷人家孩子阻挡在了门外。他不得不继续走封建科举之路,可科举制度又彻底停止了,退出历史舞台。张治中陷入苦思之中,当时文学堂学费高昂,武学堂却是提供食宿的,所需费用很低,那就去上武学堂吧。因为听说扬州要办一所随营学堂,于是,这个读了十年圣贤书的小秀才背起包袱,去扬州投奔在十二圩当哨官的亲戚。这位哨官按辈分是张治中的表叔,他常年带着舢板船,在湖上保护盐务。这时,张治中已是十五岁的少年。

在扬州十二圩的这段日子,张治中第一次体验到了寄人篱下,人情冷暖的滋味。刚到十二圩,哨官表叔以为张治中很快就能入随营学堂学习,毕业就是军官,所以对他还客气。可左等右等也不见随营学堂开办,他也就渐渐冷淡起来,拉脸子给张治中看。张治中吃的是冷眼饭,坐的是冷板凳,常常一个人孤零零地坐在哨官的船头发呆。最终,哨官再也不愿意让他等下去了,劝他回丰乐河镇。离开前,哨官表叔将张治中这一段时间在十二圩的生活费,以及他回家的盘缠等加在一起,让他打了一张13元的欠条留下。第二年,哨官表叔派人持张治中留下的欠条,向张桂征讨要了13元。

生计窘迫,为减轻家庭负担,已是青少年的张治中,被父母介绍到丰乐河镇上的吕德盛号当学徒。吕德盛号的女主人是张治中母亲的干女儿,两家来往较为密切。吕老板是看着张治中长大的,知道这是个读书的苗子,就不要他干粗活,只让他学做账,但张治中并没有因老板的高看一眼而有所懈怠。他勤劳本分、聪明伶俐,脏活累活抢着干,3个月时间就学会了打算盘记账,熟悉了杂货店的业务流程,深受吕老板夫妇的喜爱。

第四节 "咬口生姜喝口醋"

在吕德盛号的日子是忙碌的,也是令人心紧的。在这里,张治中唯一的安慰就是看书。最初的新鲜感过去后,他常常思考:这就是我的人生吗?我就这样过一辈子吗?张治中在苦苦思索自己的人生之路。他梦寐以求的还是学习、读书,他相信,知识改变命运。他要进学堂,走出这偏僻的乡村。

在百货店,张治中有时间就看书,不管什么书,只要能找到的书都看,其中最喜爱的是"纲鉴"类书籍。当时,在丰乐河镇是看不到报纸的。但吕德盛号的货源覆盖面较为广阔,如此,每次有货进来,包装货物的报纸就成为张治中了解外面情况的一个重要渠道,尽管这些消息已经落后很多,新闻已经成为旧闻。在店里,张治中最爱干的活就是拆货分类,因为这样他就可以把所有包装用的报纸保留下来,整理平整,再一一认真阅读。就是通过阅读这些过时的报纸,张治中保持着对外界的了解,接受着新思想,汲取着新知识。

有一天,从江城芜湖进来一批货,张治中像往常一样拆货分类,并收集包货的报纸。突然,他的眼睛一亮,看到一张《申报》上面有一行醒目的标题——"安徽陆军小学招生"。他将这张报纸紧紧攥在手里,将上面的这条消息反复阅读,决定不放弃这次机会,前去报考。恰在这时,张治中的一个在省城安庆测绘学堂当学生区队长的远房亲戚,从安庆放暑假回来。张治中遂向老板请假,前去探望他,向他讲述自己的想法。这个亲戚很为他的精神感动,答应在陆军小学招考前通知他,并在录取时提供帮助。这让张治中感到有了更大的希望。

张治中在其创办的黄麓师范校园内,为纪念父亲所建的桂翁堂

张治中回到家里,将这些情况向父亲一一作了说明,并向父亲陈述了自己向往读书求得出路的想法。父亲对儿子突然放弃学做生意本已不满,还要钱去省城考学读书,去追寻那没有一点影子的大前途,这个劳苦一辈子的篾匠给予了否定。一直默不作声的母亲,一辈子遵循三从四德,几乎没有对丈夫提出过不同意见的善良勤劳的女人,这个时候给予了长子最大的支持。孩子是娘的心头肉,她同情这个清秀坚定的儿子,了解他,知晓他心里的想法,明白他的心头一直没有熄灭的理想之火。这个贤淑的女人明白,学做生意只是这个外柔内刚的儿子的无奈之举,绝不是儿子的最终出路。现在终于出现了一个机会,儿子怎会放过呢!

在母亲的劝说下,父亲改变了主意,不再反对张治中外出求学。为了给儿子筹集去省城的盘缠,她拿出所有积蓄,又东挪西借凑了24元钱,交到儿子手上,让他去省城投考陆军小学。张治中后来曾回忆:"这是毕生难忘的24元,这不是钱,是母爱,伟大的光辉的慈母之爱。"临行前,母亲拉着张治中的手,送出很远,反复叮嘱:"儿呀,你在外要时刻牢记娘的话:咬口生姜喝口醋。""咬口生姜喝口醋"这句话,成了张治中一辈子的座右铭,也成了张家的家训!

第五节　从备补兵到备补警察

揣着母亲千方百计凑起来的24元钱,17岁的张治中和4个私塾同学一起从丰乐河镇出发,步行向省会进发。360里,5个人走了六七天,终于到达。几个人找了一家便宜的小旅馆住下后,就去陆军小学参观,并打听招考的有关情况。几个乡下孩子,看着省城陆军小学高大的建筑,穿着整齐制服的学生,一个个羡慕得不得了,眼睛都转不开了。经过多方询问,他们总算将相关情况弄清楚了。陆军小学的招考名额是分配到各县的,大县2个名额,小县1个,总体名额是很少的。如合肥当时属于大县,2个名额;张治中所属的巢县属于小县,只有1个名额,竞争很激烈。巢县的考生中,就有一个姓贾的,上过洋学堂,人也长得帅气,最重要的是和巡抚衙门有亲朋关系,对这次考试,他是志在必得。

陆军小学堂旧址敬敷书院

考试正式开始了。第一关是体检,由于经常参加劳动,张治中的体格不错,顺利通过了。第二关是笔试,考国文,写一篇文章,题目是《战阵无勇非

第一章 历尽磨难 找寻出路

孝也》。吸取上次考秀才失败的教训,虽然这次考试张治中先打了草稿,再认真誊写清晰,但结果并不意外,榜上有名的是那位贾姓考生。张治中又一次落榜。

再次落榜的张治中感觉无脸回家,拒绝了落榜同学一起回乡的劝告,决定在外寻找出路。因为住不起旅馆,落榜后张治中随两个落榜同乡住进了唐公馆。唐公馆的主人安庆新军督练公所的总办,人称唐军门,是张治中这两个唐姓同学的本家。唐军门请了一个河北的庞先生,教他的二儿子读书。庞先生见张治中眉清目秀、温文尔雅,学问也好,是个有出息有前途的青年,对他礼遇有加,让张治中陪唐二少爷读书,平时常和他聊聊,开导开导他,让他在安庆等待机遇。可这样的安宁生活很快被打破了。一次,唐军门的哥哥唐秀才来唐公馆,看到张治中就是一愣,问了缘由后,当着唐二少爷的面厉声斥责张治中:"你是什么人?他是少爷,你这个穷小子配合他一起住在这个公馆里吗?"一个涉世未深、几无阅历又处在自尊心最强时期的青年,遭此难堪、侮辱,实在痛苦得彻夜难眠。夜半,张治中轻轻走进庞先生卧室,将先生唤醒,流着泪将当天发生的事情告诉先生,向先生告别,告诉先生,他决定离开安庆,再寻出路了。庞先生极力挽留,怎奈张治中去意已决。先生知道张治中身无分文,时已深秋,遂将一串钱给张治中作盘缠、一件旧布大褂送给张治中御寒,再三叮嘱张治中,在外保重自己,与张治中洒泪分别。

离开唐公馆,年轻的张治中在古城街头徘徊,去哪里呢?回家?想到母亲那期待的眼神、愁苦的面容,想到父亲那被贫困折磨得麻木了的满是皱纹的脸,张治中的心抽搐了。另外回家做什么呢?继续做学徒?心又何甘?无奈之下,张治中又一次去了扬州十二圩,他想去看看随营学堂开了没有。如果开了,再寻找机会进去读书。历尽苦难、屈辱,他最放不下的还是读书。

安庆到扬州350多公里,张治中历尽波折,或步行,或搭便车,或坐车,终于又一次来到了自古繁华的扬州,来到十二圩。可这个地方又一次让他失望了,随营学堂没有开办,身强力壮者在这里以搬运盐包为生,而他却是个身体瘦弱的秀才,吃不了这行饭。无路可走,他决定去盐防营当兵。但盐防营也没有正额可补,只能当个"备补兵"。"备补兵"的待遇极差,就连睡觉的地方也没有。每天晚上抱着被子,到各个营房找地方睡觉,看哪地方有空位子,放下被子就睡,第二天早上再卷被子走人。如果哪晚没有空铺位,就只有抱被子靠墙根打盹了。虽然是打游击,但睡觉是不要交钱的。吃饭就不同了,在盐防营,正额兵每个月有四两二钱的银子,而"备补兵"一分钱没有,所以饭也没得吃。吃饭要自己交钱,叫作打伙食圈子。张治中连来扬州的路费都没有,哪有钱去打伙食圈子呢?没办法,就只有去当铺。离十二圩15里的仪征城里有家当铺,是张治中最熟悉的地方了。先是当衣服,衣服当完了再当一些随身带用的零碎东西,最后没当的了,就连一件汗褂子也当了4毛钱,维持伙食圈子。没地方睡觉,没钱吃饭,那有没有活干呢?有。当正额兵不在的时候,代替他们去站岗或出操。

在这里的唯一希望就是等待正额出缺,这样就可以补上成为正额兵,但这样的机会是极少的。同时,张治中在这里遭到一个兵痞班长的辱骂、恐吓。在等待中煎熬3个月后,看不到星点希望的张治中再一次离开了十二圩。

带着些许沧桑,青年张治中又回到了省会安庆。在十二圩的时候,听说安庆测绘学堂招考,可到了安庆一打听,没有这回事。为了生活,张治中去成立不久的新军混成协应征。但当时刚成立不久的新军在入伍审核方面颇为严格,要由地方保送,一个农家孩子,谁会保送你呢?这个兵,张治中没有当成。最后,仍惦念读书的张治中在测绘学堂的门房当了一名传达,从而解决了吃住问题,等待学堂招考的机会。

所谓的传达,就是门房兼收发,登记收发信件、报纸以及来宾登记。在这里,每天周而复始的就是那简单两道程序,这对一个有理想的知识青年来说,实在是一种痛苦。思来想去,与其在这里当听差,还不如去当个警察。按当时的警察制度,要想当一名正式的警察,得先从备补警察干起,等有缺额的时候,再递补上去。如果没有这个备补警察阶段,就是有正式警察的缺额了,也不能补上去。后来经过耐心的等待,他终于当上了备补警察。

当了备补警察的张治中,工作内容就是当正额警察请假不站岗时,他就前去顶上。每次3个小时,每次40文制钱,这就是张治中用以维持生活的费用。白天还好,最难熬的是冬天夜晚的顶岗。但正额警察请的假一般都是冬夜12点到凌晨3点,或者3点到6点的站岗,这个时候是一天中最冷的时间段。而刚进警察分局的张治中,连住的地方也没有,每晚就倒在厨房的芦柴堆里对付着睡觉。每每在半夜,衣着单薄的张治中从芦柴堆里爬起,套上一件别人淘汰的半旧的制服,腋下夹根短棒,孤零零地站在黑暗的街头。

清朝的巡警

就这样过了两三个月,测绘学堂的招考仍无音信,替补正式警察又没有希望。其实即使有缺额出来,又哪能轮到这个没有任何背景的乡村贫穷青年呢。冬日的夜晚,这个清秀、倔强的青年,对着寒气萧萧的大街,想着自己的人生,常常扪心自问:我就这样替别人站岗过一辈子吗?我的前途在何方?

恰在这时,张治中接到了在扬州警察局当巡长的私塾同学方若木的信,方同学在信里告诉张治中,扬州的警察教练所招考,考进后受训三个月,出来就可以当正式警察了,而且能升任巡长。接到信的张治中喜出望外,于是再次离别安庆奔赴扬州。不同的是,这次他有了一个明确的目标,有了一些希冀。

第六节　终于有了编制

到了扬州,在方同学的带领下,张治中前去巡警教练所报名,通过考试,顺利地被录取了。

巡警教练所一共只有几十名警察学生,由一位所长主持,几位教练教学,学习内容就是当警察的有关知识和规矩。经过3个月的学习,张治中终于成为一名正式警察,终于有了一个编制,有了自己的月薪。为了这个正式编制,张治中可受尽了委屈和磨难。

当了正式警察的张治中,开始的工作还是站岗。不同的是,以前是替别人站岗,如今站的是自己的岗,穿的是自己崭新的制服,拿的是发给自己的枪。犯困的时候,可以在盐运使署大门前来回踱步,穿着制服,年轻的张治中心里美滋滋的。

当时的警察一天两餐,餐餐都是黄豆芽汤一碗,吃得乏味的张治中常常会买些咸萝卜来下饭,感觉很香。这个时候的张治中感觉全身都是力气。

张治中的旧学基础好,为人忠诚纯善,因此很快就被调到警察局去做勤务。很多同事羡慕他,恭喜他升官了。到局里当勤务警察的张治中,主要任务就是:有到警察局来打官司的,就帮助解决纠纷或报告长官;有警察送来小偷的,就登记收下;查户口时,就跟着去登记;以及长官交代的其他事务。

在警察局,张治中给同事的最典型印象,就是热爱学习。在工作之余,张治中不是读书,就是看报。为弥补自己的科学知识不足,一次张治中在报纸上看到一个"英(语)算(术)专修科夜班招生"的广告,立马兴冲冲跑去报名交费。每晚两小时,算术从加减乘除学起,英语从ABCD学起,对于只在私塾读过"之乎者也"的张治中来说,他太需要科学知识了,太需要这个科学的启蒙了。在上班时间,张治中还有一个特殊爱好,那就是"捡字纸"。幼时受私塾先生"敬惜字纸"的教导影响,张治中只要看到垃圾堆里有带字的纸张,马上将它捡起,不管干净还是污浊,用小棍子挑起,放进自带的小篮子里,再送到伙房烧掉。局里有人说他是做功德行善,是勤劳,也有人嘲笑他迂腐,甚至故意将带字的纸扔在地上,再呼唤他去捡,他也不以为意,乐呵呵地捡起送到伙房。

也许是学习耽误了工作,也许是捡字纸让巡长烦了,巡长又将张治中调去站岗。张治中没有失落感,反倒觉得解脱了。对于传达员性质的勤务警察,张治中感觉太烦琐、不自由,倒不如去站岗,几小时一班的岗站结束,剩下时间都是自己的,可以去读书、上课,可以去捡字纸,不再有拘束。其实,在张治中的内心深处,始终都期待正规的陆军类学堂招生,他要去报考,要去读书,在陆军里实现自己的理想。

1909年,张治中遵从父母之命,回家完婚,娶了同村堂舅洪让相的女儿小银子为妻。小银子是长房长女,村里人都称她银大姐。按当地风俗,侄女随姑,张、洪两家指腹为婚,并在小银子出生的第7天就举行了订婚仪式。两人结婚时,张治中19岁,小银子17岁。婚后,张治中为小银子取名洪希厚,希望她如母亲一般,敬长爱幼,忠厚持家。

张治中与夫人

第二章
矢志革命　南北颠沛

辛亥革命的消息传来,张治中毅然放弃奋斗数年得来的警察职位,奔赴上海,当时"只有一个想法,就是打仗,就是北伐,打死了是光荣的;如果不死,希望可进陆军学校,将来当一名正式军人"。孰料,这一去虽历经波折进了保定军校,接受了正规的军事教育,但仍然长期郁郁不得志,北上南下,奔走于皖、粤、闽、桂之间,屡历险境,九死一生,际遇缥缈。

第一节　参加上海学生军团

俗话说,成家立业。现在张治中已经娶妻,下一步就会做父亲,可他的事业到底在哪里?正当张治中迷惘无向的时候,犹如阴霾的天空一声霹雳春响,武昌起义爆发了,辛亥革命的烈火迅速燃向全国。在这烈火中,张治中看清了历史的潮流,明确了人生的方向。他曾在日记中说:"辟荆棘而入康庄,自此始焉。"

1911年10月10日,武昌起义爆发。11月3日上海光复。11月7日,与扬州仅一江之隔的镇江光复。次日,扬州也戏剧性地光复了。11月8日晚,驻扎在扬州城外的清巡防营武装士兵40多人,以及江都知县桂聚庆、警察局的巡长等,簇拥着一名身穿白衣的骑马者,叫开扬州城的南门,举着"还我河山""光复大汉"两面旗帜,进入城内,群众和城内的自卫队士兵列队欢迎,知府和两淮盐运使不知革命者有多少,竟被这数十人吓得落荒而逃。就这样,本不是革命者的白衣人孙天生,贴出"大汉黄帝纪元元年"的告示,自署"扬州都督",扬州城内各家各户挂出白旗,表示拥护。但让人大跌眼镜的是,这位都督在第二天就带人抢了两淮盐运使署的库银。此时,真正的革命党人正在集中力量,准备攻打南京。结果3天后,原扬州巡防营统领徐宝山,带兵进入扬州城,处死孙天生,建立扬州军政分府,自命最高长官,他认为自己虽不是革命党人,但作为镇江革命党人李竟成的亲戚,真的光复了扬州,完成了从非革命党人到革命党人的跨越。这一幕幕"革命"闹剧,在当时的人们看来却并不是闹剧,毕竟推翻了清王朝近300年的封建统治。在盐运使署门前站岗的张治中对此看得"非常兴奋,参加了热烈的游行",感觉自己变成一朵飞溅的浪花,卷在一个狂潮热浪的漩涡里,"一个伟大的光明的日子到来了"。

孙天生宣布扬州光复的两淮盐运使司衙门

受这狂潮热浪的鼓舞,张治中在扬州再也待不下去了,毅然放弃了历尽艰难才得来的正式警察职位,决心参加革命。当时光复后的上海,由于革命军主力都调去攻打南京,剩余的力量不足以维持复杂的上海治安,于是沪军都督陈其美下令组织上海学生军团。招募令下达后,不足半月即招1000余人。张治中来到上海后,在街上"看见一群一群的学生军,挺着胸脯,雄赳赳,气昂昂",十分羡慕,于是毫不犹豫地报名参加了学生军团。时上海学生军团的军团长是沈剑侯,训练部长是田颂尧,军需部长是陈鹏,这是一支年轻的革命队伍,参加者都是为革命而来的热血青年,虽"不取分文报酬",甚至连军服也得自己掏钱购买,但他们有理想、有激情,每次操练回来,都"昂着头,张着口,高唱'四季从军乐'的军歌,何等慷慨雄壮"。这支军风军纪均臻上乘的学生军团成为沪杭一带一支重要的威慑力量,对于上海的稳定发挥了积极作用。

上海光复后,革命党人在闸北招募和教练新军

张治中参加学生军团之初,就抱定了血染沙场的念头,打死了光荣,打不死就进军校,只有经过血与火的淬炼,才能成为一名真正的革命军人。因为有随时战死的念头,张治中在写家信时,想到父母一辈子的艰辛,对自己的养育之恩,却再也不能报答,就非常伤心,真是以泪代墨。但信中还得安慰父母,说自己如何有希望、有前途,请他们不要牵挂。

在这样的纠结中,张治中在一次踢足球时,被战友踢伤了小腿,流血化脓,不能出操,只能勉强瘸着腿去上课,直到五六个月之后才好。要不是平时表现优秀,深得几位排长的器重,可能就被连部开除了。如果这样,就没有了后来的和平将军了。张治中到晚年回忆这起"烂腿"事件,还心有余悸,"险些儿误了我的前途"。

第二节　入读保定军校

1912年1月,孙中山先生在南京就任中华民国临时大总统,中华民国临时政府宣告成立。上海学生军团奉调南京,改编为陆军部入伍生团,张治中第一次来到南京——当时的民主革命中心。这里浓郁的革命氛围对张治中的影响,超过了以往书本上、报纸上、身边的所有宣传,他开始思考革命,身体力行去革命。

第二章 矢志革命 南北颠沛

武昌起义后,袁世凯出任清王朝的内阁总理,一方面陈兵长江北岸,以武力威胁革命;另一方面利用革命党人急于完成统一的愿望,诱使其进行和谈。在张治中参加上海学生军团的时候,南北和谈已经开始进行。1911年12月底,南北双方达成停战协议。南方军政府提出清帝退位、选举总统、建立共和政府等条件,袁世凯则以行立宪制为由进行武力要挟。在此期间,英、美、德、日、法、俄等帝国主义列强则对议和施加压力,声称"中国的战争若持续下去,将有危于外人的利益与安全",敦促革命党人向袁世凯妥协,并采取政治上拒不承认、经济上封锁扼杀、军事上武力恫吓、舆论上恶毒攻击革命政府的手段,极力迫使革命党人让步。与此同时,混入革命阵营的立宪派和旧官僚乘机活动,竭力把革命引向拥袁的道路,革命党内部的妥协势力也乘机抬头。1912年2月12日,南北议和告成,清帝溥仪下诏退位。次日,孙中山辞去临时大总统职务,并按约定推荐袁世凯继任临时大总统。15日,南京临时参议院选举袁世凯为临时大总统。3月10日,袁世凯在北京正式就任中华民国大总统。就这样,辛亥革命的果实被袁世凯窃取。

随着临时政府北迁,陆军部决定将入伍生团并入保定陆军军官学校。从前想上陆军小学堂而不得,今天竟一下子跨入保定军校的大门,这让张治中欣喜万分。

保定陆军军官学校创建于1902年,于1923年停办。1900年八国联军侵入中国,强迫清政府签订了丧权辱国的《辛丑条约》。1902年,接替李鸿章任直隶总督兼北洋大臣的袁世凯在保定东关外创练新军。经袁世凯奏准,由"北洋三杰"之一的冯国璋任北洋陆军将弁学堂总办(即校长),1906年改由"北洋三杰"之一的段祺瑞接任。1903年北洋陆军将弁学堂改名北洋陆军武备学堂,随又改称"北洋通国陆军学堂""陆军随营学堂"。1907年更名为"北洋陆军大学堂"。在1902年至1911年的10年时间中,这里走出了一大批北洋派系观念根深蒂固的军官,他们分布在政府和军队的各个重要岗位上,对北洋集团的形成和发展产生了重要作用,甚至影响着中国近代史的走向。1912年,北京临时政府成立后,袁世凯任大总统,段祺瑞任陆军总长,将保定陆军大学堂正式改名为"保定陆军军官学校",招收第一期学生。

保定军校

这样一所北洋派系色彩浓厚的军校,又如何能容得下南方来的入伍生团的学生?因此,当这批入伍生到达保定之后,就遭到了抵制。反对理由:一是保定军校招收的是两年制并入伍半年的陆军中学毕业生,陆军中学招收的是三年制陆军小学毕业生,而陆军小学招考的则是六年制的高小毕业生,前后11年之久,因此南京来的入伍生是不合格的;二是现在军校的很多第一期学生,参加了革命,甚至是军事指挥长,包括入伍生团的一些连长排长,让上下级、师生成同学,有违伦理;三是按照升学系统,现在的北洋第一期是循序渐进升上来的,是正统,南方来的则是半路出家,是杂牌。为此,中山先生为入伍生极力争取,入伍生自己也是据理力争,张治中代表同学们起草呈文,列举诸多理由,但还是被北京政府否决。就这样,一直拖到1912年的冬天,在黎元洪的斡旋下,北京政府决定将这批入伍生收入设在武昌南湖的陆军军官第二预备学校。学习两年毕业后再入伍一段时间,方可升入保定陆军军官学校。

1912年的冬天,张治中进入武昌南湖陆军军官第二预备学校学习。他进校后的第一件事,就是将本名张本尧改为张治中,字警魄改为字文白,寄托了他身处乱世中国的理想志向,此后这个名字在中国现代史上留下了浓浓的一笔。

武昌南湖陆军军官第二预备学校的原址是清朝的陆军第三学堂,陆军军官第一预备学校在北京清河,原名是清朝的陆军第一学堂。第一预备学校收容陆军小学毕业和陆军中学肄业的陆军学生,第二预备学校收容的就是南京来的入伍生了。预备学校学制两年,课程分学科、术科,学科主要有国文、数学、理化、史地、外语,术科主要有步兵操典、内务条例、军事训练。作为读圣贤书出身的秀才,张治中除了国文外,其他各科的知识都十分匮乏,虽在扬州当警察时去夜校学了点算术和英语,但也只是皮毛,因此这两年的学科知识的学习,对他的帮助是巨大的,他学习也极其用功。他曾回忆说:"对于立体几何、解析几何、三角,我都感觉很有兴趣,很吃力地学,但总弄不大清楚。我记得,常常为一个数学题,总是尽量运用脑筋去想,白天想不通,晚上想,走路、吃饭甚至做梦也还在想。"

在这两年中,张治中在良师格拉塞(德国人)、益友郭孔彰的感召、辅导下,他学习一丝不苟,甚至每周、每天都有自习表,什么时间学习什么功课,什么时间写日记,都是一丝不乱。两年时间里,他极少上街,完全是"一个纯洁的、肯用功的、有志气的青年,对于人生的修养,科学的知识,国家大事的见解,都树立了一个相当的基础"。

1914年11月10日,张治中结束了在武昌陆军第二预备学校的学习,按规定,先分派到保定入伍半年。张治中被分派到驻保定的陆军第八师当兵,学习队列、站岗、放哨等基本知识。这些基本知识张治中在当警察、上海学生军团、陆军军官第二预备学校时,多已掌握,在这里只是走走程序。连排长们也清楚这些学生兵只是来走个过场,很快就进入保定军校学习,几年后出来就是军官了,前途无量,不是他们这些行伍出身的基层军官能比的。所以对他们很客气,让他们单独住、单独吃饭,放任自由。

也就在这个时期,张治中的父母在短短的几天时间里相继去世,张治中回家奔丧,与即将生产的妻子洪希厚一起将父母的身后事办妥,安排洪希厚带着7岁的幼弟张文心到岳父母家生活,再赶回军队。

入伍期半年很快就过去了,经过体检和入学考试,张治中正式跨入中国近代军事教育史上成立最早、规模最大、设施最完备、学制最正规的军事学府——保定陆军军官学校,学习兵科。

第三节 驱逐校长王汝贤

保定陆军军官学校的主要功能为训练初级军官。学习期为两年,分步、骑、炮、工、辎重五科,教学内容与教学方法参照德国与日本的军事教育,结合中国的实际情况制订,逐步摆脱了天津小站练兵的一套旧法。学制章程参照日本陆军士官学校制定,教官以日本陆军士官学校毕业者居多。第一任校长为著名军事理论家、教育家蒋百里。

保定军校毕业照

军校学生按兵科编队,分别进行教育训练。科队长也多聘留德、留日的军校学生及陆军大学和本校的优秀毕业生担任。课程也分为学科和术科两大类,学科在课堂讲授,除有关军事的战术、兵器、测绘、筑垒及典范令外,并增加理化、数学、历史、地理等,以充实学生的军事知识,为逐步全面学习各种军事演习准备条件。术科训练先在操场进行各种制式教练,再到各教练场演习。野外演习先由简入繁,再逐步进入全面联合演习。实弹射击有打靶场,乘马训练有马场,炮兵训练有炮场,工兵有土木作业场、架桥作业场、

第二章 矢志革命 南北颠沛

爆破演习则选择不致造成危害的场所。辅助术科如体操、劈刺、武术等都有专业教官,在大院进行教练。器械操作在校后门外的器械操场进行。

保定军校的军事教育是严格且规范的,在蒋百里等一批有思想、有见识的教官耕耘下,培养出了诸多名将。

终于能进这样一所严格规整的军事名校就读,张治中十分珍惜,抓住一切时间,刻苦攻读,甚至两个暑假都没有回家看望妻子,而是利用这难得的整段时间,将图书馆的军事参考书籍《阵中要务令详解》(10卷)、《作战纲要详解》(7卷)等阅读一遍。与此同时,张治中还非常注重体格的锻炼和人格修养的养成。休息日,他常和几个志同道合的同学,带着几个烧饼、一壶水,到郊外远足,谈理想、说抱负,纵论古今中外。

由于保定属京畿重地,因此全国各省在这里大都设有会馆,里面吃喝玩乐俱全,为在京畿的同乡官僚、缙绅、科举及第之士聚会之用。每逢周日,很多同学便三五成群到各自所属省份的会馆赌博、喝酒,输赢达几百元。有的同学喜欢看戏,常常组织观戏团去戏院,使得一些戏院的老板跑到军校请他们点戏。保定有个"八条胡同",犹如北京的八大胡同,是娼妓一条街,军校的学生、教职员多有前往。有一个叫艳卿的妓女,据说在保定军校有八九十个男朋友。

但张治中对自己的要求是"临深渊,履薄冰,小心翼翼,唯德是遵",并常作深刻反省。一次考试,前排的同学乘老师在黑板上写考题的机会,偷翻教科书,张治中也凑上去一同作弊。这件事并没有第二人知道,但晚上回到寝室,张治中仍深感内疚、不安,他在日记中写道:"斯时以作俑非我,不过利用乘便,似无大伤,又觉情尚可原也。抑知人冒险而穿窬,我安坐以享分赃,质之良心安否?"

既能洁身自好,又能发奋读书,所以张治中在保定军校属于优等生,不论是学科,还是术科,成绩都非常优秀。难能可贵的是,他爱读书却不读死书,他关心国内外时局的变迁,积极参加军校反专制反称帝的斗争。

1915年5月,袁世凯屈服于日本的武力恫吓,接受灭亡中国的"二十一条"。保定军校学生罢课反对,曲同丰通电全国表示愿率全校师生效命疆场,为政府之后盾,9月即被袁世凯撤去校长并褫夺军职,直到1916年6月袁世凯死后才恢复少将军衔。为控制保定军校,袁世凯任命亲信王汝贤为校长。王汝贤原来是袁世凯的马弁,没多少文化,唯袁世凯马首是瞻,到校的第一次师生大会上,即称"袁大皇帝",急得随从在后面拽他的衣角提醒他,才改口称"大总统"。当时,袁世凯称帝之心虽已昭然若揭,但一般场合大家都还心照不宣,不那么直白。王汝贤上任后即规定,今后对违反纪律的学生以手板军棍代替禁闭,张治中在日记中惊呼:"噫!体罚亦居然复古矣!"

1915年12月12日,袁世凯冒天下之大不韪,悍然称帝,31日再下令改1916年为洪宪元年。一时间,天下激愤,但袁世凯控制舆论,全北京的报纸只准歌功颂德,为袁氏登基献言,不准唱反调,否则就得关门。只有一家日本人办的《顺天时报》(实为日人的间谍机关)不受袁世凯管制,深知国人对封建帝制的深恶痛绝,乘机收买人心,刊登大量反对帝制的文章。袁氏对《顺天时报》的风向尤为注意,让长子袁克定每天都将《顺天时报》拿给他看。袁克定为当太子,竟然专门印刷一份假的《顺天时报》,刊登拥护袁氏登基的颂扬文字,哄得袁世凯团团转,使他信以为真,认为这是日本对他的支持。

王汝贤

王汝贤深谙内情,下令不准保定军校的学生看真的公开发行的《顺天时报》。一天,学生方其道正在聚精会神地看《顺天时报》,被学校顽固的长官抓个现行,报告了校长。王汝贤为杀鸡儆猴,给自己立威,下令召开全校师生大会,让马弁将方其道押到台前,命令方跪下。方大声抗辩,"民主国家无下跪的道理"。两个士兵将方按跪下,一松手,方又站起,怒斥校长违法。士兵再次将方按倒,王汝贤指着方骂道:"不叫你看报,你偏要看报。排长警告你,你不服从命令,硬要看报,是不是违法?"方其道说:"世界各国,没听说禁止学生看报的。校长没来

第二章 矢志革命 南北颠沛

时,学校里有阅报室,学生不但随时可以看报,还可自由订报看。校长禁止学生看报,是什么理由?我们不像王校长,连自己的名字都不认识,不能看报。我们是知识分子,为什么不能看报?"方话未了,王汝贤怒吼:"你这个狡猾学生,是革命党,你不招供,先打你二百屁股板子(张治中回忆是痛打四十军棍),快打!"士兵随即把方按倒在地痛打。

方其道被打得血肉模糊,动弹不得。学生们久压的怒火一下子迸发了,军官学校成了暴动的大本营。学生们挥舞着拳头,大声怒吼,以最解恨的语言痛骂王汝贤。整洁的军校里找不到砖头石块,他们就把砌台阶的砖块翻出来,砸烂窗户,捣毁办公家具,冲进王汝贤办公室,把王汝贤威风八面的相片从墙上扯下来,撕得粉碎扔进厕所。对此,张治中曾回忆说:"现在回想这一次的暴动,可以说是一幕趣剧。因为我们这位大校长,实在可以成为笑话的主人公。他是非常低能的,不会说话,不会办事,只因与袁世凯有私人关系,才被派来做校长,我们一般同学平时就很轻视他。他是利用这四十军棍来示威,同学们又何尝不想借这四十军棍来泄愤?"

为打压学生,王汝贤干脆以"学变"为由,一不做二不休,申请将驻保定的第八师调来,把学校包围起来,刺刀闪闪,如临大敌,并把学生骗进教室,收缴了全部枪支。此后,方其道被开除,全校停课、停操。但在社会各界的压力下,王汝贤这个校长也干不下去了,沮丧地离开保定军校。校长由教育长杨祖德兼理。为防学生兵变,连大小便也派兵尾随。但监视学生的士兵心里明白,这些军校学生毕业以后就是军官,是他们的长官,因此也就不可能那么尽职尽责,睁一只眼闭一只眼。学生在监视松动一些后,利用接见宾客、送客到门口的机会,换上便衣,混在宾客中逃出学校,到南方去参加讨袁护国军。在大兵包围学校的五六十天中,全校两千多学生溜走了几百人。张治中没有出走,他和同学们一起,坚持与袁世凯称帝作斗争,直到1916年6月6日袁氏病死,保定军校复课。

1916年12月,张治中从保定陆军军官学校毕业。

第四节　分派安武军

尽管在毕业前夕,张治中填写了去边疆服役的志愿书,但结果还是被分配到安徽都督倪嗣冲的安武军。

倪嗣冲

倪嗣冲字丹忱,安徽阜阳人,其父倪淑是清末举人,曾受聘于袁世凯做家庭教师,后为袁世凯的亲信幕僚。1900年,倪嗣冲因血腥屠杀义和团而得到袁世凯的赏识,袁称赞倪氏"深器伟才,谓堪大用"。1911年武昌起义爆发,清廷被迫起用袁世凯,袁即密召皖籍心腹段祺瑞、倪嗣冲等商量进攻安徽战略要地事宜,决定派倪嗣冲驻兵河南周口,伺机入皖。当时安徽淮上军起义并占领阜阳,倪嗣冲立即从周口出兵,进攻皖北淮上军,进行骇人听闻的大屠杀。

1913年7月,革命党人因宋教仁案发起"二次革命"。革命党人、安徽都督柏文蔚在皖组织讨袁军,袁世凯令倪嗣冲率部抄袭柏文蔚以断讨袁军后路,击败讨袁军,倪嗣冲被袁世凯任命为安徽都督。倪嗣冲掌握安徽的军政大权后,残酷镇压反袁人士,"为袁所契,视为长江中部之柱石,兼管民政……声威煊赫,力足以制中枢,名足以冠群藩,凡各督论列朝政,倪恒执牛耳"。1914年3月,四川城口县知事陆某的"请将大总统任期改为终身制"条陈出现在政府公报上,袁世凯请各省文武长官发表意见,倪嗣冲首先对陈条大加赞美,并下令解散安徽省议会和各县议会。袁世凯大喜,特任倪嗣冲为"安武将军"督理安徽军务,所部遂称安武军,倪嗣冲兼任军统,计有骑兵营、步兵营、工兵营和炮兵营2万余人,为皖军主力部队。

1915年,倪嗣冲积极拥护袁世凯称帝,并上书袁世凯,请袁"速定大位",他又联合一批官僚政客,伪造地方民意,组织"全国请愿联合会",要求将共和制改为帝制。袁世凯死后,倪嗣冲投靠北洋皖系首领段祺瑞,在皖捕杀革命党人赵政等12人。因此,安武军是一支双手沾满革命党人鲜血的军队。

第二章 矢志革命 南北颠沛

张治中曾做过抗争,作为一批被分配到安武军的保定同学代表,去北京训练总监部,要求赴边疆或到直属陆军部的各师,但被驳回。就这样,张治中被分派到安徽蒙城一个小镇上的安武军哨所。哨是沿袭清军的旧制,相当于连,一哨100多人。张治中到这里看到的是一派旧式军队的腐败景象,官长们每天赌钱打麻将,对待哨兵更是非打即骂。张治中曾亲眼看见一个头目被打得血肉横飞,发出令人撕心裂肺的惨叫声。官长们有时气愤上来,拿着大刀嗷嗷乱叫,像要噬人的野兽。这种野蛮、粗暴、凶横,让曾经为同学挨了40军棍就掀起一场震惊全国学潮的保定军校学生见习官们想都没想到过。这让憋居在蒙城小镇的张治中更加失望,他想赶紧混过见习的六个月,等转正定级后再作他图。

1916年6月袁世凯病死后,黎元洪依法继任大总统。段祺瑞任国务总理,以北洋正统派首领自居,掌握军政大权,与黎元洪分庭抗礼,尤其在要不要参加第一次世界大战对德国宣战这个问题上,双方斗争日趋激烈。段祺瑞遂组织督军团以武力胁迫黎元洪通过参战案,5月2日,督军团代表倪嗣冲、张怀芝、李厚基等晋见黎元洪,请求对德宣战,遭到痛斥。5月4日,督军团宴请国会议员,由李厚基致辞,主张对德宣战。5月10日,国会仍议而不决,倪嗣冲又联络和组织了各种"请愿团"包围议会,冲进会场,殴打议员,强行要求通过参战案。5月23日,黎元洪利用段祺瑞私自向日本借款一事,下令撤销了他的总理职务,但根据《临时约法》,总统无权撤销总理职务,段祺瑞愤然离京去津,拒不承认黎的免职令。

此时,正在徐州参加督军团第四次会议的倪嗣冲听到段祺瑞被免职,立即宣布安徽独立,河南、浙江、山东、福建等省纷纷响应。接着,倪嗣冲下令截断津浦铁路,并任命倪毓棻为安武军北伐总司令,要求"严惩奸谀,解散国会"。黎元洪束手无策,遂调张勋来京调解。未料张勋入京后,竟导演了一幕"大清帝国"复辟的丑剧。然而,段祺瑞突然在"马厂誓师",讨伐张勋。倪嗣冲见风转舵,紧跟段祺瑞,担任南路讨逆军总司令,誓师北上。倪嗣冲借这次机会,趁机吞并了张勋的定武军,势力进一步扩大,赚得盆满钵满。对此,张治中曾回忆道:"就是这个倪嗣冲,自然是督军团要角之一,当然也率了他的腐败的烂队伍北上,还誓师哩!"

张治中准备6个月见习期满再另寻一条正当的出路,但现在他所在的部队就要开拔,去为督军们造反打仗了。张治中在心里反复思考,留在这里,为造反打仗,不愿意;不打仗,肯定不行。那就只有一条路可走了——离开这支烂队伍。

1917年6月,张治中请假离开蒙城,前往蚌埠坐火车到上海,正式写信给安武军的官长,说明"不能再回营"的理由,并在《武铎》杂志上发表署名文章《改造国家与改造军队之商榷》,阐明自己的观点。后来张治中才得知,此时陆军部正在通缉他。

第五节　南下广州

经过短暂的张勋复辟后,段祺瑞马厂誓师"再造共和",再次出任总理,冯国璋为总统。皖系北洋重新控制了中央政权。段祺瑞复出之后,拒绝孙中山的劝告,无意恢复国会。为掩人耳目,指使徐树铮、王揖唐等策划成立一个操纵自如的"安福国会"。孙中山愤而指出:"执共和国政的人,以假共和之面孔,行真专制之手段也。"他号召各界奋起抗争,择地另开国会,维护《中华民国临时约法》的尊严。国会议员响应孙中山的号召,纷纷南下赴粤。至1917年8月中旬,到达广州的国会议员已达150人。8月18日,孙中山在黄埔公园宴请国会议员,商讨召开国会问题。考虑到来粤议员不足法定人数,决定效仿法国大革命前夕第三等级代表举行国民议会的先例,召开"国会非常会议"(俗称"非常国会")。25日,非常国会开幕。31日,通过《中华民国军政府组织大纲》,规定中华民国为戡定叛乱、恢复《临时约法》,特组织中华民国军政府。

为适应护法戡乱的战争需要,军政府没有采纳《临时约法》规定的内阁制,而采取中华革命党《革命方略》中提出的党、政、军权合一的大元帅制方案,实行军事、内政、外交合一的元首制,体现了孙中山为首的中华革命党人希望通过护法运动建立单独执政的资产阶级革命政权。

非常国会开幕时,孙中山(一排右五)与参会人员合影

9月1日,非常国会选举孙中山为海陆军大元帅,陆荣廷、唐继尧为元帅,协助孙中山筹商政务。10日,孙中山宣誓就职。孙以大元帅名义通电全国,否认以冯国璋为总统、段祺瑞为国务总理的北京政府,号召北伐。护法运动正式开始。

张治中到上海后,得知孙中山在广州领导护法运动,遂南下广州,决心追随孙先生革命。到了革命的大本营,保定军校的同学多起来了。大家就一起去谒见孙中山先生,请求录用他们到革命队伍里。但是,孙中山当时的处境也很窘迫,他没有自己的队伍,甚至连广州的大本营也不稳固。他所倚重的只是西南各省的军阀部队,这些部队有着明显的地方封建色彩和个人属性,他们所谓的支持革命,只是想利用孙中山的影响力扩大自己的势力,至于什么国会和约法,他们并不关心。对这些地方实力派而言,军政府的政令在他们眼里几乎就是废纸一张,没有什么影响力。可以说,孙先生的政令不出军政府。因此,孙中山根本就没有办法安排像张治中这样的军校学生的工作,甚至是各省来广州的中华革命党人也没办法安置,"闲住旅馆,无所事事。同志们埋怨说:'我们是来革命的,结果在这里看革命。'孙中山也只好安慰大家:'将来出师北伐,我要用你们的。'"

孙中山与宋庆龄在大元帅府

张治中就这样在旅馆一等再等,积蓄用完,吃饭也成了问题,可孙中山先生那边的革命工作还是遥遥无期。这时候,段祺瑞为向广州护法军政府施加压力,实施"以闽援粤"计划,命福建督军李厚基支持广东潮梅镇守使莫擎宇宣布"自主",不接受军政府的领导。孙中山召开军事会议,决定征讨莫擎宇,令"滇军第四师及海军即日誓师攻闽"。滇军第四师方声涛是福建侯官(今闽侯)人,1902年留学日本,入振武学堂习陆军。1905年加入同盟会。归国后历任云南讲武堂教官、广西兵备处会办等职。二次革命中在江西参加讨袁世凯,任李烈钧部旅长、师长。1915年赴云南,任护国军第二军第二团团长,随李烈钧入广东驱逐龙济光。1917年参加护法运动,任滇军第四师师长,驻扎广州市内,孙中山到达广州时就是他迎接并警卫的,后兼任孙中山大元帅府卫戍司令。他的哥哥方声洞也是同盟会的老会员,黄花岗烈士之一。1917年12月7日,滇军第四师第八混成旅举行誓师大会,出师征讨李厚基。第八混成旅旅长伍毓瑞是江西人,与张治中在保定军官学校的同学张善群是同乡,张善群就介绍张治中去伍毓瑞军中任职。张治中遂放弃去云南讲武堂的任职,和几位同学一起"到福建打仗去"。

在混成旅,张治中在旅部任上尉,这是一个闲差,没什么具体任务。闲来无事的张治中就把旅部的勤务兵组织起来,施以正规的军事训练。开始三五个人,逐渐增加到四五十人。经过正规训练后,这些勤务兵的军纪军容都发生了显著变化,精神抖擞,昂首挺胸。旅长伍毓瑞见了很是高兴,直夸张治中会练兵,并下令再凑合六七十人,交给张治中训练,组成旅部司令部卫队,任命张治中为队长。后来统率几十万大军的张治中,长期任职中央军校教育长,其带兵、练兵就是从三五个勤务兵开始的。机会不是等来的,是

第二章 矢志革命 南北颠沛

在实践中创造的,永远属于有准备者。

在伍毓瑞部,张治中因为练兵有方、勇敢善战而快速递升,先后任警卫队队长、连长、营长。

当时,正规的现代军事教育刚刚起步,招考严格,毕业生有限,而各地大大小小的军阀多如牛毛,仅少部分高级军官受过国外士官学校或国内讲武堂类军校的教育,下级军官大多是行伍出身,读书极少,更谈不上受过高等教育,他们的带兵是原始的、蛮横的,对待士兵往往是张口就骂,抬手就打,军事训练更是落后。张治中在带兵的过程中,将自己在军校学习的理论付诸实践,对旧军队进行改造,提升军事技战术。他以身作则,与士兵同吃同住同训练,摸爬滚打在一起,行军中随身携带一件雨衣,休息中,等士兵都躺下了,看士兵中间哪里有空位,就在那里躺下;战斗中,身先士卒,冲在第一线。因此,张治中所带的部队战斗力很强,召之即来,来之能战,战之则胜。

枪林弹雨中,张治中也多次遇险。每次战斗前,张治中都深入前沿,了解交战双方态势,缜密分析,再作出作战方案。一次,张治中正在前沿侦察敌情,被敌人发现,敌人开枪射击,张治中的卫士和传令兵一个被射中头部而死,一个被射中嘴巴,打落一嘴牙齿,张治中侥幸未被击中。在广东东大门黄冈(今属广东省饶平县)的战斗中,张治中奉命增援左翼。他率领部队以急行军的姿态,占据有利地势,打退敌人多次进攻。为彻底击溃敌人,他率队猛冲敌人占据的村庄据点,敌人拼死抵抗,双方陷入鏖战之中,幸得友军援助,敌人才溃逃而去。回到旅部,浑身是血的张治中得到旅长的嘉奖,战友们也直夸他是一个勇敢的"书生"。

由于陆荣廷、唐继尧等桂系、滇系军阀要求建立的是护国战争时期军务院那样的合议制政府,按各方实力排座次,借助护法战争来实现他们称霸西南的野心。而军政府却采取元首制,树立了并无实力的孙中山的领导地位,他们反而成了配角,所以他们对军政府的组织原则及选举结果非常不满,均不肯就元帅职,对护法战役也并不真心拥护,只是欲借机扩大地盘。1918年3月,由于后方桂系军阀的掣肘,前方补给得不到保障,征闽的滇军、粤军不

33

得不以潮州为根据地而止住步伐。张治中曾在回忆录中说:"那时候军队处境很困难,不发薪水,只发伙食和补贴,连长每月24元,营长30元,普通士兵是4元2角。有些官长是带着家眷的,吃饭没有钱买菜,常把橘子皮晒干,泡在盐水里,就算是一样下饭的菜。以后官兵伙食费也发生困难,因而一般官兵情绪非常低落。"

当时,护法战争在湖南、福建、四川战场同时展开。进入1918年,湖南战场形势发生逆转,护法军接连失利,北洋军先后攻占岳阳、长沙、衡阳等地,并有从江西赣州进窥广东之势。在这种局势下,西南军阀的政治态度进一步发生变化。桂、滇两系军阀不仅勾结直系军阀罢兵议和,还拉拢国会中的"政学会"和国民党"稳健派"破坏护法军政府,排斥孙中山,企图攘夺护法运动的领导权。1月,由桂系军阀发起,成立护法各省联合会议,试图成为与军政府抗衡的另一政权机关。2月,又由国民党"稳健派"人士出面,正式提出改组军政府的主张,并拟定《中华民国军政府组织大纲修正案》,其中心用意在于改大元帅单独首领制为若干总裁合议制,以排挤孙中山。4月,滇系军阀唐继尧率先通电西南各省支持这一主张,提出护法各省现宜遥戴黎元洪或冯国璋为大总统,至于孙中山,"则宜游历各国,办理外交"。5月,在"政学会"操纵下,非常国会强行通过《修正军政府组织法案》。当日孙中山即向非常国会提出辞呈,并发表大元帅辞职通电,愤然指出:"顾吾国之大患,莫大于武人之争雄,南与北如一丘之貉。虽号称护法之省,亦莫肯俯首于法律及民意之下。"非常国会旋即选举唐绍仪、唐继尧、孙中山、伍廷芳、林葆怿、陆荣廷、岑春煊七人为政务总裁,以岑春煊为主席总裁。改组后的军政府完全由桂、滇军阀及其附庸政学会所控制,护法成为空名。

在西南军阀和政客排挤下,孙中山被迫辞去大元帅职

第二章 矢志革命 南北颠沛

孙中山看透了西南军阀名为护法、实为争夺地盘的面目，认识到依靠军阀不可能达到护法救国的目的，遂于次日离开广州，前往上海。护法运动宣告失败。但征闽战事却时断时续，时松时紧，直到1918年12月征闽军总司令陈炯明与福建督军李厚基达成停战协议，战事才宣告结束。

征闽战事结束后，张治中所在部队改编为援赣第四军，伍毓瑞任军长，张治中仍任营长，先后驻扎诏安、梅县、潮州等地。孙中山对这支部队寄予厚望，曾"批答援赣粤军第四军军长伍毓瑞，告以救国必须剿灭桂贼，统一南方，然后乃能出师北上"。对于这样一直具有浓厚革命倾向的队伍，桂系军阀、广东督军莫荣新当然不能容忍。1920年2月，莫荣新经过精心策划，在援赣第四军毫无准备的情况下，令潮梅镇守使刘志陆在夜间突然率部包围援赣第四军，将援赣第四军全部缴械，士兵打散编入桂系军队，军官立即登船离开广东。就这样，张治中又一次流落到上海。

第六节 宣汉化装逃生

温柔乡是英雄冢，纸醉金迷、醉生梦死的大上海可不是年轻军人的久居之地。张治中正在苦恼之际，接到了好友罗天骨的来信，约他去四川绵阳，到川军第五师吕汉群部任少校参谋。罗天骨是四川人，当年张治中到上海参加学生军时，罗是学生军的教练科长，后来同在保定军校学习，两人与郭孔彰、刘永祚等关系甚密，经常在一起砥砺品性、研究学问，用张治中的话说是"精神上之结合，已成不坠之基矣"。保定军校毕业后，郭孔彰回到四川，也曾在吕汉群部任职，后不幸阵亡，张治中此番入川，也是想去凭吊故友。且第五师是老同盟会会员、四川靖国军总司令熊克武的嫡系，"是一支向来与孙总理与革命有关系的部队"。

四川此时的情况极为复杂，"俨然是一个合纵连横的战国局面"，看似大一统，实则危机重重。早在护国战争的时候，滇军、黔军进入四川，西南军阀唐继尧任滇川黔靖国联军总司令，控制四川富饶之地。唐继尧为了牢固地控制四川，并进一步向陕西、湖北扩张，便以商讨北伐为名，决定于1918年9

唐继尧

月在重庆召开川、滇、黔、鄂、豫五省联军会议,并就任"五省联军总司令"职。9月,唐继尧在前呼后拥、戒备森严的情况下到达重庆。这一天,重庆全城戒严,唐继尧在二十一响礼炮和盛大的仪仗伴随下,乘坐八抬绿呢大轿入城,然后乘其黄骠马,足登金镫,威风凛凛进入行辕。

在重庆联军会议上,唐继尧抛出一份早已草拟的以"准备北伐案"为题的《川滇黔三省同盟计划书》。他和贵州督军刘显世早已签字,现在就等四川督军、靖国军总司令熊克武签字。这份计划书的主要内容有:四川兵工厂、造币厂归联军管辖支配;四川全省厘税,包括盐税、酒税等,作北伐军军饷补充等,并由联军总部在重庆特设机构主持办理。对于这份实则"亡川"的同盟书,熊克武拒绝签字。唐继尧完全控制四川的野心未能实现,深感熊克武是他控制四川的最大障碍,遂想方设法分化拉拢熊克武的部属,胁迫其就范。

1919年6月,在唐继尧的授意下,滇军将领顾品珍、赵又新等在重庆发起成立川滇黔俱进会。参加该会的,有黔军将领袁祖铭等;熊克武的得力部将但懋辛、余际唐、吕汉群;与熊克武有矛盾的民军首领黄复生、卢师谛等。公推顾品珍、余际唐、袁祖铭为会长,并发表通电和成立宣言,主张维护西南护法政府,加强三省密切合作,促进共同发展。其实该会的真正目的是为分化熊部并最终倒熊。1920年春,川军将领吕汉群、石青阳等策划倒熊,发动倒熊之战。唐继尧大力支持,下令免去熊克武四川靖国军总司令职,任命吕超为四川靖国军总司令。5月下旬,川军吕汉群、石青阳等率部从绵阳、中江攻成都;滇军顾品珍、赵又新部从川南攻成都;黔军王文华部与川军黄复生部在重庆、綦江一带进攻熊克武部。熊克武见局势于己不利,遂宣告辞去四川督军职,退往川北保宁一带。7月,吕汉群率军入成都,通电就任川军总司令,兼任川滇黔联军副总司令。

吕汉群部虽然进入成都,但滇黔军却凌驾于川军之上,并设立了三省联军总部,以唐继尧为统帅,要把川省军、民、财各政统归联军总部管理,川省税收与兵工厂、造币厂全归联军总部支配,这是唐继尧曾强令熊克武接受但遭到拒绝的方案,现在他又企图强令吕汉群接受。吕汉群同样深感事关重大,未予同意。

这时,出身于四川的滇军将领朱德深感政治形势上的不利,上书唐继尧指出,只有放弃地盘主义,分化反对力量,高唱北伐,取得大义名分,出兵武汉才能化解目前的困局。此建议书获得在川各方将领的一致支持,熊克武也表示愿意追随唐继尧北伐,可唐继尧拒绝了这个建议。朱德为此长叹:"推开黑幕剑三尺,痛饮黄龙酒数杯。西蜀偏安庸者据,逐鹿中原是雄才。"唐继尧的回电也证实了他名为靖国、实为图川的事实,激起川军将领的普遍不满和反对。熊克武、刘存厚等联合起来,决定以武力驱逐滇黔军,发动靖川之战。1920年8月,刘存厚、熊克武的部队进行整编,共推刘湘为前敌总指挥,两军分道出发,夹击成都。川军各部亦相机通电响应。吕汉群的部队节节败退,整旅整团的倒戈。及至10月,败退到重庆的吕汉群,所部已不足

新中国成立后熊克武的任命状

万人。吕汉群想带着残部到荒远贫瘠的川东求生存,已任总务科科长的张治中觉得"这样跟着走,走不出什么道理",遂向吕汉群提出离队返乡,吕汉群也觉得这个年轻的安徽军官跟着走,也起不到什么作用,是个"赘疣",便爽快答应了。10月15日,熊克武部便攻入重庆,吕汉群将残部交给副官长林光斗率领,自己跑到了上海。靖川之战,受到重创的滇黔军完全退出川境。

没有了军阀混战的硝烟,山清水秀的故乡让张治中度过了一段难得的闲暇时光,但张治中心中仍有牵挂,所以没过多久他再一次来到上海。

在上海,张治中见到了吕汉群。吕汉群告诉张治中,林光斗所带残部被川军第六师师长余际唐收编为第三独立旅,现在驻在川东宣汉,嘱张治中去看看情况,再作他图。就这样,1921年春,张治中到了宣汉,任林光斗的参谋长。作为参谋长,张治中认为部队关在夔门里,打内战、搞内讧,太没意思。不如出川,会师武汉,干一番革命事业。此时,陕军陈树藩败退宣汉,借旧部林光斗的地盘养精蓄锐,以图东山再起。张治中当即主张与陈部联合反攻陕西,虽不是会师武汉,也是北伐的一个准备动作。因此,林旅喊出"援陕"的口号。然林旅的部分军官以团长吕镇华为首,反对这个口号,认为此举无异于将林旅卖给陕军,替陈树藩卖命。这是张治中为林光斗设计的一条出路。另外,又设计了第二条出路,即与川军保定系三大将邓锡侯、田颂尧、刘季昭合作,形成"邓、田、刘、林"保定同学联合体(林光斗是陆军小学出身,后来进陆军速成学堂,与保定军校都属于陆军部领导),共同奋斗。但是所有这些谋略尚未展开,刘季昭即派吕汉群旧部彭旅长,勾结吕镇华,里应外合,杀了林光斗,拉走了队伍。

军事哗变的这天夜里,张治中有点腹泻,不大舒适。半夜,吃了一点稀饭,靠在帆布椅上休息,内弟洪君器来了。两人正说话,门外响起连续的枪声。张治中以为是土匪闹事,洪君器说:"不一定,也许兵变呢?"洪君器一语惊醒了张治中,二人跳窗而出,躲在城墙上的墙垛缝里,看见约有一连人打着马灯在城墙下疾行。张治中想喊住问话,被洪君器制止,认为应该把情形

第二章 矢志革命 南北颠沛

弄清楚再说;张治中又想去找林光斗的亲信炮兵连连长,如果是兵变,就劝他出来镇压叛乱。这个想法又被洪君器制止了。事后方知,城墙下疾行的一连人正是奉命去捉拿林光斗、张治中等"援陕派"官长的叛军,而那个炮兵连长在兵变初起,即被缴械了。

但是,总这样躲在城墙上也不是办法,张治中想起附近邮政局的局长范众渠是自己熟识的,不妨到那里去暂避一下。二人遂到了邮政局,从范众渠口中才弄清这次叛乱的真相,"不仅是兵变,而且是官变"。经过一番紧急谋划,决定由范众渠先到陕军留守司令部联系,陕军留守司令部立即派陕军参谋、保定同学林黄胄将张、洪接走。张、洪二人刚到陕军留守司令部,吕镇华就带着武装士兵来要人了。陕军的几位官长将张、洪藏到后楼的一间房子里,将吕镇华应付过去了。在陕军留守司令部住了几天,外面搜索得更急了,陕军官长也不敢将张治中继续藏在司令部,只好不断地转移藏匿地点。张治中清楚必须想出脱身之计,迅速离开宣汉。当时正有一批伤兵准备回陕,于是当即由军医官将张治中、洪君器"包装"成伤兵模样——穿着沾满血污的士兵衣服,头上包着白布,拄着一根竹竿,夹在一群伤兵之中混出了城门。

逃出宣汉,到了万源县。张治中本想在旧识、县长蓝懋昭这儿暂住休息,却不想蓝懋昭也因"城头变幻大王旗"走了!不得已,张治中、洪君器继续往前走。到了陕西省境,张治中找到一处与陈树藩有关系的人家住下,但没几天,前方传来消息,陈树藩的军队也被打败了,这家人马上脸色一变,端茶送客。张治中、洪君器商量,决定从川陕边境到夔门。夔门,亦即长江瞿塘峡的西口,从这里乘船,上水则到重庆,下水则到宜昌。最初,张治中想去重庆,向有关方面揭露叛乱真相,替林光斗申冤。但是,当二人历经千辛万苦抵达夔门,看着江面上来来往往的船只,张治中突然又上船向宜昌而去。船到宜昌,再换轮抵达汉口,两个人衣衫褴褛,一副乞丐相,到处找不到旅馆住。最后找到一个小客栈,二人反复告诉老板"千万放心,不会骗账的",朋友马上汇钱来,这才得住下。张治中赶快给在北京的罗天骨写信,罗雪中送炭,寄来200元,张、洪二人做了衣服,结了旅馆账,这才带着满身的疲乏回到故乡巢湖。其实,宣汉事变的幕后策划者,正是来自重庆的川军巨头,当时如果张治中贸然到重庆替林光斗申冤,后果可能不堪设想。十年后,张治中遇着川军中一个深悉宣汉事变内幕的余际唐旧部,询问:"假使当年在宣汉事变后,我到重庆,是不是会完了?"这位朋友笑着说:"恐怕是不用说了吧!"

这一趟四川之行,让张治中终生铭记!宣汉事变中解救张治中于危难之中的洪君器,是张治中夫人洪希厚唯一的弟弟,为人精明干练,宣汉事变后一直追随张治中左右,惜于1927年在武汉遇难,张治中十分悲痛,在墓前立了一块"哭弟石",并将洪君器的女儿洪雪志抚养长大,视若己出。

第七节 主持桂系军校

宣汉脱险后,身心俱疲的张治中回到故里,在家休养了两三个月。此时,孙中山依靠粤军的力量重返广东,召开非常国会,就任中华民国非常大总统;再揭护法旗帜,组织大本营,准备北伐。张治中的老长官伍毓瑞给他来信,说自己已内定担任北伐军的师长,要他来福建任职。等张治中到了福建,却由于粤军将领许崇智、黄大伟都在福建带兵,彼此闹矛盾,伍毓瑞的内定师长职务被取消了。张治中的职务自然也就没有了着落,在赋闲一些时日后,回到上海。

看着乱世,经年颠沛的张治中决定去上海大学,静下心来读一段时间书。上海大学的前身是私立东南高等师范专科学校,设在上海闸北青云路(今西宝兴路)青云里。1922年春,有人以营利为目的,打着"提倡新文化"的广告,罗列了几个名人竖起校牌就招生开课了。入学的青年都经受过"五四"运动的洗礼,于是掀起学潮,赶跑了校长,决定商议请一位德高望重的学者或名人来担任校长。正好于右任来到上海,在《民国日报》撰文提出"欲建设新民国,当先建设新教育"的口号。于是学生代表找到《民国日报》副刊主笔邵力子,要求邵力子请于右任前来担任校长。邵力子受学生们委托,拉上

第二章 矢志革命 南北颠沛

了柏文蔚、叶楚伧等于右任的老友,几经敦促,于右任才决定接下这个烂摊子。

上任伊始,于右任就提议把校名改作"上海大学",亲自动手题写校牌,确定办学宗旨为"养成建国人才,促进文化事业"。鉴于学校草创,百端待举,于右任决定与共产党联手,把上海大学办成东南地区最高学府,革命人才的摇篮。1923年春,李大钊来到上海,于右任立即面晤恳谈办学事宜。李大钊从革命实际出发,指出上海大学应当培养革命急需人才,主张创设社会学系,并推荐共产党员邓中夏出任校总务长,瞿秋白担任社会学系主任,开设的课程有社会科学史、辩证法唯物论、马克思及其生平著作和学说、通俗资本论等。接下来,许多优秀的共产党员,如蔡和森、恽代英、张太雷等,也都进校任职任教。上海大学顿时生机盎然,面貌一新。学校原来只有文学、美术两科和一个普通班,至此开设了中国语言文学系、英国语言文学系、美术科和中学部,首创了独一无二的社会学系。中共特别重视上海大学的建设,陆续抽调优秀干部进入该校,以加强领导和教学力量,除邓中夏和瞿秋白外,先后到上海大学任教的有陈望道、沈雁冰、郑振铎、俞平伯、田汉、施存统、萧楚女、周建人、蒋光赤、丰子恺等。李大钊多次以北京大学教授的身份到校演讲。如此,不到两年的时间,上海大学就崭露头角,社会上广泛流传着"文有上大,武有黄埔"的说法,把上海大学与黄埔军校并提,可见这座"东方红色大学"在人们心目中的地位。上海的英国报纸《字林西报》称上海大学是"宣传共产主义的著名温床",蒋介石称它是"赤色大本营"。

在上海大学一年多的学习,张治中的思想发生了深刻变化。一是阅读了《新青年》《向导》《新潮》等进步刊物,开始吸纳民主与科学的思想;二是军事思想里

于右任先生

上海大学

融入更多的人文思想,开始思考国家的兴盛除军事外,还思考政治、经济、社会、文化等诸多方面;三是在共产党员和国民党左派以及来自全国各地的进步学生的影响下,张治中的思想开始"左倾",他曾和瞿秋白做过深谈,听过于右任等的演讲,向往社会主义苏联。探根求源,张治中一生都能够与共产党人保持良好的关系,当发端于此。

正因为如此赤色如此影响,1927年,蒋介石下令关闭上海大学,并宣布不承认上大的学历。直到1936年,经过上海大学师生的呼吁、斗争,国民党政府才开始承认上大学历。于是,各地纷纷成立上大同学会,在南京成立总会,推选张治中担任监事长,补发毕业证书。上大同学并曾计划复课,旋因抗战的全面爆发而作罢。

在上海读书期间,张治中带着妻儿租住在法租界的一间小房子里,房子中间用布幔隔开,外面是书房兼客厅,里面是卧室。一个月需50元花费,生活并不宽裕。在此期间,张治中曾两次到福建,都是应保定军校同学陆福廷邀约(陆时任粤军王懋功部团长),并参加粤军征讨陈炯明之役,但两次都没有任职。

1923年春,张治中祖父病逝,他回家办理祖父的后事。办完丧事,家里经济已是十分困难,再回上海读书已是负担不起。恰在这时,已任桂军参谋长的伍毓瑞给张治中来信,邀请他到广东,帮助桂军办军校。就这样,张治中再次回到当时革命的中心广州。

当时,地方各军事集团为了壮大发展,纷纷创办军校,培养自己的军事人才。建国桂军军官学校就设在林则徐销烟的广东虎门,桂军总司令刘震寰自兼校长,伍毓瑞兼任副校长。伍毓瑞深知张治中练兵有道,曾将松散的勤务兵训练成英勇善战的卫队,因此力邀张治中来校担任大队长,负责军校的一切训练教育。张治中少年时期就对军校抱有无限的向往,曾多次奔赴扬州、安庆等地投考军校,经过5年的武昌陆军预备学校及保定军校生活,他对于军校的教育和训练,不但有了实际的感受和认知,而且有了较为充分的理论素养。一段时间学习训练下来,学员们精神昂扬,军容整齐,军纪严明,颇让桂军军官们刮目相看。从名义上说,这个时候的桂军同属于南方革命政府领导。刘震寰在桂军之前加"建国"二字,就是为了证明此桂军不同于曾经干扰破坏孙中山革命的老桂军。刘震寰并请廖仲恺挂了一个桂军军校党代表的头衔,以示其效忠革命。其实,这只是一层炫目的外壳。桂军军校的干部及学员都是刘震寰的子弟兵,军校只是刘震寰一个私立"军塾"而已。

刘震寰

1924年夏,桂军军校由虎门搬到广州。也就在这年春天,国民党黄埔军校创办,该校教官大多是张治中保定军校同学,他们要张治中参加"黄埔"的工作,但张治中觉得不好意思,没有离开,原因之一,他是应伍毓瑞之邀到广东帮他办桂军学校的,他若离开,对不起老领导;原因之二,廖仲恺此时兼国民党黄埔军校、桂军军校、滇军干部学校和一个陆军部办的军官学校的党代表,廖仲恺同他讲,桂军军校总要有一个人负责,所以他不必到"黄埔";原因之三,当时广州革命政府的苏联总顾问是加伦将军,他在革命政府的每所军校都派有军事顾问,桂军军校的女顾问糜娜和张治中合作得很好,她不希望张治中离开。张治中虽在桂军军校,但他的大名已传入黄埔军校校长蒋介石耳中,蒋希望张治中到黄埔工作,并吸纳张治中加入国民党,先将他任命为黄埔军事研究委员会委员,召开训练会议时,常常通知他前来参加。这就为张治中进入黄埔、乃至步入国民党高层提供了一个极好的契机,也奠定了张治中追随蒋介石20多年的基础。

第三章
服务黄埔 十年执教

历经二次革命、护国运动、护法运动的失败,尤其是护法运动后,孙中山深刻认识到依靠一派军阀打另一派军阀,革命是不能成功的,必须创建自己的军队。1921年共产国际特使马林奉命来到中国密会孙中山,他向孙中山提出改组国民党、建立军官学校等建议。孙中山十分赞同。1924年1月20日,中国国民党第一次全国代表大会召开,国共合作统一战线正式建立。1月24日,孙中山正式下令筹办中国国民党陆军军官学校,因校址位于广州黄埔区的长洲岛上,故称之为黄埔军校。同年5月,黄埔军校招生开课。在黄埔,张治中得遇他一生中的两个贵人:蒋介石和周恩来。前者将他引入国民党政权的高层,后者将他引入共产党政权的高层,他人生的走向在长洲岛上就已经决定了。

第一节 "红色"教官

1924年的广州并不太平,革命政府危机四伏。10月,广州商会会长陈廉伯发动全省商团分子罢市,进行武装请愿;各县商团也纷纷开进广州,张贴布告,要求孙中山下台,气焰嚣张。革命政府将粤军许崇智部和吴铁城警卫师调回广州,同时命令黄埔军校学生军配合作战,一举摧毁广东商团基地,平息商团暴乱。11月,孙中山应冯玉祥之邀北上商谈国是。军阀陈炯明便趁机作乱,兵分三路进犯广州,准备推翻广东革命政府。

黄埔军校旧照

1925年1月15日,广州革命政府发布《东征宣言》,决定组成东征联军讨伐陈炯明。黄埔军校教师和第一、二期毕业生组成黄埔军校教导第一、二团,担任东征先锋队,同时招收第三期学生,组成入伍生团。蒋介石任学生军总指挥,周恩来任政治部主任,并在东征誓师大会上作政治动员,号召大家为打倒帝国主义、推翻军阀反动统治而英勇作战。2月1日,讨伐陈炯明的第一次东征开始。由于黄埔军校第三期入伍生总队总队长王懋功随军东征,张治中被调入黄埔军校,担任入伍生总队总队附,主持工作。4月任代理总队长。

这一年的3月12日,孙中山在北京病逝。此时东征尚未完全取得胜利,广东局势并没有稳定下来。可万万没想到后院失火,东征军内部出现分裂,滇桂军首领杨希闵、刘震寰乘机叛乱。杨、刘本是西南旧军阀,之所以参加孙中山的革命阵营,完全是一种投机行为。此时,东征军远在东江,革命党人忙于赴北京为孙中山办理后事,广州十分空虚,他们认为这正是起兵的绝佳时机。面对险恶形势,革命政府决定东征军回师广州,讨伐杨、刘。在革命军的猛烈进攻下,至6月中旬,祸粤数年、拥兵数万的滇桂军终于被消灭,杨、刘化装逃往香港。此役,张治中奉命将第三期学生组成一个团,进攻石牌镇滇军阵地,炸死滇军师长赵成梁。

随着杨希闵、刘震寰叛乱战斗的平定,7月1日,国民党中央执行委员会决定将广州军政府改为国民政府,所辖军队改编为国民革命军。3日,国民政府军事委员会成立,汪精卫任主席,胡汉民、蒋介石、伍朝枢、廖仲恺、朱培德、谭延闿、许崇智为委员。蒋介石凭借战功在军事委员会中占据重要位置,并兼任国民革命军第一军军长、黄埔军校校长、广州卫戍司令等要职。他对精明干练、儒雅忠诚的张治中信任有加,委以重任,张治中身兼数职。

黄埔军校时期的张治中

这段时期,张治中格外繁忙,为了不辜负蒋介石对他的信任,他以极大的热情投入工作。一天到晚坐汽车、小汽艇,往来于广州与长洲岛,忙到连午饭、晚饭都不知道在什么时候吃,常常到深夜十一二点钟才记起吃晚饭。但是这种极端繁忙的工作实在不容易长久支持下去,天长日久,他感到长此下去,不仅身体受不了,而且哪一项工作都干不好,于是他坚决向蒋介石提出辞去其他职务,回黄埔军校专任第四期学生军官团团长。

黄埔军校是国共两党合作的产物,从开始筹建就有很激烈的斗争。在黄埔军校,有两个相互对立的学生团体,一个是中国青年军人联合会,还有一个是孙文主义学会。中国青年军人联合会成立于1925年2月1日,是中共黄埔特别支部领导下的一个以共产党员和共青团员为核心的革命团体,在黄埔军校学生中的负责人有李之龙、蒋先云、周逸群、傅维钰、徐向前、陈赓、王一飞、许继慎、左权、陈启科等;在教职员中有金佛庄、郭俊、唐同德、茅延桢、鲁易、胡公冕等。为了加强国共合作,该会规定,凡是黄埔军校同学都是中国青年军人联合会的会员。联合会成立以后,在大革命的洪流中,一直站在反帝反军阀斗争的最前列。在广东革命军讨伐军阀陈炯明的两次东征和平定杨(希闵)、刘(震寰)叛乱等战斗中,都起了重大作用。青年军人联合会"极注意向外发展",在各地发表本会的宣言、总章、会刊,以扩大影响,发展组织。在其存在的18个月中,会员发展到2万多人,成为革命军人中一个具有明确宗旨、严密组织、严格纪律和广泛群众基础的革命团体,成为"中国青年军人运动的中心"。

中国青年军人联合会第一次代表大会合影

为与中国青年军人联合会相对抗,1925年4月24日,黄埔军校的国民党右派贺衷寒、缪斌等人组织了以戴季陶主义为理论基础的孙文主义学会。在黄埔,其主要人物除贺、缪外,学生中还有杨引之、冷欣、杜从戎、潘佑强、伍翔、曾扩情、鄺鼐、贾伯涛、余程万、胡宗南、桂永清等,教职员中有王柏龄、林振雄、徐梓、王文翰、童锡坤、张叔同等。该会打着信仰、研究、宣传、实行孙文主义的旗号,标榜自己是孙文主义的忠实信徒,鼓吹戴季陶的反动理论《孙文主义的哲学基础》,宣扬"一个主义""一个政党"的论调,反对孙中山的新三民主义,破坏革命统一战线。

孙文主义学会成立后,千方百计地寻衅肇祸,监视学生中共产党员和共青团员的活动,甚至在深夜偷窃共产党员的文件。对于孙文主义学会的行径,青年军人联合会进行着针锋相对的斗争。

由于张治中曾在上海大学学习一年多时间,和声名赫赫的共产党人如邓中夏、瞿秋白、恽代英、萧楚女、蔡和森都有过亲密接触,结下友谊的同时也受到了马列主义的影响。后来在黄埔军校又和周恩来朝夕相处,对中共好感更是日深。1925年,周恩来与邓颖超在黄埔军校结婚时,由于经济拮据和事务繁忙,决定从简办婚事,只告诉了张治中等几位朋友。张治中认为不妥,认为"结婚乃人生大事,也不能太简单"。于是,他亲自到广州太平餐室,自己出钱操办了两桌酒席,邀请邓演达、恽代英、高语罕、熊雄等好友,为周恩来、邓颖超新婚贺喜。喜宴上,好友们开怀畅饮,结果把酒量超人的周恩来喝了个大醉。张治中还曾正式向周恩来提出加入中国共产党的申请。但因为国共两党有约,中共不在国民党高层发展党员而没能实现。周恩来告诉张治中,中共虽不能吸收你入党,但一定支持你,使你的工作好做。

任黄埔军校政治部主任时的周恩来

张治中和周恩来、邓颖超夫妇结下深厚友谊。1927年"四·一二事变"后,张治中知道邓颖超在广州(这年4月初,邓颖超住进广州市西关长寿路一家德国教会办的妇产医院生产,因胎儿体重超标准,约10斤重,导致难产,产钳夹伤婴儿头颅而夭折。为躲避敌人的搜捕,医生王德馨和护士长韩日修将邓颖超和她的母亲,安排到医院后面一间隐蔽的小屋里,当时正愁没有路费去香港、再到上海找周恩来),想到她一定有困难,就交给陈赓500元钱,让他设法找到邓颖超交给她。陈赓多方打听,找到邓颖超,将钱交给她。有了钱,几天后在医生王德馨和护士长韩日修的掩护下,邓颖超和她的母亲前往香港,终于脱险。

对于军校中的左右派斗争,张治中曾说:"我当时的言论、态度,是'左倾'的。"因此,他被孙文主义学会斥为"赤色分子",获得了"红色教官"的称号,待任第四期学生军官团团长时,更升格为"红色团长"了。

当时,在黄埔军校流传着这样四句话:"怕的是邓演达,爱的是恽代英,敬的是高语罕,服的是张治中。"怕邓演达,是因为他治军严格、一丝不苟,时时给人一副凛然不可冒犯的威严,挺直的胸背、昂立的头颅,配上长筒军靴发出的"咚、咚"声,让学生们有一种莫名的畏惧。而恽代英,虽然身为青年运动的著名人物,但随和、亲切如兄长一般,令人在愉悦的氛围中受到陶冶、启迪,使人不由自主地爱戴他。敬的是高语罕,是指他平时一脸慈祥,对学员关爱之情溢于言表,但一讲到中国革命,即热情似火,慷慨激昂。而张治中,总是军容整洁、举止干练,且从不摆长官架子,讲究的是以理服人,让学员们心服口服。

这4人里,恽代英、高语罕是共产党员政治教官,邓演达是国民党左派的领导人,现在又出了个张治中,国民党右派分子就送他们一个集体外号,叫"黄埔四凶",以发泄心中的愤恨。

张治中的言行也引起了蒋介石的注意和怀疑,蒋曾问过王懋功,"张治中是不是共产党员?"他甚至在制造中山舰事件时,准备逮捕张治中。而张治中虽然思想"左倾",但阶级斗争的意识还很模糊,对共产主义理论也没什么研究。同时,他为报答蒋介石的知遇之恩,对蒋确实忠心耿耿,"看到的、想到的、应该讲的,就随时向蒋介石陈述、贡献"。蒋介石这时正在培植自己的势力,需要张治中这样的军事干才忠诚于他、拥戴他,且蒋也通过多种渠道查知张治中的确不是共产党员,只是思想激进,所以才继续信任他、重用他。后来,有人把张治中与同是黄埔军校教官的何应钦、顾祝同、钱大钧、蒋鼎文、陈诚、刘峙、陈继承称之为蒋介石的"八大金刚"。

第二节　参加北伐

杨(希闵)、刘(震寰)叛乱平定后,广州的局势渐趋稳定。国民政府决定于1925年底对军阀陈炯明残部进行最后一战,将其彻底消灭,史称"二次东征"。张治中率领黄埔军校军官团和第三、四期学生浴血奋战,立下战功。二次东征胜利后,回到黄埔军校,张治中被晋升为中将军衔。

此时,中国国内政治形势发生重大变化。在英日帝国主义的支持下,奉系军阀张作霖和直系军阀吴佩孚结成"反赤"联盟,联合进攻倾向革命的冯玉祥的国民军。计划先打倒"北赤",再联合孙传芳和四川、贵州、云南的地方军阀,围攻广东革命根据地,消灭"南赤"。在这种严重的局势下,要扭转这股反革命逆流,国共两党只有先发制人,出师北伐,用革命的武装消灭反革命的武装。1926年1月,国民党召开第二次全国代表大会,指出要推动革命形势的发展,必须出师北伐,推翻北洋军阀的统治。2月,中共中央在北京举行特别会议,明确指出党在目前的主要任务是推动广东革命势力向北发展。但随后,却接连发生共产党员被排挤甚至逮捕的事件。3月18日,共产党员、代理海军局局长李之龙接到假命令,率中山舰赴黄埔候用,被人诬陷为企图绑架蒋介石。蒋介石乘机扩大事态,宣布广州戒严,逮捕李之龙和各军党代表,监视苏联顾问和汪精卫。5月15日,国民党二届二中全会通过蒋介石提出的《整理党务案》,共产党员被排挤出国民党中央重要领导岗位,而蒋介石则被任命为组织部部长、军人部部长。6月,广州国民政府组织国民革命军,蒋介石任总司令。7月,蒋介石再当选国民党中央委员会常务会议主席、国民政府委员。羽翼已较为丰满的蒋介石,立即委任张治中为副官长,负责组织北伐军总司令部。蒋并安慰张治中先负责组织总司令部,等总司令部组成后,交给张群负责,再派他去带兵。

张治中认为,北伐军统帅部如果没有周恩来的参加,是一个重大损失,而且在"中山舰事件"后会进一步加剧国共两党关系的破裂。借着受命组建国民革命军总司令部的机会,张治中向蒋介石建议,北伐军总政治部主任一职最好由周恩来充任,以便两党合作如初。蒋表示已考虑由邓演达充任总政治部主任,可以考虑由周恩来担任财经委员会主任。张治中认为,邓演达可以带兵或做别的工作,总政治部主任以周恩来担任最为适宜。但蒋介石坚决不同意,张治中只好转过来劝周恩来接受财经委员会主任一职,亦被周恩来拒绝。这让张治中很是沮丧。

1926年7月9日,广州北校场,国民革命军举行北伐誓师仪大会。参加誓师大会的有广州城内的大部分军政大员、国民革命军各部代表、黄埔军校学生和群众团体代表等数万人。北伐军总司令蒋介石宣读誓词:"国民痛苦,火热水深。土匪军阀,为虎作伥。帝国主义,以枭以张。本军兴师,救国救民。总理遗命,炳若晨星。吊民伐罪,歼厥凶酋。复我平等,还我自由。嗟我将士,为民前锋;有进无退,为国效忠;实行主义,牺牲个人;丹心碧血,革命精神。"参加北

1926年秋北伐誓师

伐的国民革命军,共8个军,约10万人,总司令蒋介石,军事总顾问加伦,总参谋长李济深,总参谋次长白崇禧,总政治部主任邓演达,总政治部副主任郭沫若。北伐军下辖8个军,何应钦、谭延闿、朱培德、李济深、李福林、程潜、李宗仁、唐生智分任第一军至第八军军长;缪斌、李富春(共产党员)、朱克靖(共产党员)、廖乾吾(共产党员)、李朗如、林伯渠(共产党员)、黄绍竑、刘文岛分任第一军至第八军党代表或副党代表。10万北伐军分西、中、东三路向北推进,大革命由此进入了高潮。

北伐战争的对象主要是奉系军阀张作霖、直系军阀吴佩孚以及占据江西、安徽、江苏、浙江、福建的"五省联军总司令"孙传芳,总计军队70万人。在苏联军事顾问的帮助下,北伐军制定了行动方针,首先向直系军阀吴佩孚盘踞的湖南、湖北进军。在各界民众的支持下,北伐军高歌猛进。进入湖北后,吴佩孚企图凭借汀泗桥、贺胜桥的险要地势阻止北伐军的进攻。经过浴血奋战,北伐军终于在1926年8月下旬攻下汀泗桥、咸宁和贺胜桥,击溃吴佩孚主力,9月6日占领汉阳,7日攻占汉口,10月10日攻占武昌。在战斗中,叶挺独立团战功卓著,所在的张发奎第四军被誉为"铁军",叶挺更是被誉为北伐名将。曹渊等一批共产党员在战斗中壮烈牺牲。北伐军攻克武昌

城后,吴佩孚在武汉的残余势力全部就歼,北伐军向江西进军,11月占领九江、南昌,并一举歼灭军阀孙传芳的主力。

同时,福建、浙江等省的军阀也纷纷倒向北伐军。国民革命军誓师北伐仅半年,就取得惊人进展,控制了南方大部分省区。国民革命军冯玉祥部也控制了西北地区,并准备东出潼关,响应北伐军。北伐战争的胜利大局已定。北伐途中,中国共产党各级组织在广东、湖南、湖北等省领导工农群众积极参与运输、救护、宣传、联络等工作,为北伐胜利进军提供了有力保障。

为培养军事干部,在攻克武汉后,蒋介石在武昌成立中央军事政治学校(黄埔军校改名)武汉分校,将原黄埔军校第五期的政治、炮兵、工兵大队迁入武汉分校,另在武汉招收1200名青年学生,编为3个政治大队,成为第六期。当时,武汉方面的政治军事局面由国民革命军总政部主任兼总司令部武汉行营主任邓演达主持,故武汉分校校长职也只能委派邓演达兼领。但是,邓是一个不能令蒋介石放心的左派人物,于是,蒋介石就任命张治中为武汉分校教育长,以牵制邓演达。

同时,在武汉分校之外,设有一个1500多人学兵团,团长也由张治中兼任。蒋介石的要求是造就3个师的基层干部。这是一个独立于武汉行营和武汉分校之外的军事力量,再给邓演达造成一个掣肘。

学兵团的团址就设在武昌南湖,这里曾是张治中的母校陆军军官第二预备学校旧址。十多年过去了,从前的学生,现在成了这里的主人,虽然破败不堪,仍充满温暖与回忆。在张治中"重建南湖"信念下,修葺校舍,修整马路,装备电机,培训学员,到处都是新气象,生机勃勃。

第三节　夹缝中的艰难

北伐途中,特别是进入湖南地界后,张治中处处感受到民众对北伐军的热烈欢迎,"迷路者,则为之指引;任重者,则为之分担;疲者设凳,渴者给茶,饥者授食"。观此情景,张治中就已认定北伐肯定会胜利。联想到"中山舰事件"、《整理党务案》、周恩来任职等问题,张治中忧虑的还是以国共合作为

第三章 服务黄埔 十年执教

基础的革命前途问题。在衡阳,他曾对蒋介石说,一定要保持国共两党的合作,不能使它破裂!并建议邀请汪精卫回国,帮助蒋介石维持攻下武汉后的局面,促进国共合作。当时,因为"中山舰事件",素以国民党左派自居的汪精卫愤而辞职,到法国去了。张治中认为,国民党今后所面临的最大危险,已不是北洋军阀,而是国共两党的分裂。如果能把党内左派汪精卫请出来主持大局,在国共之间起一个

就任北伐军总司令时的蒋介石

缓冲作用,大局或许尚有可为。蒋介石听后却不置可否。

此时,张治中关注的另一个问题是与桂系的合作。桂系首脑李宗仁任北伐军第7军军长,白崇禧任北伐军总司令部参谋长。白、张是保定军校同期、同科、同班同学,无话不谈。张治中发现白对蒋有诸多不满,认为蒋在处置嫡系第一军与桂系第七军的关系方面,没有一碗水端平,由此隔膜渐深。为此,张治中向蒋介石建议,白崇禧这人很能干,希望蒋介石对白另眼看待,结以感情。

张治中思考的这三个问题——国共合作、蒋桂合作、蒋汪合作,恰恰困扰了蒋介石一辈子,甚至让他最终在台湾孤岛终老。也正因如此,才奠定了张治中"和平将军"的历史地位。

在北伐军攻克武汉后,即将带兵进入江西作战的蒋介石致电广州国民政府代理主席(主席汪精卫因中山舰事件被排挤出国)、中央政治会议代理主席(主席胡汉民因廖仲恺被刺案牵连出国)张静江和中央党部主席谭延闿,务请以武汉为政治中心,要求由国民政府委员及中央执行委员先来数人,以掌握政局,另组湖北省政治委员会,取代以唐生智为代理主席的临时

政治会议。唐生智为国民党左派,与共产党关系密切。中共觉察到了蒋介石、张静江的用心,通过共产党人和国民党左派的力争,希望国民政府不要北迁武汉,但地位举足轻重的苏联顾问鲍罗廷在接到武汉的苏联顾问铁罗尼写来的报告后,态度发生转变,赞同国民政府迁都武汉。1926年11月26日,国民党中央政治委员会在广州召开会议,正式决定中央党部及国民政府北迁武汉。12月13日,先期到达武汉的国民党中央执行委员和国民政府委员在武昌举行会议,根据鲍罗廷的提议,决定成立中国国民党中央执行委员会暨国民政府临时联席会议,代行国民政府及中央党部权力。临时联席会议的成员除广州来武汉的中央执行委员会委员和国民政府委员外,特准湖北政务委员会主席邓演达和湖北省党部常务委员董必武以及汉口特别市党部一人参加,徐谦任联席会议主席,叶楚伧为秘书长,鲍罗廷仍为顾问。次年2月21日,临时联席会议举行最后一次会议,宣布从即日起结束,中央党部和国民政府正式办公。

从提出迁都武汉之议起,蒋介石就准备去武汉执掌大权,如今临时联席会议成立了,却没有他的位置,这让他大为不满。1926年12月25日,张静江、谭延闿等部分中央执行委员和国府委员抵达南昌。蒋介石断然截留这些委员,于1927年1月3日召集国民党中央政治会议临时会议,决定中央党部和国民政府暂住南昌,待3月1日在南昌召开二届三中全会,决定驻在地后,再行迁移。3月4日,这项决议在中央常务委员会临时会议上通过,随即在南昌设立中央党部临时办事处。此时国民党已成两个中央对峙的局面。

1月12日,蒋介石从南昌到达武汉,作争取中央执行委员和国府委员的工作。迁都之争中,国民党左派和共产党人对蒋介石的专横跋扈有了进一步的认知,蒋介石也感受到了苏联顾问和共产党人的厉害,双方的分歧与斗争更加尖锐了。双方的斗争又表现在鲍罗廷的去留问题上,蒋介石致电徐谦要求撤销鲍罗廷的顾问职务。徐谦接到蒋介石的电报后,立即电邀在宜昌的吴玉章回武昌商议。吴玉章表示,这不是鲍罗廷个人的去留问题,这是蒋介石对中央、对政府的蔑视,一定不能让步。

也就在这个时候,蒋介石把张治中从武汉叫到南昌,二人进行了一次密室谈话,长达半天。从这次谈话中,张治中才知道南昌、武汉之间正进行着激烈的暗斗。这中间,手握军权的邓演达撰文公开指责蒋介石。蒋介石对张治中说:"他挖苦我,他还是本部政治部主任哩!"蒋介石的意思,张治中听出来了,一是想通过张来制邓,但这要看张的态度;二是想张治中对邓演达有所劝告。

同属于"黄埔四凶",对于邓演达为人,张治中自然是清楚的。邓不是共产党,只是"左倾",但"左倾"的程度要超过共产党,邓写文章骂蒋,是一个合乎逻辑的结果。因此,张治中答复蒋介石说:"请总司令原谅他这一次。当然,他的言论、态度都不对,但他一向是如此,总司令如原谅他,我回去一定同他讲,促使觉悟。我想,他总可以觉悟的。或者要他到南昌

北伐途中,北伐军总政治部主任邓演达(中)与苏联军事顾问交谈。右一为副主任郭沫若。

来,当面说服他。"蒋介石听了,很高兴地说:"好,好,我当然没有什么,只要他能觉悟。"又说:"他能到南昌来,好,好,当面谈谈。"

但张治中刚从南昌返回武昌,邓演达就赶来南湖,但不是来感激,而是来质询。一见面,邓演达就说:"是不是总司令要你来监视我?我预备辞去一切职务,请你来接收吧!"张治中顿感事情不是原先想象的那样简单,武汉的反蒋斗争已经展开,自己又掌握着武汉两大军事力量,在这个时候自己奉蒋密召赴南昌,武汉方面显然会有所怀疑。但张治中还是有什么说什么,邓不相信,对张治中说:"这不是自己送到南昌去请他扣留吗?"张治中说:"为什么误会到这步田地,绝不会有这种事,你若不相信,我陪你一阵去。"邓的

态度很决断:"一阵去也不相干!"张看出情形不对,只好就势转弯:"以后再去可以,我们再商量好了。"

至3月间,武汉的反蒋军事独裁斗争已经如火如荼展开。3月10日,国民党二届中执委第三次会议在汉口举行。会议通过《统一党的领导机关决议案》《中执委军委会组织大纲案》等多项重要决议和对全体党员训令、对全国民众宣言,旨在恢复和提高党权,防止个人独裁和军事专制。在毛泽东、宋庆龄等的推动下,会议通过拥护孙中山"联俄、联共、扶助农工"三大政策,支持工人运动的决议。会议取消国民党中央常务会员会的主席制,改为常委制,选出9名常委,蒋介石只是常委之一,从而间接撤销了蒋介石原来担任的中央常务会员会主席职务;取消军人部长一职,改为军事委员会。军委会由16人组成,蒋介石是委员之一。这样,蒋原来担任的军人部长职务没有了。另外,蒋介石原来担任的中央组织部长一职也由刚回国的汪精卫取代。而在中央政治委员会中(主席汪精卫),则不见蒋介石的名字。蒋介石的权力被严重削弱了。

国民党二届中执委第三次会议合影

此时,有人报告武汉方面:南昌方面曾有密电给张治中,令其以军校学生、学兵团及能掌握的兵力乘机控制武汉政府。这个消息或许有些耸人听闻了,但张治中的态度却是不能令人放心的。于是,中央军事政治学校武汉

第三章　服务黄埔　十年执教

分校政治总教官、"黄埔四凶"之一的恽代英来找张治中谈话,希望写篇文章,公开表明自己的立场,也就是"站队"的意思。"革命的往左边来,不革命的快走开去"。张治中反驳恽代英:"你说总司令种种不对,我可以电请总司令设法改正,又何必这样误会呢?"并要武汉分校政治部主任周佛海向恽代英转告一句话:"革命是不要人教的,我自己会。"

张治中没有写表态文章,但他给蒋去了一封电报,很温和地提出一些意见。蒋介石从电报中看出了张治中的困难处境,于是二次召张再赴南昌。张治中一到南昌,蒋劈头就说:"我这回要你来,没有别的,因为局面已是这样的变化,免得你在武汉当俘虏,你赶快回去,把学兵团带出来!军校的学生不容易带出,就不带。"随后,蒋立催张速回武汉,事不宜迟。

张回到武汉,坦白告诉邓演达,要带学兵团去江西东征。张治中不知道,就在他返回武汉的途中,中央政治会议武汉分会已经作出决定,并由邓演达负责传达给张治中:"辞去本兼各职!"这个时候,学兵团已经被国民革命军第八军军长张发奎的部队监视起来了。在这种境况下,张治中清楚辞职是不可避免的了,但态度坚定地表示:"辞职可以的,但我不向政治分会辞。我是学兵团团长,应该向总司令辞;我是中央军校武汉分校教育长,应该向校长辞。"邓演达同意了。张治中当场草拟一通辞职的电稿,交邓演达拍发南昌总司令部。事后据张了解,邓并没有向南昌拍发这个电报。那个时候,张治中之所以有恃无恐,是由于他知道学生对他好,而且他对共产党有好感而没有恶意,所以觉得有把握。在张治中的坚持下,邓演达被迫同意他回军校、学兵团和大家告别,许多学生大声痛哭起来,齐说"团长不要走!"

张治中离开武汉时,国共分裂已是迫在眉睫了。他既不愿站在国民党立场来反共,又不能站在共产党立场来反蒋,为逃避最后的抉择,而是再一次来到上海。

此时,蒋介石开始了蓄谋已久的全面夺权行动,发动"四·一二政变",在统治区"清党",屠杀共产党员、革命群众和国民党左派分子。"四·一二政变"时,张治中也在上海,但他却没有参加蒋介石的任何活动,蒋多次让他参加会议,他都以各种借口回避。那时的他,每天闭门不出,一个人躲在屋里看书,有时也到黄浦江边吹吹风。他不是一个苟且的人,也不是一个骑墙的人。在强大的压力面前,他可以退却,可以沉默,但不会出卖原则。

1927年4月18日,蒋介石组织部分国民党中央委员,在南京成立新的国民政府,与武汉的国民政府相对抗。本想利用这个难得的休闲机会出国游历的张治中,却不想蒋介石电召他到南京,负责组建大本营训练处,为蒋介石编练新军,培训干部。张治中起初还在犹豫,就在这时,从汉口方面传来内弟洪君器受冤惨死的消息。洪君器对于张治中,是至亲,是战友,更是救命恩人。现在,或许是受自己的牵连,洪君器竟死于非命。张治中心中悲愤,不再犹豫,决定接受蒋介石的邀请,到南京筹办军事训练处。办军事教育,对于张治中来说,已是驾轻就熟,训练处很快就筹办起来,设步、骑、炮、工、辎重各科,步入正轨。不久,中央军事政治学校迁到南京(后改名中央陆军军官学校),蒋介石命张治中兼任政治部副主任。孰料,就在一切就绪、正常运转起来的时候,1927年8月13日,蒋介石在外受武汉方面军事压力、内遭桂系突然袭击的困难局面下,宣布下野。张治中遂解散训练处,再次回到上海,准备出国。

第四节　游历欧美

张治中刚到上海,筹备出国。下野回到奉化老家的蒋介石即打来电报,要他赴溪口。赴溪口前,张治中认真准备了一个谈话纲要,列了十几条,检讨蒋介石过去的种种得失,如对待共产党的问题、桂系的问题、用人问题等等。张治中决心再进行一次直言进谏。在溪口的一个星期,张治中对蒋介石的过往事件一件件加以剖析,一件件进行检讨,毫无保留。蒋介石颇为动容,并对张治中不知道的事情加以解释、说明,张治中也有了新的感受和认识。在张治中心里,这是"可纪念的一次长谈"。从此,蒋介石再没怀疑过张治中的忠诚。

1927年11月,张治中单身一人开始了他的欧美之旅。主要目的地是他在武汉陆军军官第二预备学校的老师格拉塞的祖国——德国,预定以 1 年补习德文,以 4 年研究军事。张治中乘坐的是一条德国船,整条船上除了他,没有第二个中国人。从张治中所持的护照上,乘客们知道他是国民革命军的将军。船到菲律宾,当地的中国领事和华侨都赶来欢迎,并请他讲演。报纸上登着他的相片和谈话,称誉他是有名的中国将军。船到新加坡,侨胞们拥上船来环绕着张治中,格外的亲热。张治中一一回答侨胞们提出的问题,感受他们关怀祖国、同情革命的热情,十分感动。

张治中本来是晕船的,也许是脱离了国内复杂的政治斗争、心情愉快的缘故,42 天的行程,只有两次晕船,一次是在黄海,一次是在地中海,其余的日子,都是在蓝天碧水静、海鸥飞相伴中度过的。只"化装舞会"这一事件,令张治中很生气、痛苦。那天,船漂行在印度洋上,船长决定举行一次化装舞会。张治中不会跳舞,只是抱着一种好奇心,穿了晚礼服,缓步迈进舞厅。让张治中愤怒的一幕发生了。一个外国船

1928 年 2 月,张治中从德国寄给夫人洪希厚的照片

客,竟化装成中国清朝的一位官吏,拖着一根猪尾巴似的辫子来丑化中国人。张治中十分愤怒,当即找到船长,面对一位中国将军的强烈不满和严重抗议,船长很快与这位外国船客交涉。但这位外国船客拒绝了张治中的要求,理由是今天晚上做的是戏,什么都是可以化妆的。张治中认为"如果真是做戏,表演历史剧,当然没有话讲;而今晚的集会,并不是演剧,化妆中国人拖着一条辫子,纵然不是侮辱,至少对我也是不礼貌"。往返交涉的结果,还是被这位外国船客加以拒绝。张治中饱受怒气,独自来到甲板上凭栏远眺,心中满是惆怅,只因祖国贫穷羸弱,才被人轻视、侮辱。只有国家富强了,她的人民在外才有尊严。

抵达德国柏林,格拉塞的儿子到车站迎接。小格拉塞在中国出生,后回

到德国。有了他的帮助,张治中办理一切事情就顺利多了。为避免与柏林较多的中国留学生交往而妨碍学习,张治中就选择离柏林几小时车程的德莱斯敦作为居住地点,房东是两个德国老太太,是母女关系。

在德国最初的一段日子里,张治中唯一的功课就是猛攻德语。这样恶补3个月,居然可以和两位女房东对话了。在德语水平不断提高的同时,张治中对日耳曼民族有了更深切认识,尤其是崇尚节俭的品质和办事认真的品性,让张治中大受教益。一次,他从卧室走进浴室,坐进浴盆时想起卧室的电灯没有关掉,心中颇感不安。等到匆匆洗完澡,走进卧室,发现电灯已经熄灭。第二天晚饭时,女房东笑着说,对不起,昨天电灯是我替你关上了。女房东的话,让张治中听了颇感赧然。另有一个星期天,张治中与小格拉塞外出游玩,出门时没给女房东说明不回来吃饭。下午四五点钟,张治中返回寓所,进门便看到一份午餐的刀叉还摆在餐桌上。女房东以严肃的态度责备他说:"你们出去,不回来吃午餐,又不打招呼,我们等了你许久!"张治中只得连连道歉。事虽小,却可以看出一个民族的品性。

国民党二届中执委第四次会议参会人员合影

掌握了语言,张治中开始到柏林、汉堡、莱比锡等大都市参观。当时,德国虽然还是一个受凡尔赛和约束缚的国家,也是一个很穷的国家,但是看了

第三章 服务黄埔 十年执教

柏林电力厂、容克飞机厂等德国工厂的科技,特别是日耳曼民族那种认真严谨的工作态度,张治中感觉到德国必将再次崛起,且为期不远。想想自己的老大帝国,百年来积弱积贫、松散愚昧,将如何在世界的丛林里自立?张治中感到十分忧虑。

蒋介石8月下野后,9月即访问日本,寻求日本的支持。11月5日,蒋介石会见日本首相田中义一,田中义一赞成蒋介石反共但反对其北伐。12月1日,蒋介石与宋美龄在上海结婚,从而与宋氏家族、孙中山家庭连成一体,与美国的联系因之密切起来。1928年1月,宁汉合流后的国民政府内部矛盾重重,无力应对当时复杂诡变的时局,欢迎蒋介石复职的声音愈来愈响,于是蒋复任国民革命军总司令。2月,在南京召开国民党二届中执委第四次会议,彻底改变了国民党一大以来的政策。会上,蒋介石被推选为国民党中央委员会常委、军事委员会委员长。会后,又被推举为国民党中央组织部部长、中央政治会议主席。4月,踌躇满志的蒋介石与冯玉祥、阎锡山、李宗仁组成四个集团军,集中全部兵力进行二次北伐,击败奉系军阀张作霖。6月4日,自北京返回奉天(今沈阳)的张作霖,在途中被日本关东军炸死。北京被阎锡山的军队占领,北伐胜利完成,北洋军阀长达16年的统治被推翻。

张治中本来有一个在欧美游历学习的"五年计划",但还不到5个月,已经复职的蒋介石就已函电纷驰,召张返国,赞襄北伐军事。北伐大业重要,张治中决定回国。但出国一趟,毕竟不易,张治中决定作一次欧美之游:由德国出发,经比利时、法国、瑞士,到达意大利、英国,然后横渡大西洋,绕道美国,再途经日本回国。这样一路走过去,张治中所看到的,一是欧美各国的强盛,二是外人对华人的轻蔑与歧视。一般西洋人只要看见穿戴整齐的黄种人,就必然问:你是不是日本人?对虽挟有五千年文明史、却积贫积弱的泱泱中华完全不放在眼里。对此,张治中最大的感想就是国家不富强、不自由平等,就不能在国际上立足。当前,最重要的就是建设祖国,促进其强大昌盛。

第五节　十年教育长

1928年7月，张治中回到上海后，蒋介石委任张治中为军委会军政厅厅长。不久国民政府改组，军政厅升格为军政部，冯玉祥以行政院副院长身份兼任军政部部长。张治中遂要求回中央陆军军官学校工作，蒋介石爽快答应了。当时中央军校教育长是何应钦，教育部主任是王右瑜，蒋介石命张治中暂任训练部主任，几个月后即接任教育长。就这样，从1928年秋直到1937年夏，张治中主管中央军校十年工作。

中央军校学员们步操穿过军校大门

以张治中当年曾被称为"红色教官""红色团长"及"黄埔四凶"的身份，重返中央军校，固然是蒋介石的信任和重用，但此时的中央军校也早已不是黄埔时期的那所军校了，已经完全蜕变成了蒋介石的"私立军校"。张治中之所以还愿意来中央军校任职，一方面是想探索一条富国强兵的路子，他曾经说"富国我不敢当，强兵则力任之"；另一方面他"随时随地都想避免参加剿共的战争"，在国共两党已经兵戎相见的情况下，到远离战场的中央军校，不啻是一个避免卷入剿"共"军事的避风港。果然，十年军校生活，使他避开了第一次国内革命战争,成为一位没和共产党打过仗的国民党高级将领。

1928年秋,张治中正式赴中央军校任职,接手第六、七两期学生的训练事宜。第六期学生招收于1926年7月,最初逾4400人,经历四·一二政变、宁汉合流等政治事件,大部分学生逃散,只剩下700余名;第七期招生对象为学生军、军士教导队及国民革命军第八路军干部学校的学生,也因时局动乱而大部分逃跑,只剩下600余名。两期学生加起来,也只有1300余名学生,比起第四期的2600余人和第五期的2400余人,大为逊色,与全盛时期的2万多名师生相比,更有天壤之别。

十年间,中央军校的领导体制时有变动,时而采用委员制,时而改为校长制,但无论是哪一种体制,主持学校日常工作的都是教育长。十年间,张治中除了训练教育第六至十四期学生,还先后举办了高等教育班、军官补习班、军官训练班,并受委托代为训练海军、空军、军需、军医、工兵、测量甚至兽医、入伍生,成立空军营,军校规模迅速扩大。

1930年代,张治中(一排左二)与蒋介石(一排中)等合影

十年里,张治中根据自己的所见所闻、所思所想,科学合理地对中央军校教育方式进行了改革。仿照保定军校的学制,成立入伍生团,为期一年,让学生知晓军队的生活状况、熟悉军队勤务。并在入伍生团的干部配置上进行深入思考,为较快提高学生素质,专派有学问有见解的年轻军官充任班长、连长,与学生摸爬滚打在一起,改变过去那种入伍生部队初级军官"没有文化、没有军事知识、更没有普通知识"的野蛮现象。

同时,素以治学严谨著称的张治中,对大革命失败后逐渐荒废的校风校纪进行整饬,强调治军如治国,只能紧张不能姑息,姑息则养奸,殊非治军之所宜。平时则要求学生一律剃光头,集合时一律要跑步,列队时不准讲话,不准有任何小动作。校内不准吸烟,每周检查一次内务,被子要有棱角,生活用品要放得横成线竖成行,吃饭只有10分钟等等。违纪者轻则体罚,重则关禁闭。在张治中的整肃下,中央军校"渐成严肃之气象"。

而提到"蒋委员长"即立正的做法,也是张治中在这时期推广开来的。1932年,张学良因东北沦陷下野,曾在意大利、德国住了一段时间,他发现意大利、德国的法西斯党徒在提到"领袖"时,为表达敬意即立正。回国后,张学良任武汉行营主任,遂作出规定,凡是提到"蒋委员长"要立正。一次,张治中到武汉,参加张学良主持的总理纪念周,看到这一情景,回南京后即在中央军校总理纪念周上说,张学良和东北军对待"领袖"都这样尊重,我们作为委员长的学生,岂能落后。从此在中央军校,提到"蒋委员长"即立正成了不成文的规定,并迅速在全国军界实行了。

在中央军校教育长任上,一些事情给张治中留下深刻印象。九·一八事变后,日军占领东北,马占山率军在白山黑水孤军抗日。上海、江苏、浙江、北平、天津一带3000多大学生,到南京向国民政府请愿。国府主席蒋介石指定吴稚晖、陈立夫、朱家骅、张道藩、张厉生等处理这件事,并且要张治中来主持。青年学生聚集国府大礼堂内外,情绪激昂,高喊抗日口号,口号中多带有愤怒和责难国民政府的意味。参加处理的要员中,有指责学生们是捣乱行为,张治中则觉得这些请愿学生的动机是纯洁的,要求"到军校多拿些毯子和馒头来,多预备点开水,以免学生受饥挨冻"。有一位要员就说:"又是一位不抵抗的将军!"张治中把桌子一拍站起来,愤愤地说:"我就是不抵抗,但我的不抵抗,对象不同。青年就如同自己的儿女。哪个愿意抵抗的,来!我退席,我走!"在张治中的坚持下,从警察局调来的打手撤回了。经过张治中和学生们的平等对话、解释,以及蒋介石亲自出面对学生讲话,学生们的怒气渐渐平息,表示愿意离开南京返回学校。临别前,张治中带领3000学生高喊:"打倒日本帝国主义!拥护国民政府!'中华民国'万岁!"在一片鼓掌声中,顺利地解决了这次大风潮。但有人指责张治中的态度太软,"姑息养祸"。所以在不久后爆发的第二、三批学生请愿时,张治中不好再管,一些要员竟使用镇压手段,结果闹出一些乱子,招致各方批评。

1935年,正是日军在华北日益猖獗步步紧逼的时候,国民政府在首都南京举行秋季联合大演习。这一次大演习参加的部队很多,空军和机械化部队都齐全,中央军校的大部分学生也参加,教育长张治中任东军司令官。参加这次大演习的王守明是中央军校第六期毕业生,演习中任东军工兵队队长,奉命在施家桥这个地方架桥,在规定的时间内没有完成,等到部队到达河边不能渡河,他感觉惭愧,竟举枪自杀。他的勇于负责精神,让参加演习的广大官兵与学生大受感动,引为模范。

十年教育长,张治中培养了12000多名学生,如加上各种训练班学员、入伍生则更多。这些学生既有参加反共战争的,也有浴血抗日战场的。

第六节 "讨逆"之战

张治中10年执教期间,曾多次奉命出山,率军参加所谓的讨逆之战。

1929年初,因编遣会议,蒋介石和冯玉祥的矛盾激化,冯率西北军反蒋。10月,两军在平汉路沿线交火。为确保军事重镇武汉安全无虞,蒋介石设立武汉行营,出人意料地宣布由张治中任行营主任。张治中受命之后,面对无正规军可调用的实际,当即将中央军校第七期学生1000余人编成1个学生混成团,作为武汉行营的基本力量。10月21日,张亲率这批学生娃娃从南京出发,23日夜抵达武汉,次日早晨分驻汉口、汉阳担任卫戍执勤。随后,张治中下令将中央军校武汉分校的学生也编成1个混成团,担任武昌的卫戍任务。

当时的武汉行营辖湖北、河南、安徽3省,权力很大。按惯例,行营主任一职若不是蒋介石自兼,也得是资深的军界元老出任,以张治中的资望显然是不够的。面对张治中被超拔之事,不能不佩服蒋的眼光。前方战事激烈,像武汉这样一个后方重镇,重在市面与人心的稳定。真要勇悍的西北军打来了,不要说2000多个娃娃兵不济事,就是2万精兵强将也难以坚守。张治中准确地领会了蒋的意图。为稳定武汉人心,张治中上演了一出"空城计":每天让着装整齐、军姿昂扬的学生军上街巡逻,自己则到汉阳兵工厂检阅,到武汉大学演讲,逛逛茶馆酒肆,登临黄鹤楼……然后通过新闻报刊,进行炒作。于是,"张主任闲游黄鹤楼"的故事哄传武汉三镇,人心大安。11月22日,西北军退回陕西,蒋冯大战结束,武汉三镇安宁祥和。11月30日,武汉各界在中山公园举行"讨逆"胜利庆祝大会,张治中出席会议并讲话。次日,张率学生军返回南京中央军校。张治中的大将风度和儒雅气质,却在武汉传为佳话。

蒋介石(中)与冯玉祥(左)、阎锡山合影

蒋冯大战结束后,张治中奉命以中央军校第六、七期学生为骨干,组建教导第二师,张治中兼师长。教导第二师下辖第一、二旅以及第一、二炮兵

第三章 服务黄埔 十年执教

团、骑兵团、工兵团、辎重兵团、学兵营、战车队等,总计 11 个团。当时,许多杂牌师只有三四个团,可见该师实力之强。教导第二师刚编成,冯玉祥、阎锡山、李宗仁联合反蒋的中原大战爆发,双方投入兵力 100 多万,历时半年,死伤 30 多万人。张治中亦奉蒋令,率师沿津浦路北上参战。

双方的战线沿着津浦、陇海、平汉线展开,其中陇海线位居中央,对战争的胜负具有决定性影响,双方均以主力部队投入。5 月中旬,战事初起,蒋军攻势甚猛,且有空军配合作战,冯、阎军队节节败退。但到了 5 月底,冯、阎组织反攻,且有勇猛善战的骑兵突击蒋军后方,蒋军也是节节败退。为了扭转颓势,蒋介石命刘峙、蒋鼎文、陈诚、张治中等率 3 万精锐部队,长途奔袭陇海线上的军事重镇开封,但被冯玉祥将计就计,预先设下"口袋",命孙良诚、庞炳勋、吉鸿昌等部后撤,诱敌深入。就在冯军四面合围之际,蒋得到情报,大惊之下,急命部队突围,张治中师负责掩护退却。"双方日夜搏战,互为攻守,伤亡枕藉,惨极。"而张治中师的损失尤为巨大。

6 月中旬,蒋为打破陇海线战事的僵持状态,将所部分为左右两翼,以刘峙、陈调元分任左右翼总指挥,马鸿逵任总预备队总指挥。张治中调归陈调元指挥。陈调元出身北洋,属于杂牌。所以,战前,蒋介石告诉张治中,把部队控制在后面,不要轻易使用,亦不必守阵地。但陈调元命令张治中必须坚守阵地。斟酌再三,为顾全大局,张治中还是接受了陈调元的命令。结果坏了事,就此上了马家军的当。马鸿逵的部队在贺村被包围,向陈调元求救,陈不派自己的部队,却命张治中派部接应。结果,马家军突出重围撤走了,却将张部两个团扔在了包围圈,幸有一个旅在后面接应,才将情势稳定下来。贺村丢了,马鸿逵却向蒋介石告状,说他本来打得很好,因为张治中所部撤退,他守不住。蒋对张治中大发脾气,问他"为什么打?"张治中赔本买了个教训。

中原大战因张学良挥师入关支持蒋介石,冯玉祥、阎锡山、李宗仁失败,西北军全部瓦解。在中原大战中,张治中及何应钦、刘峙、顾祝同、陈诚、蒋鼎文、钱大钧、陈继承等中央军高级将领,因能打善战,被舆论吹嘘为蒋介石

中原大战后,蒋介石与张学良(一排右)在南京中山陵合影

手下的"八大金刚"。蒋介石也很欣赏张治中的军事指挥才能,考虑由教导第一师师长冯轶裴接任中央军校教育长,张治中留下来继续带兵。但张治中坚辞师长职,愿继续回军校任职。当时,教导第二师是中央军编制最大、装备最新的一个师,师长一职为各方瞩目,张治中主动请辞,让蒋大为感叹,觉得这真是一个"上马统军,下马交权"的模范军人。

1932年,中日《淞沪协定》签订后,在淞沪浴血抗战的十九路军被调往福建剿共。蒋介石任命十九路军总指挥蔡廷锴为福建省政府主席、军长蒋光鼐为驻闽绥靖公署主任兼十九路军总指挥。1933年5月丧权辱国的《塘沽协定》签字后两天,蔡廷锴、蒋光鼐在福州发表通电,反对蒋介石对日妥协,出卖华北。并在中共抗日主张的影响下和"剿共"军事失败的刺激下,与红军签订《反日反蒋的初步协定》。11月20日,陈铭枢、李济深等在福州召开中国人民临时代表大会,发表《人民权利宣言》。22日,中华共和国人民革命政府宣告成立。这就是福建事变。

蒋介石认定必须迅速扑灭这一事变,否则将会严重动摇国民政府的根基,决定组织军队入闽征讨:以蒋鼎文为第三路军总指挥,率两个师集结于建阳、建瓯一带;以张治中为第四路总指挥,率一个军、两个师进入闽北的浦城、建瓯一带;以卫立煌为第五路军总指挥,率五个师进入闽西的邵武、顺昌一带集结;派毛邦初为空军指挥官,集中战机轰炸福州等地;将两个炮兵团运到建瓯集结,派海军舰队到福建沿海,蒋介石亲自到建瓯设立行辕,指挥各部队开始攻击。

第三章 服务黄埔 十年执教

张治中率部推进,与福建军队在古田相遇,担任古田防御任务的是福建人民革命军第五军第九师师长赵一肩,在一·二八淞沪抗战中任十九路军参谋处长,张治中很熟悉。经过侦察及分析判断,张治中认为:古田的防御工事虽然坚固,但以自己的兵力,攻占该城没有任何问题。但是,张治中想的是"不战而屈人之兵,善之善者也",尽量不死人或少死人。张治中力争通过和平的方式拿下古田。于是,张治中与幕僚商量妥当,连夜起草一封劝降信,以大义相责,以利害相劝,望赵一肩悬崖勒马归顺中央。赵一肩收到信后,颇受感动,同意和平解决,并派副师长陈任之出城接洽,负责谈判。

"中国全国人民临时代表大会"在福州召开,标志着福建事变正式爆发

按蒋介石的军事部署,"讨逆"大军共分三路,分别以蒋鼎文、张治中、卫立煌为总指挥,卫居右,蒋居中,张居左,向前推进。张治中屯兵古田城下,久不进攻,急坏了中路军总指挥蒋鼎文。蒋鼎文迭次责问张治中,为什么屯兵城下还不进攻?蒋鼎文指挥不了同级的张治中,竟直接命令张治中部第八十七师师长王敬久进攻,王敬久不敢擅自做主,多次打电话向张治中请示。张治中知道,只要他一点头,就不知道多少士兵与平民葬身炮火之中。他断然对王敬久说:"我是总指挥,没有我的命令,不准开枪,上面由我负责,不关你们的事。上面砍头,砍我的头;但你们如果不服从我的命令而开枪,我就要砍你们的头!"同时,张治中给蒋介石发一电报,以绝对负责的态度表示:"乞钧座勿问职所用者为和平方法抑军事攻击,总之,在明日正午12时以前必将古田解决,如违愿依军法伏罪!"电报发出,幕僚及部下莫不愕然,暗暗地替张治中捏一把汗。但张治中把握大势,一方面将自己的处境转告对方,让赵一肩知道他的和平诚意,一旦开战,玉石俱焚;另一方面,派参谋长祝绍周入城谈判。祝与赵相熟,只身入虎穴,赵感到无话可说,表示接受全部条件,签订城下之盟。第二天早晨,赵一肩把军队撤出古田城外,在指定的地点驻扎,听候中央命令。于是,张治中不折一兵,不耗一弹,从容进城,"不战而屈人之兵"的和平理想得以实现。

古田拿下,门户洞开,水口不战自溃,蒋介石的讨伐各路大军长驱直入,大举向福州推进,福建人民政府的要员纷纷逃亡香港。经过几次会谈,1934年1月十九路军将领沈光汉、毛维寿、区寿年等通电拥护国民党,接受改编。至此,曾一度英勇抗日的十九路军被蒋介石彻底消灭。福建事变结束,张治中再次向蒋介石辞职,仍回中央军校担任他的教育长。

第四章
请缨抗日　浴血淞沪

世人皆知张治中是著名的和平将军，其实他更是抗日名将。在中国人民的14年抗战中，他曾主动请缨，两次带兵参加中国抗战史上极其重要的一·二八和八一三淞沪抗战，甘冒锋镝，鏖战疆场，"望能以热血头颅唤起全民抗战，前赴后继，坚持战斗，抗击强权，卫我国土"。

第一节　一·二八淞沪抗战

1931年九一八事变后，面对国民党政府的不抵抗政策，日本帝国主义得寸进尺，欲求吞并整个中国。在侵占东三省后，日军先后在天津、青岛、汉口、福州、重庆、上海等地进行挑衅。早在1931年10月，为转移中国人民和国际上对日本人在东北制造伪满洲国的注意力，日本关东军就要求日本驻上海领事馆搞出点事情来。于是，日本人接二连三地在上海召开"上海居留民大会""长江流域日本人联合大会""全支（中国）日本人居留民大会"，以挑起日侨和上海民众的对立，制造出兵借口。1932年1月中旬，日军舰队悄然开至吴淞口外。1月18日下午，天崎启升等5名日本僧人在毗邻上海公共租界东区（杨树浦）的华界马玉山路的三友实业社工厂外被殴打。日方指责为工厂纠察队所为。20日，50多名日本浪人放火焚烧了三友实业社工厂，回到租界后又砍死砍伤3名工部局华人巡捕。当天，1000多名日本侨民在

蒋光鼐(右一)、蔡廷锴(右三)接见外国记者

文监师路(今塘沽路)的日本居留民团总部集会,并沿北四川路游行,前往位于该路北端的上海日本海军陆战队司令部,要求海军陆战队出面干涉。途中不断袭击华人商店。

1月24日,日本海军陆战队向上海增兵。当时负责防卫上海的中国军队是粤军的十九路军,由蒋光鼐、蔡廷锴指挥,京沪卫戍司令为陈铭枢。陈铭枢及十九路军主张反击日军挑衅,但南京政府主张忍让,并由军政部长何应钦下令十九路军5日内从上海换防。27日,日本驻沪总领事村井仓松向国民党上海市政府提出封闭上海市各界抗日救国会和爱国报纸《民国日报》等无理要求。并在上海市政府还没有作出答复之前,又发出最后通牒,限令在48小时内作出"圆满"答复,不然就要自由行动。上海市长吴铁城秉承蒋介石的意旨,在28日下午1点45分,给日本人送去《为日僧被殴事件复日本驻沪总领事村井仓松函》,满足日本人要求,以打击爱国力量来谋求对日妥协。孰料在村井表示满意之后,日本第一遣外舰队司令盐泽幸一又在当晚发出了另一个以"护侨"为名的通牒,限令十九路军立刻退出闸北。且没等中国政府答复,盐泽即下令开始军事行动。28日23时50分,日军海军陆战队2300人在坦克掩护下,分三路突袭闸北,攻占天通庵车站和上海火车北站。一·二八淞沪抗战爆发。

上海军民义愤填膺,担负沪宁地区卫戍任务的第十九路军3个师共3万余人,其第六十、六十一师分驻苏州、南京一带,第七十八师2个旅驻守上海,在总指挥蒋光鼐、军长蔡廷锴指挥下奋起抗战。防守市区的第一五六旅,在前来接防的宪兵第十六团主动配合下,打退由横浜路、虹江路、宝山路进攻的日军，29日夺回天通庵车站和上海北站。日军败退租界，通过英、美等国领事出面"调停"，达成停火协议，缓兵待援。

29日，日本政府发表声明威胁中国政府，诬指上海事件是中国排日运动引起的。至2月2日，日军从国内增调航空母舰2艘、各型军舰12艘、海军陆战队7000人援沪。蒋光鼐急调第六十、六十一师参战。3日，日军破坏停火协议再向闸北进攻，被守军击退。日本内阁遂增派第三舰队和陆军久留米混成旅援沪，由第三舰队司令野村吉三郎接替盐泽指挥。7日，野村改变攻击点，以久留米旅进攻吴淞，陆战队进攻江湾，企图从守军右翼突破。第十九路军依托吴淞要塞及蕰藻浜水网地带与日军激战，第六十一师将进攻纪家桥、曹家桥及偷渡蕰藻浜的日军各个消灭，其余日军龟缩租界，由英、美等国领事再次出面"调停"，以待援兵。

十九路军抗击日军

面对即将开始的淞沪抗战，吴淞要塞总司令竟然只求自保，勾搭日军。正式开战后，吴淞要塞军舰仍向日舰提供淡水和食物。后来，当贪心不足的日军进攻吴淞要塞，该总司令马上临阵脱逃。淡水要塞守军毫不畏惧，奋勇抵抗，重创日军。

第十九路军的前身是邓铿为师长的粤军第一师第四团。1926年，粤军第一师改编为国民革命军第四军，李济深为军长，陈铭枢为第十师师长，蒋光鼐为副师长,蔡廷锴为属下团长。北伐战争中,第四军屡有战果,被誉为"铁军"。第十师亦扩编为国民革命军第十一军,下辖第十师、第二十四师(原第四军独立团扩编,团长即叶挺)及第二十六师。1927年,中国共产党发动南昌起义,第十一军时由叶挺任代军长,第二十四师及第十师均参与其事。但蔡廷锴的第十师后来离开共产党控制,转往福建并重新由陈铭枢节制,改向蒋介石效忠。1929年,国民政府在南京召开国军编遣会议,撤销国民革命军第十一军的番号,将之改编为第一编遣区第三师及独立第二旅,并任命蒋光鼐为第三师师长,蔡廷锴为独立第二旅旅长。同年,第三师和独立第二旅又被先后改编为第六十一师和第六十师。1930年2月至3月,两师在中原大战中助蒋介石击败冯玉祥与阎锡山。同年7月,第六十一和第六十师被合编为国民政府军第十九路军,蒋光鼐任总指挥,蔡廷锴任军长。之后,第十九路军参加对中国工农红军的围剿。1931年"九一八事变"后,第十九路军调防上海,陈铭枢任京沪卫戍司令。同时蒋介石受压下野,南京政府由广东派系主持。

因为不是蒋介石的嫡系部队,十九路军的供给远远不足。淞沪战役开始前,中央政府共拖欠十九路军8个月600余万元军饷。1月底的上海,天降大雪,十九路军几乎没有棉衣,将士身着单衣,短裤露膝,在冰天雪地里作战。不仅衣着不暖,而且武器装备也不足,尤其战役开始后,明显感觉到手榴弹供应不上,虽多次请援,中央政府始终不予回应,只好发动上海民众赶制土造手榴弹。南京中央政府并屡次发电,要求十九路军撤到二线阵地。蒋光鼐不同意,决定抗命。何应钦竟下令,如果开战,"第十九路军兵源充足,有足够实力,上海附近部队不得增援"!

但是淞沪抗战得到了社会各界的支持。廖仲恺夫人何香凝多次到阵地上慰问十九路军将士。社会各界短时间内捐款过百万,捐献的棉衣也很快送到十九路军将士手里。东北冯庸大学的数百名学生,在校长冯庸的带领下,更是组建义勇军南下增援上海。

东北沦陷,蒋介石的对日妥协政策招致社会各阶层人士的不满,国民党内的反蒋派力压蒋介石释放胡汉民,并要求蒋介石下野,才能实现党和政府的统一。在这种形势下,蒋介石不得不于12月15日再次宣布下野。一·二八事件发生时,被迫下野的蒋介石住在老家溪口,表面上不问政事,实际上仍暗中掌握实权,接任的孙科政府根本无力左右政局。

蔡廷锴(右一)在淞沪前线指挥作战

1932年1月28日,国民党召开临时中央会议,改组南京政府,由汪精卫代替孙科继任行政院院长。此前已与汪精卫秘密会晤、达成权力分配协议的蒋介石,随后亦复出任军事委员会委员长。1月29日,一·二八事变发生的第二天,蒋介石通电全国将士,慷慨激昂地说:"中正与诸同志久共患难,今日身虽在野,犹愿与诸将士誓同生死……以与破坏和平蔑弃信义之暴日相周旋。"怎样"周旋"呢?国民政府决定迁都逃跑了。

1月30日,汪精卫代表南京政府宣布迁都洛阳。同日,国民政府主席林森、行政院长汪精卫等首脑人物由南京出发,经开封而往洛阳。南京除留下何应钦维持治安,罗文干主持外交外,其余1000多国民党军政要员均迁往洛阳。这些党国大员们原来把洛阳想得很美好,但是当他们抵达洛阳后,却大为扫兴。原来洛阳不仅远非宁、沪能比,就连办公居住的场所都难以安排。国民党中央部及国民政府占据了河洛图书馆,行政院及中央政治会议则挤在职业学校。

这些党国要人并不在真在洛阳办公,而是在陇海路、津浦路上来回跑。当时的名记者陶菊隐曾有这样一段记述:"那里只有少数闲散机关派了几名不重要的职员,挂了一块招牌,摆摆样子,至于事务较繁的各部会,则均留在南京未动。那位不负实际责任的国府主席林森,却已光临此地,因此洛阳荒货摊上,经常看见这位白须飘忽的老人,前来选购古董,路人指而相告:'这位就是林主席','这位就是林主席'。当时的中枢要人蒋介石、汪精卫、宋子文之流,则一点影子也看不到。汪、蒋二人也确实离开了南京,他们各住在一节火车上,沿着陇海线各要站开来开去。今天停在开封,明天停在郑州,有时也停在洛阳,都是来无踪去无影,对外绝对保密,这就是南京政府摆下来的'迁都洛阳'的龙门阵。"

国民政府为什么仓皇迁都洛阳呢?蒋介石在1月29日的日记中说:"余决心迁移政府,与日本长期作战,将来结果不良,必归罪于余一人。然而两害相权,当取其轻,政府倘不迁移,随时受威胁,将来必作城下之盟。此害之大,远非一人获罪之可比。余早有志牺牲个人,以救国家,他复何所惜哉!"说得冠冕堂皇,实际上完全是自欺欺人,他将30万大军都用在了江西剿共的第一线。

张治中在九一八事件后坚决主张抗战,而且是相当激烈的一个人,他认为"日本是根本威胁中国生存的帝国主义"。特别是九一八事件后,廖仲恺夫人何香凝寄给张治中女褂一件,并附诗一首:"枉自称男儿,甘受倭奴气,不战送山河,万世同羞耻。吾侪妇女们,愿往沙场死,将我巾帼裳,换你征衣去!"这对张治中刺激很大,常使他热血沸腾!

2月初,蒋介石由洛阳到浦口,张治中前去迎接,就当前的战局交换意见,张治中说:"我们中央的部队必须参加淞沪战斗才好,如果现在没有别的人可以去,我愿意去!"考虑到时此刻还不派嫡系部队赴沪参战,不仅会有人指责他通电的虚伪,而且会影响他复出的计划,故蒋介石马上答复:"很好!"

按照蒋介石的授意,何应钦即调驻守在京沪、京杭两线上的第八十七、

第四章　请缨抗日　浴血淞沪

八十八师组成第五军，此外，还配属了中央陆军军官学校教导总队和独立炮兵一团的炮营，拟由张治中出任军长兼八十七师师长，准备赴沪参战。2月6日，何应钦给蒋介石电报："张文白兄以国难当头，愿率领军旅效命疆场，查八十七师师长正在遴员，可否即以文白充任，并加给以军长名义，使其指挥八十七、八十八两师。乞示遵。"蒋介石批复："八十七师师长以张文白继任，中甚赞成，请即委如何。中正。齐印。"

在出发奔赴抗日前线的2月15日深夜，张治中写下遗书："现在正是国家民族存亡之秋，治中身为军人，理应亲赴疆场，荷戈奋战，保卫我神圣领土，但求马革裹尸，不愿忍辱偷生，如不幸牺牲，望能以热血头颅唤起全民抗战，前赴后继，坚持战斗，抗击强权，卫我国土。特立此书，表示百折不回之决心。"第二天出发前，张治中将这封遗书交给挚友陆福廷。如遭不测，由陆交给其家人并公布之。张治中曾回忆："我知道，一个革命军人首先要具有牺牲精神，而牺牲精神又必须首先从高级将领做起。"

张治中于2月16日上午9时从南京和平门登车出发，当天到达南翔，即奉蒋光鼐总指挥的命令，接替十九路军防务之由江湾北端经庙行镇沿蕰藻浜至吴淞西端一线，并以一部在狮子林炮台南北闸洞亘川沙口、浏河口、杨

张治中任军长的第五军开赴淞沪抗日前线

林口、七丫口担任沿江警戒。17日,张治中进驻刘行镇,任左翼指挥官(右翼指挥官蔡廷锴),发布《告全军将士书》:"治中个人,誓与我军将士共患难,同生死。深望我全军将士,人抱必死之心,以救国家,以救国族。假如日军犹有一兵一卒留我国内,我们的责任即未完成;反之,我们如尚有一兵一卒,必与敌人拼命到底!"

庙行歼敌精锐 2月20日拂晓,日军向第五军发起攻击,日军飞机成群结队在我阵地附近及后方到处掷弹,更以重炮及敌舰炮向吴淞、庙行一带阵地集中射击,日军步兵则借飞机炮火掩护攻击前进。张治中率领第五军奋勇抵抗,并击落敌机1架。战斗激烈,竟夜炮声不绝。第五军阵地工事被摧毁很多,官兵掩身战壕内,等日军步兵接近,就用手榴弹、步枪迎头痛击,冲锋肉搏。这样血战两昼夜,敌死伤甚重,不支而退。

22日,日军倾巢来犯,庙行镇以南之八十八师五二七团大小麦家宅阵地,遭日军炮火及飞机轰炸四五个小时,工事全部被毁,第三营营长陈振新当场阵亡,阵地被日军突破一角。张治中亲率预备队——中央军校教导总队两个营奔赴八十八师指挥策应,并令八十七师二五九旅孙元良旅长率部向庙行增援;令守卫蕴藻浜北岸的二六一旅宋希濂旅长率主力由纪家桥渡河抄袭敌人的侧背;令八十八师俞济时师长率部对被敌人突破地区进行反攻。蒋光鼐闻讯后,亦命令十九路军六十一师副师长张炎率两个团从右翼向敌人包抄。日军被我军三面夹击,损失惨重,仓皇撤退,仅一小部分残留在金家宅、大小麦家宅一带,负隅顽抗,至晚8时半全部被歼灭。这一仗,张治中部官兵伤亡1000多人,其中包括八十八师二六二旅旅长钱伦体、副旅长陈普民。日军第九师团

张治中(左)在前线指挥作战

第四章 请缨抗日 浴血淞沪

及久留米混成旅团的精锐伤亡更是重大,庙行、江湾间到处都是敌尸,有三四千具之多。

庙行战斗的激烈,为淞沪开战以来所未有,中外报纸一致认为是沪战以来中国军队战绩的最高峰。蒋介石给张治中发来电报,称赞道:"自经22日庙行镇一役,我国我军声誉在国际上顿增十倍。连日各国舆论莫不称颂我军精勇无敌,而倭寇军誉则一落千丈也。"

激战浏河 庙行惨败,日军自不甘心,日本内阁决定组建上海派遣军,派前陆军大臣白川义则大将来沪担任最高指挥官,并加派第十四师团的全部及十一师团的大部来沪增援,至此,上海日军总数达到10万人以上。而沿江七丫口、杨林口、浏河新镇及小川沙一带,绵延数十里的沿江警戒线,仅有中央军校教导总队的一个营会同少数冯庸义勇军担任守备。稍为有点军事常识的人,都知道守备这一线的重要性,因为如敌军以有力的一部在此登陆绕攻我军侧背,就会使我军全线瓦解。但当时十九路军和第五军总兵力不过六七万人,自闸北、江湾、庙行经蕴藻浜北岸至吴淞一线,无日不在战斗之中,各部队都有相当大的伤亡,所以,尽管蒋介石强调"浏河方面,尤应准备三团兵力为要",但淞沪战场根本无兵可调。陈铭枢就此电告蒋介石,"兹决定以南翔至浏河之线为第二防御阵地,由吴工兵监规划工事,请即饬上官云相所部,前来作工为祷……为持久抵抗之计,务请俯照前言,迅调江西陈、卫、谭各部,兼程前来无误,现在前线牺牲,亦可达到目的也"。张治中无奈之下,把原守蕴藻浜北岸阵地的宋希濂旅两个团调往田湾,作为预备队,一旦战事吃紧,前可策应江湾、庙行,后可兼顾浏河、杨林口。3月1日拂晓,白川义则果然选择在浏河附近登陆。敌军开始在江湾、庙行一线向我军进行全面攻击,同时,敌舰20多艘携带大量民船和马达船,施放烟幕掩护,以步兵在我兵力配备薄弱的六浜口、杨林口、七丫口登陆,并以海军舰炮向我沿江各口猛烈轰击,飞机数十架亦从吴淞要塞起沿江轰炸各要口。日军登陆后,即连续占领浮桥镇(位于七丫口附近,茜泾营以西七八公里)等地,向浏河西的茜泾营猛扑。中央军校教导总队的一个连,拼死抵御,伤亡殆尽。张治中立即命令宋希濂率二六一旅两个团迅速赶往浏河,抢占茜泾营,拒止或迟滞敌军前进,否则敌军必然先我占领浏河,对整个战局将会发生严重的不利影响。同时,再电告蒋介石,请求派兵援助。

张治中(右二)与蔡廷锴(右三)及十九路军、第五军将领商讨作战方案

宋希濂即命五二一团第一营由顾家宅汽车站用汽车运往浏河,但总计只有11辆车,一次勉强地装载一个营。3月1日上午11时左右,宋希濂带参谋、卫士各一人随同五二一团第一营营长唐德乘车出发。快要到达浏河的时候,被在天空盘旋的敌机4架发现,敌机疯狂低空轰炸扫射。隐伏地面的国军官兵,不顾暴露的危险,站起身来以轻机枪对空扫射,一架敌机被击中冒烟。

宋希濂到达浏河后,立即搜集情报,得知敌军自今晨以来,已有数千人在七丫口、杨林口一带登陆,尚有大批敌军正在继续登陆,判断当在一万人以上。首批登陆之敌,在占领浮桥镇后,已向东急进。茜泾营为浏河屏障,位置重要,必须先行占领,才能掩护后续部队展开,宋希濂当即命令唐德营长率该营向茜泾营搜索前进。哪知才走到茜泾营南门附近,日军已先到达,于是双方展开白刃战。日军后续部队不断赶到加入战斗,五二一团第一营三面受敌,仍岿然不动,视死如归,营长唐德左臂受伤,不仅继续指挥作战,还投掷手榴弹与敌肉搏。到晚上10时许,迫使日军一个师团不能推进一步。

第四章 请缨抗日 浴血淞沪

这一天,除浏河方面战况紧张激烈外,江湾、庙行一带的正面阵地,亦均被优势之敌压迫,伤亡甚大,右翼八十七师阵地已被日军突破。在兵力奇缺、后援不继的情况下,淞沪战场的最高指挥官蒋光鼐为保存实力、与敌作长期战斗起见,电请军事委员会同意,令十九路军和第五军相继向第二防线撤退。浏河一带沦陷。

血染葛隆镇 撤退中,第五军派一部在胡家庄、杨家行占领收容阵地,主力于3月1日11时向嘉定、太仓之线撤退,利用嘉定城、太仓城为据点,派出一部于罗店及浏河方面警戒。

日军发现我军退出第一道防线后,急忙下令追击,企图消灭我有生兵力。尾追我军的日军第十一师团,于3日凌晨1时突然在葛隆镇附近的娄塘、朱家桥发动袭击,企图突破我军嘉定、太仓防线,切断我军撤退后路。守备于此的第八十七师二五九旅五七一团奋起阻击,日军两度增援至次日午后逾7000人,陷入重围的五七一团官兵孤军奋战,第二五九旅旅长孙元良亲临第一线指挥作战,他向张治中报告:"第五七一团现受包围覆没,团长失踪。职拟在葛隆镇殉职。钱门塘将有危险,请军长迁移。"危急关头,张治中沉着冷静,一面调集部队组成防御阵地,一面命令五七一团坚持战斗,直到阻击阵地形成。

4日下午4时我援军赶至葛隆镇,布置了最后防守线,并向前增援。此时的五七一团弹药即将耗尽,士兵死伤过半,在被包围战斗15个小时后,团长张世希率残余官兵抱定必死之心,组成敢死队,向蒋家村拼死冲击,势不可挡。日军一时愕然,向后溃退,重围竟然得解。这一仗被称为一·二八淞沪抗战中日双方最后一场恶战,在一天的激战中,我军战死1个营长、2个连长、6个排长,士兵伤亡近千数。其中身饮7弹

张治中题词纪念一·二八淞沪抗战

不幸牺牲的营长朱耀章是有名儒将,殉国前两天还挥笔作词:"男儿百战死,壮士十年归!人生上寿只百年,无须留恋,听其自然!为自由,争生存,沪上麾兵抗强权。踏尽河边草,洒遍英雄泪,又何必气短情长?宁碎头颅,还我河山!"

3月5日,我淞沪抗战部队先后撤至第二道防线,敌未再犯,每天只有飞机作侦察活动。中外人士络绎不绝,或来慰劳,或来访问。何香凝特来第五军驻地慰问,赋诗《赠前敌将士》一首:"倭奴侵略,野心未死,既据我东北三省,复占我申江土地,叹我大好河山,今非昔比。焚毁我多少城市,惨杀我多少同胞,强奸我多少妇女,耻!你等是血性军人,怎样咽下得这点气?"

但浴血抗战的将士们虽咽下不得这点气,又如何能改变当局的对日妥协退让政策呢?5月5日,国民政府与日本签订屈辱的《淞沪停战协定》。《淞沪停战协定》签订后,国民党统治的中心地区南京得以暂时苟安,5月30日,国民政府各机关自洛阳迁返南京。

淞沪抗战阵亡将士追悼大会

是役,第5军军官阵亡83人,伤242人,失踪26人;士兵阵亡1533人,伤2897人,失踪599人,合计阵亡1616人,伤3139人,失踪625人,伤亡总数高达5380人。5月28日,张治中在苏州参加"追悼淞沪抗战阵亡将士大会",党政军代表及京沪杭各界人士计数万人参加,张治中含泪致祭词:"呜呼将士,渺矣音容!仓皇戎马,诀别无从。梦萦回兮故垒,泪涕零兮江东。鹃啼兮声若,花落兮飞红。呜呼将士,上有父母,下有妻子,泉台永隔,怆怀何已!我与君等,如兄如弟,仰事俯蓄,责在后死。呜呼将士,从此长眠!此仇未报,衷肠若煎。誓将北指,长驱出关,收我疆土,扫荡凶残。执彼渠魁,槛车系还,一尊青酒,再告重泉……人生草草,大地茫茫,忠贞亮节,山高水长。呜呼将士,庶几来飨!"

从苏州回到南京,何应钦告诉张治中,中央军校教育长已内定朱绍良,蒋介石的意思是要张治中继续带兵。张治中对何说,军长朱绍良或其他人都可以当,他还是继续当教育长合适。这是张治中自出镇武汉以来,第三次主动交卸兵权。

第二节 八一三淞沪抗战

日本从未亡灭我之心,五年半后,淞沪抗战再次打响。

1937年8月9日晚,日本驻沪海军陆战队中尉大山勇夫和他的司机、一等兵斋藤要藏两人驾车直冲上海虹桥机场,开枪挑衅,当即被我保安团守军击毙。虹桥机场事件的发生,为日军在上海悍然发起进攻找到了借口。

战争前夜,日本海军陆战队出动装甲车

8月13日上午9时15分,日本海军陆战队在铁甲车掩护下,向闸北西宝兴路我军阵地发起进攻。同一天,江湾路八字桥以及闸北青云路、宝兴路、虹口北四川路等处也相继开仗。停泊在高桥的日本战舰则向我虬江码头至沪江大学一线猛烈炮击。下午4时零1分,日本海军陆战队驻地挂出信号旗,日军全线出击。驻守上海的中国军队,再次进行悲壮昂扬的反侵略战争。

作为这场战争前期准备工作的组织者和战役的前线指挥官,张治中从8月13日起,到9月22日止,整整40天,或殚精竭虑于帷幄,或奔波于前沿阵地,置生命于不顾,恪尽职守。

秘密备战 1935年11月,张治中在国民党第五次全国代表大会上当选为中央执行委员。在日本军事扩张和经济侵略的步步紧逼下,国民党内部主张抗日的呼声也日渐高涨,大会期间蒋介石就对外关系发表讲演,声称"和平有和平之限度,牺牲有牺牲之决心",日本如果无止境地进攻,超过和平之限度,只有下最后之抗日决心了。这让张治中感到欣喜。

八字桥遭遇并交火,打响了淞沪会战

国民党五全大会以后,蒋介石着手全面部署抗日的准备工作。一是调训军官。1935年军事委员会在武汉行营设陆军整理处,以陈诚为处长,东北军的杨正治为副处长,刘绍先为军官训练主任,训练下级军官;在南京陆军大学设将官讲习班,调整编师的旅长以上军官到陆大学习;整编师的团长、副团长、营长则轮流调步兵学校学习。二是实施国防计划。在陇海线及豫北地区和京沪杭地区设立国防区,分别由河南省政府主席刘峙和皖赣浙闽四省边区总指挥及苏浙边区绥靖主任张发奎负责;在军事委员会内密设执行部,总揽国防工事,由训练总监唐生智兼负总责。此外,在京沪杭国防区之下,又设立3个国防分区:南京分区,由南京警备司令谷正伦负责;沪杭分区,由张发奎负责;京沪分区,由中央军校教育长张治中负责。在3个国防分区中,京沪区是整个防御体系的重点。在华北,则令阎锡山在晋北长城各口设防,傅作义在绥远大青山一带构筑防御工事。三是构筑京沪杭防御工事。密令张治中在吴县、常熟、福山(吴福线)及无锡、江阴(锡澄线),利用河流湖泊障碍,构筑防御阵地的骨干工事,又在淞沪外围构筑要点工事,并于1936年至1937年,举行几次参谋旅行;密令张发奎在乍浦、嘉兴线构筑防御阵地骨干工事。此外,增强京沪铁路上的军事运输设备,新修了苏嘉铁路,加强了后方必要的公路建设,改善了江防交通和通讯。四是拟定扫荡上海日军据点计划。根据这一计划,以张治中京沪警备司令部所指挥的三十六师、八十七师、八十八师和上海保安总队吉章简的两个保安团,出敌不意,夜间奇袭,迅速摧毁虹口日军各据点,并占领沿江要点,阻止日军登陆增援。其目的是取得初战胜利,先声夺人,同时使日军无法登陆或增加其登陆困难。可惜奇袭失利,又囿于国际舆论,失去戎机,造成被动局面。

蒋介石亲临淞沪战场前线

当时国军虽说有176个师,原则上每个师辖两个旅,每个旅含两个团,事实上,仅有20个师拥有整建制的1万名官兵,其余各师通常仅有5000人,这就是蒋介石能掌握的嫡系。为将他们训练成可抗衡日军的部队,蒋介石请来以法肯豪森为团长的德国顾问团。法肯豪森作战经验丰富,曾赢得德国最高军事奖章——功勋勋章。德国军事顾问团对这些蒋介石的嫡系军队进行严格训练,并装备德军现代化武器。这就是蒋介石在淞沪抗战中的基层力量。

京沪分区的界域为江阴、无锡至太湖一线以东地区,含上海地区,是首都南京乃至整个华中地区的东边门户,战略地位极其重要。张治中以中央

淞沪抗战再次爆发后,张治中出任第九集团军总司令兼京沪卫戍长官

军校教育长身份秘密兼任京沪分区的国防长官,统率王敬久的八十七师、孙元良的八十八师,以及由这两个师各抽调一部组成的三十六师,师长宋希濂,这三个师及师长都是跟随张治中参加一·二八淞沪抗战的老部队,且都是经过德国军事顾问训练的,装备现代化武器的蒋介石的嫡系部队。另外,归张治中指挥的还有淞沪警备司令部及所属保安总队、上海警察部队、太湖水警、江阴要塞部队等。

为避免刺激日军神经,备战工作是在秘密情况下进行的。为掩护这项工作的进行,张治中在中央军校东大楼教育长办公室的旁边,设立"高级教官室",作为备战的司令部,工作人员都是从军校严格挑选出来的,绝不允许对外泄露工作机密。"高级教官室"内分参谋、秘书两处,分别负责国防设计与民众组训。不久,又增设军事研究委员会和政治研究委员会,任务是派遣人员,到辖区各地搜集有关军事、政治、经济、社会等资料,提出研究意见、设计方案,然后根据计划分头准备。不久,"高级教官室"移驻苏州狮子林。后来,因为机构扩大,工作人员增多,狮子林地方狭窄,容纳不了这么多人,张治中决定移驻留园,为更好掩护工作的进行,对外名义改为"中央军校野营办事处"。

留园是清末邮传部大臣盛宣怀的家园,苏州名园的代表,中部为池塘,临水设置山石楼阁;东部多厅、堂、轩、斋,间以奇峰巨石;西部漫山枫林,绕以清溪。园中小桥、长廊、漏窗、龙墙,依势起落,相互交错,形成无数幽深庭院,极尽园林之胜。在一般人的脑海里,很难将这个美轮美奂东方园林与肃穆的军事机构联系起来,而且"办事处"也只用了留园很小的很偏僻一部分,其他部分依旧游人熙攘。直到八·一三淞沪战争爆发前夕,没有人知道这里的秘密,连在中国无孔不入的日本间谍也始终没注意过这个角落。

第四章　请缨抗日　浴血淞沪

置身风景秀丽的留园,身兼数职的张治中夜以继日地工作,无心无暇欣赏美景。作为中央军校的教育长,需要处理校务,向校长蒋介石请示汇报,南京方面是常常要回去的;为协调淞沪方面的备战事宜,上海方面也是经常要去的。蒋介石曾令交通部门为张治中配备一节专用车厢,随时听挂任何一次列车上。

1936年9月23日夜,日军以"出云"舰水兵在上海北站附近租界内被人狙击为借口,出动全部海军陆战队,在青云路、八字桥、粤东中学、天通庵、五洲公墓一带,布设岗哨,派兵巡逻。虽经多次交涉,渐趋缓和,但日本海军陆战队驻沪人数,则借故增加,并频繁地举行各种演习,派舰队到宝山、福山、段山港、浒涌各港口测量水位,积极准备进犯。乌云密布,形势紧张,为应对随时可能爆发的战事,张治中将第三十六师由无锡推进

日本海军设在扬子江上的警报点

至苏州附近;第八十七师由江阴推进至常熟、福山一带;原在南京附近的第八十八师推进至江阴、无锡一线;并秘密扩充上海保安总团。并向南京政府呈送建议书,建议将配备京沪国防分区作战的部队,迅速调拨到位;即刻饬令通讯主管机关建设京沪分区军用电话,指定战时征用地方长途电话的使用权;将京沪铁路及锡沪公路之车辆尽量控制于无锡以西各站、昆山支塘以东及上海附近,密令各县将所有船舶尽量诱至吴县、常熟附近,制定船舶车辆管理办法,以便于战时调用;在京沪分区预定作战要点囤积必需粮秣,以供军需等。建议书递上去了,但没有任何回声,南京、上海两地仍是歌舞升平,丝毫看不到大战前的紧张气氛。

焦虑中的张治中,于10月4日再次呈递意见书,要求增加京沪防御部队,并尖锐指出:"大局至此,无论外交如何,似应以抗战决心积极准备,唯各方面仍不免空泛、纡缓、推诿,使部属无所秉承,如徒有作战计划,迄今毫无准备,即其例也。"同时,张治中下令所部加强警戒,加紧构筑吴福线、锡澄线防御阵地,修筑从苏州经吴江到嘉兴的铁路。这些工事虽因最高当局军事指挥不当,最终没能发挥阻击日寇的作用,但战争期间苏嘉铁路在便利部队调动方面,发挥了积极的作用。

张治中与第三战区司令长官冯玉祥(右)研究作战方案

就在中日双方都在加紧备战的时候,1936年12月12日,张学良、杨虎城在西安发动兵谏,将蒋介石抓起来,要求他停止内战、联共抗日。这一事件不但震惊了中国,震惊了世界,也震惊了日本。南京方面全力解决西安事变问题,抗战的准备工作不得不暂停下来。耐人寻味的是,日本方面则研究西安事变后中国的态势,也暂停了挑衅行动。据中国驻日大使许世英报告,西安事变爆发后,日本内阁召开紧急会议,因为在西安事变期间,日本的任何行动都将对中国局势发生重大影响,并引起西方列强的大为关心,所以要关注事态的发展,所有军事警察与宪兵单位必须禁止任何冲突行为。上海方面的中日冲突,就这样耽搁下来了。

事发之日,张治中正在留园部署抗战事宜,何应钦突然从南京打来电话,通报西安事变消息。张治中震惊之中,连夜赶回南京,何向张透露准备调集三路大军,分别由刘峙、顾祝同及张治中指挥,向西安方面进攻。刘、顾既是张的保定军校同学、黄埔军校同事,也与何应钦有着较深的关系。何把张列为三路大军的指挥之一,并对他进行军事上的交底,可见对张也是十分看重的。在"攘外"方面,何是主张对日妥协的,张是坚定的主战派;在"安内"方面,何是坚定反共的,张是主张联共的。张学良、杨虎城发动西安事变,一个基本的政治主张,就是联共抗日,这与张治中的政治主张恰恰不谋而合。因此,对于何应钦的军事解决方案,张治中当场表示反对,认为"这件事应该政治解决,不必采用军事方式",如果这个时候蒋介石死了,中国必将大乱,日本必定乘机进犯,那么国家的前途将不堪设想。张治中从何公馆出来,就去见宋美龄与孔祥熙。宋、孔都是主和的,张也是主和的。张治中不但与宋、孔谈得很投机,而且接受宋、孔的委托,去看望冯玉祥,冯玉祥也是主和不主战的。就在主和、主战两派的角力中,西安事变在中共的帮助下,于12月25日得以和平解决,蒋介石决定联共抗日,被张学良送回南京。张治中赞叹"这是中共伟大英明的决策"。

西安事变中,宋美龄写给蒋介石的信;蒋介石于西安事变后所写日记

西安事变后,国内局势出现重大转机,备战工作亦有所松懈,经年疲惫的张治中再三恳请辞去中央军校教育长职务,准备赴欧考察军事,但蒋介石不同意,只让张治中交卸中央军校职务,赴青岛休养。此时,静观变化的日本方面没想到竟等来国共联合抗日这么一个意外结果,于是再次加快了侵华步伐。

七七事变之前,张治中在青岛休养。和所有军人一样,事变爆发的第二天,张治中即拒绝医生的劝告,收拾行装,径返南京,接受京沪警备司令官的任命,迅速赶赴淞沪战场第一线。7月17日,蒋介石在庐山发表讲话,表示"如果战端一开,那就是地无分南北,人无分老幼,无论何人皆有守土抗战之责任,皆应抱定牺牲一切之决心"。

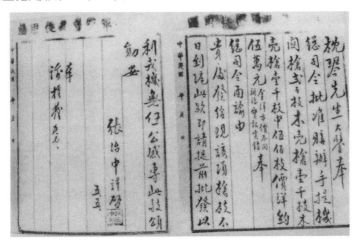

张治中为备战写给有关人士的信函

此时,张治中所能指挥的部队,只有部署在常熟、苏州的八十七师,部署在无锡、江阴的八十八师,另有江苏省和上海市的保安总团。原先配属的第三十六师,调西北去了;原指定配合作战的空军、炮兵,调华北去了,都还没有调回。这点部队,在偌大的淞沪战场所起作用实在有限。最忧虑的是,根据《淞沪停战协定》的内容,中国实际上承认日军可以长期留驻吴淞、闸北、江湾、引翔港等上海核心地区,而中国正规军却不能在上海驻扎设防,只保留有一个保安总团。一旦有事,日本海军陆战队即可快速占领淞沪各要地,给中国军队造成莫大困难。据此,张治中报经蒋介石同意,将陆军独立第二补充旅南调上海,其中一个团换上保安团制服,迅速进驻上海虹桥、龙华两机场;一个团化装成宪兵,迅速开驻松江。

张治中认为,中国对付日本,可分三种时期:第一种时期,他打我,我不还手,即沈阳九·一八事变;第二种时期,他打我,我才还手,即一·二八抗

第四章　请缨抗日　浴血淞沪

战;第三种时期,一旦判断他要打我,我就先打他,这叫先下手为强。这一次的淞沪之役,就应该采取这种战略。为此,张治中7月30日再次向南京政府建议,一旦发现敌方航空母舰或长江舰队来沪,或有陆军师团在沪登陆,或敌方提出无理要求,甚至限期答复等情况,即可断定敌方将发动战争。则我方"似宜立于主动地位,首先发动,较为有利"。南京方面复电"应由我先发制敌,但时机应待命令"。

8月1日,京沪警备司令张治中发表《告京沪区全体将士书》,谓"自甲午一役,失地丧师,我同胞忍辱负重,而徒抱复仇雪耻之愿者,殆已四十余年矣。乃敌自此更逞淫威,肆其凶焰,蹂躏我主权,占领我土地,荼毒我人民。本其岛国野心,妄标大陆政策,鲸吞蚕食,益无忌惮。攻城略地,何日无之?因之九一八之血迹未干,一·二八之屠杀顿起,长城之役甫停,察绥之变旋作。含垢忍辱既已六年,创巨痛深,几难终日。兹复驱师启衅,扰我平津,更且大举动员,图占冀察。然后挥师南指,侵我中原,跃马西行,纵横朔漠,以遂其逐步吞噬之迷梦。我最高统帅所以认为最后关头,抗战到底,以求最后之胜利,而举国人士所以奔走呼号,誓死不能退让者,正以此耳"。据说,该文曾被一些学校印作语文补充教材,可见影响之大。

同日,张治中又发表《告京沪区民众书》,要求"凡我民众,无分男女,无问老少,智者尽其能,勇者竭其力,以绥靖地方,杜绝奸宄,厉同仇敌忾之气,坚至死靡它之心……而其贡献于国家民族者,实且伟大莫与伦比矣……自由之葩已胎,独立之旗高举,为民族之英雄,抑为子孙之罪人,决于自择。唯我亲爱同胞,共勉前程,共纾大难,时乎不再,凛凛勿忽"。

8月9日晚,驻上海日本海军陆战队中尉大山勇夫率士兵斋藤要藏,驾军用汽车强行冲击虹桥中国军用机场。中国保安团守军命其停车,他们置之不理,并开枪打死中国士兵一人。中国守军开枪还击,将二人击毙。事件发生后,中国上海当局当即与日方交涉,要求以外交方式解决。但日军无理要求中国军队撤离上海、拆除军事设施,同时,向上海增派军队。8月13日,日军更以租界和停泊在黄浦江中的日舰为基地,对上海发动大规模进攻。

上海中国驻军奋起抵抗,在上海和全国人民的支持下,开始历时3个月之久的淞沪会战。

统军入沪 8月12日,张治中率部从苏州抵达上海,在南翔设立司令部。在此之前的11日晚9时,张治中已命令第八十七师的一部进至吴淞,主力前进至市中心区;第八十八师前进至北站与江湾间;炮兵第十团第一营及炮兵第八团进至真如、大场;独立第二十旅在松江的一个团进至南翔;炮兵第三团第二营及第五十六师自南京、嘉兴各地兼程向上海输送;刘和鼎为江防指挥官,率领第五十六师及江苏保安第二、四团,担负东自宝山西至浏河的江防,并控制主力于太仓附近。他决定趁日军立足未稳之际,发动袭击,给敌人以重创。在离开留园奔赴战场时,他将一·二八淞沪抗战时所写遗嘱取出,交给挚友,再次准备以身殉国。

日军在码头附近发动攻击

其实,张治中从未想过能从与日军激战的战役中幸存下来,并命令长女张素我结束在英国的留学,回国效力。只是,他的身体让人担心,长年累月的辛苦工作,已让他身心俱疲,濒临崩溃。返国的张素我看着瘦骨嶙峋的父亲,深深为他的身体能否胜任这激烈的军事指挥重任而担忧。

12日这天清晨,闸北火车站附近的居民醒来后发现大街上到处是国军士兵,穿着卡其布军服,戴着德式头盔,胸前挂着手榴弹,他们已经连夜构筑起防御工事和掩体。他们曾经在淞沪这块热土上抗击外侮,今天他们又回来了。他们的回来让居民既紧张又亲切,紧张是因为要打仗了,亲切是因为有了依靠。这些当时中国最训练有素、装备精良的部队,决心比一·二八抗战表现得更好。

与其同时,南京军事当局命令以第八十七、八十八以及其后到达的第十

第四章　请缨抗日　浴血淞沪

一、三十六、五十六、六十一、九十八等师组成第九集团军,张治中任总司令,负责淞沪战场的左翼阵地,也就是苏州河以北、黄浦江以西地区,攻击任务是虹口、杨树浦,摧毁日军在租界的据点。苏州河以南、黄浦江以东的右翼阵地,由张发奎任总司令的第八集团军担负,所辖部队为第十五、五十七师和独二十、四十五旅和炮二旅等。

在外围阻击日军的中国军队

张治中率所部到达上海后马上展开,攻击准备迅速到位,按先发制人的预案,拟于13日拂晓发起攻击,趁敌人措手不及,一举将其主力击溃,完全控制上海。但突然接到南京方面"不得进攻"的电话命令。张治中急了,当即急电报告:"我军业已展开完成,攻击准备也已完毕。"但回电还冷冰冰的4个字:"不得进攻。"战机稍纵即逝,事先的预案为什么会突然改变呢?原来,驻上海的外交使团为避免战火,建议南京政府改上海为不设防城市。蒋介石当然也不愿在上海发生战争,对国际调停仍抱有幻想,故命令张治中暂停进攻。这是张治中在淞沪战役中接到的第一次暂停攻击命令。

上海市区内中国军队构筑的临时阵地

这一耽搁,却给了日军一个从容部署的机会。8月13日下午4时,部署完毕的日本海军陆战队以虹口区预设阵地为依托,向淞沪铁路天通庵站至横滨路的中国守军开枪挑衅,并在坦克掩护下沿宝山路进攻。同时,日军停泊黄浦江上的海军舰艇猛烈轰击上海市区。而孙元良所率八十八师到达集结地真如一带后,即派出前锋彭巩英旅向闸北地区推进,以期控制北火车站、宝山路、八字桥、江湾路之线。到达上海北火车站后,彭巩英部吴求剑团长即率领易谨营向八字桥方向搜索前进。13日下午3时刚过,当前锋抵达八字桥西时,日军前哨同时到达桥东,双方针锋相对,冲突发生。八字桥长仅18米,横跨一条小河,是通往"小东京"虹口区的主要通道,虹口区则是日军盘踞上海的核心地带。面对正在这里构筑工事的日军,易谨营旋即展开攻击,试图控制该桥,日军则还以炮击,数名中国士兵伤亡。随后双方在八字桥打打停停,直到晚上9点,才趋于平静。这就是八一三淞沪抗战的开端。

攻敌据点 14日,中国政府发表《自卫抗战声明》,表示"中国决不放弃领土之任何部分,遇有侵略,唯有实行天赋之自卫权以应之"。宣布京沪杭戒严,长江镇江以下江面封闭;并出动空军对黄浦江上之日舰实施轰炸。下午3时,蒋介石向张治中、张发奎下达扫荡上海日军的命令。因此,张治中在回忆录中说,自南京发出不得进攻的命令后,"我们的进攻因此展到14日午后3时才开始。大家都说这一次淞沪抗战为八一三战役,实际上8月13日并未开战,不过是两军对垒,步哨上有些接触,正式的开战是8月14日"。

冯玉祥(左四)、李根源(左六)、张治中(左七)等准备去前线慰劳将士时合影

同日,张治中发表重要谈话,显示其坚决抗日的态度:"昨(13日)下午四时,日方军舰突以重炮向我闸北轰击,彻夜炮声不绝,我居民损失奇重。同时复以步兵冲出界外,进攻我保安队防地,我方仍以镇静态度应付,从未还击一炮。现日方又大举以海陆空进攻,我为保卫国土,维护主权,决不能再予容忍。时至今日,和平确已完全绝望,牺牲已到最后关头,御侮救亡,义无反顾。兹应郑重声明者,上海和平既为日方炮火所震毁,而我祖先惨淡经营之国土,又复为敌军铁骑所践踏,不得不以英勇自卫之决心,展开神圣庄严之抗战。本军所部全体将士,与暴日誓不共戴一天。五年以来,无日不申儆军中,以湔雪国耻、收复失地为己任。我十万健儿之血肉,即为保卫国土之长城!决以当年喋血淞沪、长城之精神,扫荡敌军出境,不达保我领土主权之目的,誓不终止!"

14日上午,中国空军首先投入战斗,轰炸虹口日本海军司令部和汇山码头等日军据点,炸伤黄浦江上的日本海军第三舰队旗舰出云号,并击落先进

庞大坚固的上海虹口日本海军司令部

的日机6架,年轻的中国空军取得初步胜利。下午3时,张治中下达总攻击命令,在炮兵集中射击的掩护下,步兵勇猛攻击前进,第八十七师夺回沪江大学及其北面黄浦江岸据点;第八十八师夺回持志大学、八字桥、宝山桥各战略要点。第八十八师二六四旅奋勇攻击虹口公园附近的日海军司令部,战斗惨烈,旅长黄兴梅英勇殉国。

就在各进攻部队多有进展时,张治中忽又于14日夜间接到南京政府命令:"密。今晚不可进攻,另候命令。"张治中无奈,只得再次下达各部队停止攻击的命令。这是张治中在八一三淞沪战役中接到的第二次暂停攻击命令。

原来是国联从西方各国在华利益出发,向国民政府提出,希望中日停战,和解谈判;日军也因在淞沪战场兵力有限,在我优势兵力攻击下节节败退,只能龟缩在虹口、杨树浦两大据点,利用炮舰火力掩护作固守,等候援军到来,所以日方也作出愿意和谈的样子,争取调集援兵的时间。这就是我军攻击再次被叫停的原因。

8月15日,日本政府发表声明,声称"为了惩罚中国军队之暴戾,促使南京政府觉醒,于今不得不采取断然之措施",下令编组上海派遣军,以松井石根大将为司令官,下辖第三、十一师团等部,作战任务为"与海军协同消灭上海附近的敌人,占领上海及其北面地区的重要地带"。

与此同时,蒋介石下达全国总动员令,将全国临战地区划为5个战区,沪杭地区为第三战区,冯玉祥任司令长官,顾祝同任副司令长官,决定以主力迅速扫荡淞沪日海军基地,阻止后续日军登陆。

15、16日中国军队奉命没有实行全线攻击,仅将五卅公墓、爱国女学、粤

第四章 请缨抗日 浴血淞沪

东中学各要点夺回,其中八十七师二五九旅第七、八连并英勇攻占日海军俱乐部(除一栋4层大楼,该楼其后成为日军反击的据点)。

为在日本援军登陆之前攻占日军两大据点虹口、杨树浦,张治中于17日拂晓再次下达总攻击命令,并亲自到前沿阵地督战。这次总攻击,八十八师进攻坟山、法学院、虹口公园阵地,伤亡甚重,仅法学院一处,即牺牲一营之众,而攻击坟山之部死伤更多;八十七师对沪江大学、公大纱厂及引翔港镇方面展开攻击,虽激战终日并未得手;炮兵射击虽较为精准,但因缺乏重炮,日军工事坚固,并没有造成毁灭性的破坏。18日,张治中再次接到南京当局暂停进攻的命令。这是八一三开战以来张治中接到的第三次停止进攻命令。原因仍是回应国联调停的要求。

实事求是地说,淞沪战役刚一打响时,是张治中指挥的左翼军攻势最盛的时期,也是南京当局决定在日军增援部队登陆前,将在沪日军扫荡入海的最佳时期。从此时中日双方兵力来说,日军在沪兵力,计有海军陆战队约5000人,水面舰队可供登陆作战水兵约3000人,另有在乡军人及壮丁义勇队6000多人,总计近1.5万人,其中在西线投入作战的力量约1万人。而中国军队在西线当时有两个中央军的精锐师(八十七、八十八师,其他各师在19日前后到达淞沪战场),按当时中国军队的建制,这两个师近3万人,不计独立旅、炮兵团及保安团等配属力量,中日两军在力量对比上,也已经形成3比1的优势。当然,日军尚有进出黄浦江的30余艘军舰可以直接从江面上对中国军队进行打击。淞沪战役一打响,其激烈程度就远远超过中日双方军事首脑机关的预料。中国军队的失误,不在于兵力不够,不在于战斗力不强,不在于后勤补给跟不上,除军队缺乏攻坚训练及武器落后等原因外,主要是决策层没有坚定打的决心,开战后还在寄希望于国联的调停,从

作战中的中国士兵

而造成指挥失当。张治中的三次进攻被叫停,造成进攻良机一失再失,南京总部当然要负主要责任,但张治中作为战场指挥员,也有值得检讨的地方。作为一名优秀的战场指挥员,必须基于自身对战场形势的判断,临机决断,正确抉择。就张治中的指挥风格而言,有大局观,有责任感,有亲和力,"却军于谈笑之际,折冲于樽俎之间",但这是一种政治家、外交家的素质,作为一名优秀的战场指挥官,张治中服从有余,临机决断不足,这也是造成中国军队在

闸北区火车北站附近的铁路局大楼,满是弹孔

淞沪战役第一阶段不能取得决定性胜利的重要原因之一。作为淞沪战场的前线指挥官,张治中屡次受制于南京大本营的错误指令,明知其不可为而为之,以致出师未捷,损兵折将。这也为他后来在淞沪会战中逐渐被蒋介石冷落,以致在战役打到一半时,被迫含屈辞去第九集团军总司令一职埋下伏笔。

19日,我军再次向日军两大据点展开全面攻击。下午5时,第八十七师突入杨树浦日军阵地。张治中决心扩大战果,截断日军左右翼的联络,将其向东西压迫,一举而歼灭。为此,张治中命令第三十六师和九十八师的一个旅加入沙泾港至保定路间的正面作战,向汇山码头江边突破攻击;第九十八师二九四旅加入第八十七师左翼作战,向沪江大学、公大纱厂攻击前进。

20日拂晓前,我军攻击向西进展至欧嘉路,向东进展至大连湾路,向南进展至昆明路、唐山路。日军多次反攻,均被我军击退。当日晚上,张治中赶到前线指挥各师继续猛攻,推进到百老汇路、唐山路、华德路一线。21日,第三十六师曾一度攻到汇山码头,形成有利态势,因日海军炮火的猛烈轰击,迫不得已又撤回百老汇路北侧。22日,各师继续展开攻击,但这时日军援军已到,战机已失,攻击没有任何进展。

第四章　请缨抗日　浴血淞沪

从 8 月 13 日至 22 日，张治中率部攻击日军虹口、杨树浦两大根据地的战斗情况大抵如此。

阻敌登陆　8 月 23 日早上，松井石根率领的日军两个师团的援军抵达上海，在狮子林、川沙口登陆。鉴于那里的守军仅有第五十六师步兵一个连，兵力单薄，一旦日军在此登陆成功，必将对中

淞沪会战时开赴前线的中国军队

国军队形成包围之势，如此，则后果不堪设想。为歼灭这股登陆敌人，张治中命令第十一师向罗店北前进，支援五十六师一部作战。

为就近指挥，稳定军心，鼓舞士气，张治中从南翔司令部赶往江湾八十七师指挥部。从南翔到江湾只有不到 10 公里的路程，本应很快到达，但日机往来轰炸扫射，几乎没有间歇，张治中乘坐的小汽车目标大，遭到日机追逐轰炸，张治中只能不断下车隐蔽，前进迟滞缓慢，遂弃车步行前往。中途遇见一个骑脚踏车的传令兵，张治中来不及与他多说话，骑上他的脚踏车就走。这位传令兵被唬得愣在那儿。一路上，张治中一会儿停止掩伏，一会儿又乘隙前进，冒险赶到设在江湾叶家花园的八十七师指挥部，前线士兵看到总司令骑脚踏车赶到，莫不既诧异又兴奋。到达前线指挥部，张治中立即命令八十七师师长王敬久为淞沪前敌指挥官，将在虹口、杨树浦正面作战的三十六师、八十七师、八十八师、独立第二十旅、保安总团等部划归其指挥，固守正面阵地；教导总队第二团阻击张华浜之敌；八十七师调一旅支援吴淞；九十八师师长夏楚中指挥该师及第十一师向宝山、杨行、刘行、罗店一线前进，阻击登陆之敌。

99

到下午5时,第十一师不顾敌机狂轰滥炸,将进至罗店附近的日军击退,击毙日军军官一名,并在其身上搜得军用地图,知道日军重点攻击方向为罗店、嘉定、浏河一线,张治中即命第十一师向川沙口攻击前进,第九十八师向狮子林攻击前进,教导总队第二团和八十七师一个团于张家宅、殷家浜、南徐家湾一线阻击登陆敌人。

受伤的中国士兵躺在拥挤的医院里

占领罗店意义重大,既稳定了正面战场,又维护了后方交通要道。随后第九十八师击退狮子林之敌。但张华浜的敌人,十分顽抗,在中央军校教导总队和第三十六、八十七师抽调的4个团的猛攻下,被迫退到张华浜车站附近。

24日,杨树浦正面战场的我军4个团,在日军夹击下,不得不撤出,沿租界路口固守。27日拂晓,虹口、杨树浦正面的日军向我军反攻,被孙元良率部击退。吴淞方面登陆的日军,经我军猛击,仅残存100余人躲身纱厂。此时的淞沪战场,已经越打越大。

31日天刚亮,在30多架飞机及海军舰炮的轰击掩护下,日军步兵在吴淞和市轮渡码头强行登陆。守卫吴淞的第六十一师一个团,力撑苦战,寡不敌众,伤亡过半,不得不后撤。张治中急将第六师调到杨行、吴淞一线,欲夺回吴淞,双方发生激战。9月6日早晨,日军在虬江码头登陆,遭我军猛烈阻

第四章 请缨抗日 浴血淞沪

击。7、8两日,张华浜之敌全力攻击我军右翼,双方再度激战,日军被击退。9日上午10时,日军军舰和飞机猛烈轰炸我军左翼,掩护步兵进攻,我军奋勇迎击,日军伤亡惨重败去。

这就是从8月23日到9月9日,张治中指挥的淞沪抗击日军登陆的战斗概要。

黯然离去 然而,就在张治中率军在前线浴血奋战的时候,一场无端的屈辱正在向他袭来,让热血抗战的他顿时如坠冰窖。

8月23日,张治中奉命将炮兵第十六团及第六十七师调至嘉定附近,连同第一、九十八师划归第十八军军长罗卓英指挥。24日,因川沙口、吴淞口一带敌情严重,张治中准备调罗卓英部东援,并实地查看军情,商讨对敌作战方策,于是前往十八军司令部。

张治中在劳军大会上讲话

孰料罗卓英见到张治中,却很惊讶地问道:"张总司令为什么会跑到我们这里来?"张治中更觉诧异,这是我的防区,你归我指挥,我来这里不应该吗?接下来一谈,张治中才知道,军政部次长陈诚已调任第十五集团军总司令,自蕴藻浜以北地区的防务,统归第十五集团军,防区内的军队统由陈诚指挥,包括第十八军(该军堪称国民党军队"王牌鼻祖",下辖十一、十四、六十七、九十八4个精锐师,首任军长即为陈诚)。作为正在硝烟炮火中作战的前线指挥官,防区被切割,军队指挥遭重组,张治中却不知道,这在张治中的心里,不能不是一种屈辱。

淞沪抗战爆发后,外国势力纷纷增派部队,保护租界,图为一支增援的美军正在黄浦江畔列队

张治中返回徐公桥第九集团军司令部,听说第三战区副司令长官顾祝同到了苏州,便前去苏州看望顾祝同,商酌军事,并借此向南京统帅部报告军情。张治中一到苏州,便首先打电话给蒋介石,以期申诉几天来的苦闷和不解。不料,电话刚接通,蒋介石就厉声责问:"你在哪里?"张治中回答:"在苏州。"蒋介石又问:"为什么到苏州?"张治中遂说明:"为着左翼作战,亲到嘉定会罗卓英,听说顾墨三(顾祝同)到苏州来了,所以来同他商量问题。"蒋介石在电话里又大声地叫喊:"为什么商量? 两天找不到你,跑到后方来了!"张治中解释说:"罗卓英原来归我指挥,我不能不去看看,我不知道他已划归第十五集团军陈辞修(陈诚)指挥了!"但电话里的声浪越来越大,蒋介石对于张治中的解释根本不听,只是严厉地责问:"为什么到苏州? 为什么到苏州?"张治中心中的郁闷之火终于被点燃:"委员长究竟要怎么样? 我是到苏州与顾墨三商量问题的。我一直在前方,委员长究竟要怎么样?"只听见蒋介石粗粝地叫喊一句:

第四章 请缨抗日 浴血淞沪

"你究竟要怎么样？还问我想怎样？"说完,蒋介石猛地把电话挂了。

张治中也气得把电话砸了！自八一三开战以来,张治中始终战斗在最前线,殚精竭虑,日夜操劳,甚至亲自站到叶家花园的水塔上督战,几天几夜不合眼,身体虚弱到走路都要两个人架着,但坚持不下火线,终使战局趋于稳定,危机得以解除。因为一直在前线,电话线屡次被炸断,以致蒋介石一时联系不上他,这时"主和派"又不断对他中伤,多疑的蒋介石遂以为张治中在逃避战场。张治中回顾八一三以来,自己冒着日机轰炸,不惧枪林弹雨,但没有一丝畏死之心！相反,统帅部三次叫停攻击,屡失战机；大战展开,除陆军外,又没有有力之空军配合,以致未能达成占领上海之目的。可是,自己却无端受到这些猜疑和训斥,这让张治中深感屈辱。

返回前线的张治中,强忍心中悲愤,继续指挥作战。此时,日军在淞沪战场的兵力陆续增加到8万多人,军舰40余艘,轰炸机更是成群结队,我第十五集团军右翼阵地被敌突破,退到杨行、月浦一线,与敌对峙。这时的战况极为复杂,各部协同作战尤为重要,张治中考虑到自己目前状况,恐不利于友军间协调,加之当初参战,是直接从青岛医院出来的,身体本来虚弱,在前线不分昼夜地指挥策划,已是心神交瘁,无法支撑下去。

淞沪抗战后,张治中回乡休养,与妻子、女儿一起

正逢军委会副参谋总长兼军训部长白崇禧到淞沪战场视察,张治中遂向白提出辞职,并请转呈蒋介石。蒋介石同意张治中辞职,准以顾祝同兼代,但白崇禧反对临阵换将,顾祝同亦不肯兼代,蒋只好仍令张治中继续负责。而以张治中的自负,当然觉得没有继续恋战的必要。于是,9月4日张治中亲函蒋介石,提出辞职请求。为达到辞职目的,张治中在信中提出如顾祝同仍不愿兼代,或

以朱绍良继任,或以陈诚统一指挥第九、十五两集团军。原信如下:

一、淞沪作战,已逾三周,兹概呈重要经过,职于八月十一日午后九时许,奉命率所部八十七、八十八师,于十二日进至沪上,以一团占领吴淞,七团进围虹口、杨树浦之敌,至午后六时展开完毕。十三日,奉命勿进攻,延至十四日午后五时,始开始攻击,至十六日,奉命停攻,准备;十七日,再攻击,至十八日夜,八十七师已突入杨树浦租界,又以三十六师加入猛攻,自十九至二十二数日,皆继续进展。讵二十三日晨,敌分由川沙口及张华浜登陆,因警戒川沙部队仅有五十六师之一连,警戒张华浜部队仅保安团之一部,遂致侧翼感受威胁。职当即亲至江湾部署,抽调十一及九十八两师北上,收复罗店,以迎击上陆之敌。二十四日,至嘉定视察,并与罗军长商讨歼敌计划。此两日皆电话不通,无由向钧座报告,致劳廑念;然职有责任,不能不亲至前方部署与视察也。自二十五日以来,虹口、杨树浦之敌,仍为我包围封锁;张华浜之敌,屡经我击退至江边狭小地区。我因受敌舰敌机之轰击,伤亡过大,尚未能将其歼灭。吴淞方面,以六十一师守兵素质稍次,复于三十一日为敌登陆,现由第六师围攻中,已奉令划归第十五集团军作战地境。此三周来作战经过概要也。

二、前奉钧座垂询:扫荡上海敌军,有无把握?如扫荡不克时,能否站得住等因。职当以"如我空军能将敌根据地予以毁灭,则步兵殊有把握!如空军未能奏效,则以主力守据点,掩护有力一部攻击,取稳扎稳打之战法,亦可站得住"奉答。嗣后攻击实施,我空军虽奋勇轰炸,惜为数量所限,终未能收成效;复因敌工事之坚强,我军诸兵种力量之不逮,致未于短期间克奏全功。窃惟我军战略方针,原为对敌持久战,钧座前所询扫荡不克时处置,职经迭电陈明:在上海附近,以维持与租界交通着眼,预定数线强固阵地,以行攻围,似有坚强持久之把握。现敌虽增援已到,连日来犯,均经击退,我阵容迄未少变,而

第四章 请缨抗日 浴血淞沪

我王敬久师、孙元良师、宋希濂师及钟松旅各官兵,不辞疲劳、不畏牺牲之攻击精神,洵已极度发扬,此当在钧座洞鉴之中。

三、自作战以来,职之部署计划,皆经逐日呈报,而钧座命令意旨,亦一一遵转实施。职于指挥上似无不当之处,但扫荡沪敌之任务,因力量与时间之限制,终未达成,职当身负其责。且职病体未愈,力疾支持,已感形神交瘁。职虽有为国牺牲之精神,深恐于事无补,反足贻误。似此职在责任上,在病体上,均应求所以自处之道。昨因健生(白崇禧)副总长回京之便,曾恳托代陈下情,幸蒙持许,准以墨三副司令长官兼代,毋任欣感!乃今复以健生副总长、墨三副司令长官之建议,中止发表,仍令职继续负责,彷徨焦虑,万分不安。务祈钧座迅赐明令免职。如墨三兄不愿兼代,拟请以逸民(朱绍良)兄继任,或将第九与十五两集团军合并,由辞修兄统一指挥,均甚适当。至职如蒙钧座鉴宥,畀以闲散名义,派在大本营奔走效力,谨当竭其绵薄,以报高厚,抗战期间,绝不敢偷安旦夕也。①

从淞沪前线回到故乡,张治中与父老乡亲在一起

---

① 参见《张治中回忆录》,华文出版社 2007 年版。

几经周折,9月22日蒋介石同意张治中辞去淞沪战场一切职务,调回南京大本营任管理部部长。离开前线的那天,张治中回想自己抱着必死的决心,来到淞沪战场,现在战争还没结束,自己却要中途离开,心中万分难过,不禁潸然泪下。回到南京后,蒋介石请张治中吃饭,对张和颜悦色,慰勉有加,似乎已尽释前嫌,张治中提出回家乡休养的请求。蒋介石说:"好,但你先就了职再走。"于是张治中就先就任管理部部长一职,再着人代理。随后,疲乏落寞的张治中回到了故乡洪家疃。

八百壮士 淞沪战场的硝烟在张治中离开后,愈加浓烈,双方投入的军队也越老越多,达百万之众。蒋介石亲任淞沪会战总司令,乘专列到前线督战,遭日机袭击,幸好无事。宋美龄则在乘车赴前线慰问将士时,遭日机扫射轰炸,车子翻出公路,宋被甩出车外,断了一根肋骨。日军为了速胜,于11月4日增派兵力在杭州湾北岸金山卫、全公亭登陆,包抄国民党军队的后路。面对这极为不利的形势,白崇禧即向蒋介石建议,淞沪会战应适可而止,要及时撤退,保存战斗力,以便打持久战。蒋介石经过反复思考,最终采纳了白崇禧的建议,于11月8日下令淞沪战场的中国军队一路向杭州、一路向南京撤退。然而兵败如山倒,加以日机狂轰滥炸,70多万大军竟先后越过吴福线和锡澄线既设阵地而不能驻足,阵地上张治中构筑的坚固堡垒,竟被一一放弃。12日,上海沦陷。

坚守四行仓库的壮士们

第四章　请缨抗日　浴血淞沪

只有一个团拒绝接受蒋介石的撤退命令,他们在团长谢晋元的率领下,单独退守闸北光复路四行仓库,誓与四行仓库共存亡!四行仓库是大陆、金城、盐业、中南四家银行的储备仓库,位于苏州河北岸西藏路附近,是一座钢筋水泥结构的7层大楼,楼高墙厚,易守难攻。这里曾是第八十八师司令部驻地,储备了不少弹药和粮食。仓库的西面和北面是中国地界,已被日军占领,东面是公共租界,南面是苏州河,河的南岸也是公共租界。因此,四行仓库同未被日军占领的地方完全隔绝,成为一座孤岛。坚守四行仓库的八百壮士,也就成了孤军。谢部进入四行仓库后,迅速构筑工事。从10月27日开始,日军动用大量兵力,在飞机、坦克掩护下,连续向四行仓库发动猛烈进攻。八百壮士凭借坚固工事,顽强抵抗,歼敌200余名。日军虽有飞机,但不敢投弹;虽有大炮,却不敢轰击。因为仓库附近就是公共租界,若流弹落入租界,就会引起国际争端。八百壮士孤军抗日的壮举,引起国内国际的强烈关注和尊敬。上海各界群众热情慰劳抗日勇士,食品、药物源源不断送入四行仓库。28日午夜,女童子军杨慧敏小姐更是把一面国旗裹在身上,冒着生命危险,冲过火线,献给八百壮士。第二天凌晨,八百壮士将杨慧敏献送的国旗高高升起在四行仓库大楼顶上。那首著名的《歌八百壮士》所唱,"中国不会亡!中国不会亡!你看那民族英雄谢团长;中国不会亡!中国不会

谢晋元与所部四位连长合影

亡！你看那八百壮士孤军奋守东战场……"四行仓库上飘起的中国国旗，在沦陷的上海提振了民众的信心，也鼓舞着百万青年投笔从戎，奔赴抗日战场。

张治中（左一）接见只身泅水护送国旗给坚守四行仓库中国守军的杨慧敏

上海公共租界当局害怕八百壮士的孤军抗战危及租界安全，强烈要求中国政府下令孤军撤退。在中国政府的再三电令下，八百壮士挥泪执行命令，于31日凌晨成功地撤出四行仓库，退入租界。租界当局迫于日军威胁，违背诺言，收缴八百壮士武器，羁留胶州路孤军营。孤军营占地数十亩，住房简陋，四周架有铁丝网，由白俄士兵把守。身处逆境，八百壮士在谢晋元的带领下，仍然过着严格的军队生活，早操、值勤、站岗，从不间断，为激发爱国热情，每天举行精神升旗典礼，表达对祖国的热爱与忠诚。日伪对谢晋元等用尽办法，威逼利诱，企图使其变节，但谢晋元毫不动摇。日伪见利诱不成，便于1941年4月24日清晨，发动突然袭击，将谢晋元杀害。谢晋元殉国噩耗传出，中外报刊纷纷报道，表示哀悼。新中国成立后，上海市人民政府褒扬他"参加抗日，为国捐躯"，为其重修坟墓。

太平洋战争爆发后，日军将壮士们送往吴淞口看管。此后，日军将八百壮士分散看管。1942年，八百壮士中的50名官兵，被押解到远离祖国的西

第四章　请缨抗日　浴血淞沪

太平洋上的拉布尔岛屿,过着非人的苦役生活,直至抗战胜利,幸存者才恢复自由。但八百壮士已所剩无几。

历时3个月的淞沪抗战,国民党方面先后投入兵力达75万人,为表达抗战到底的决心,最初参战的大多为中央军精锐,是蒋介石的嫡系部队,只是在后期兵力不继的情况下,才抽调地方部队投入战场,但在训练有序、装备精良、立体作战的30万日军面前,只是再次验证了血肉筑成的长城抵御不了无情的钢铁炮火。这次会战中国虽然战败了,伤亡军士达30万人,但挫败了日军华中突破、速战速决的战略意图,粉碎了日军短期征服中国的迷梦,为中国民族工业内迁争取了时间,也让全世界看到了中国政府的抗战决心,证明中国绝不会向日本投降。张治中在淞沪抗战中的功绩,中国人民永远不会忘记。

第五章
主政湖南　革职留任

11月中旬,张治中奉召回到大本营,一项新的任命摆在他面前。因上海已经沦陷,日军正在向南京推进,南京政府决定西迁武汉、重庆,为适应抗战时期军政统一的需要,当局决定遴选一批高级将领出任省政府主席。南京失陷后,安徽为屏障武汉的要冲,湖南更是武汉、重庆的重要屏障,于是,张治中被征询意见,是否愿意回安徽任职。接着,却因军委会执行部主任、湖南人唐生智的竭力推荐,被任命为湖南省政府主席。

第一节　省训:廉政勇勤

11月20日,张治中从南京启程,向长沙进发。湘政的一个新阶段即将开始了。

近代以来,世人皆知湘政难掌,三湘大地雄才辈出,从曾国藩、左宗棠到谭嗣同、蔡锷,从黄兴、宋教仁到毛泽东、刘少奇,洋务与维新并存,加之军阀派系斗争,政局极为错综复杂。刚到长沙,张治中便接到一位湖南籍革命前辈的电报,勉励他"奋发有为,为湘民造福",这更使他有如临深渊如履薄冰之感。

在张治中到达长沙的前三日,日机首次空袭长沙,于是市井谣传:"这是敌人追踪张主席来向他送礼的!"谣言不值一闻,但抗战的形势,却让张治中

第五章　主政湖南　革职留任

深感时艰任重。抗战的规模越来越大，日军的进攻越来越疯狂，湖南地扼南北，绾毂东西，具有重要的战略地位，在这场全民抗战中，绝不可能置身事外。

"建设一个新时代的湖南"，这是张治中最初的目标，也是他最终的愿望。他要以一片至诚，造就一个三民主义的新湖南！他按照自己的见解，结合当前的形势，确定了治理湖南的两个原则：一个是"军事第一"，一个是"风气为先"。他要树立一种新风气，培育一种新的政治力量，来支持抗战，奠定复兴国家之基础，这就是"改造旧社会，建设新湖南"的意义。就职典礼上时，张治中将经过深思熟虑的"廉正勇勤"四个字提出来，作为湖南"省训"，希望全省公务人员不仅要做好人，而且要做好事。他这样阐释"廉正勇勤"："廉"是做人做事的基础，应该以"不增加人民负担"为基本原则贯彻之；"正"是做人做事的态度，能廉方能正，要本着"至公至正不依不偏"之旨贯彻之；"勇"是做人做事的精神，能廉、能正方能勇，要以"建树战时政治、支持抗战、奠定复兴基础"为目的贯彻之；最后加上一个"勤"字来实行"廉""正""勇"，否则虽廉，虽正，虽勇，也不能成事。张治中认为，这是公职人员应该具备的最低限度的人格与修养的标准，是摧毁官僚政治、建树新风气的根本条件。

张治中在就职典礼上，郑重向三千万湖南人民立下誓言："我站在现在的地位，一定要尽保障人民、保卫地方、保卫国家的责任。我如果有自私自利的心理，升官发财的念头，你们每一个人，任何一个湖南人民，都可以来攻击我。如果我不是为国家民族来奋斗牺牲，我就不配站在这一个地位，不配担当这个责任，我就对不起国家民族，对不起湖南人民。"

就职典礼结束后，张治中接受中央通讯社记者的采访，简要说明了他的施政方针：一、在抗战阶段内，所有政治设施当以适应战时需要为主；二、因此决定以"寓国防建设于地方政治建设"

执政湖南时的张治中

"寓军事于政治"为施政之总目标,使军事政治齐头并进,互作支援;三、为适应战时需要,兼顾地方情况,对于中央的希望、人民的要求在某种条件下,要加以适宜之斟酌,以期止于至当至善;四、对于地方兴革以及非常时期之兴革事宜,当以"调剂盈虚,不增人民负担"为基本原则;五、用人行政一秉"至公至正不倚不偏"之旨。

张治中以身作则,让长女张素我(左二)带头参加妇女训练工作,担任妇女训练员

第二节　兵匪之祸

张治中就任湘省主席后遇到的第一件难事,就是满长沙城的伤兵,这个刚从淞沪血战中撤下来的上将实在没有想到,前方浴血归来的战士竟是处在这样一个可怜又可恼的境遇中。轻伤者没有收容,重伤者没有照顾,伤愈者没有管理,他们就把长沙的商号、旅馆几乎全占了,从早到晚,横冲直撞,寻衅滋事,并常常拥堵到省府示威,长沙简直成了一个"伤兵世界"。

为维护长沙的治安,安顿好曾经并肩作战的袍泽,张治中在省府会议上提出改进伤兵管理的办法。先从解决伤兵的生活着手,垫资购买床、棉被、

第五章　主政湖南　革职留任

棉衣裤、衬衣各3万套,将占住各商店、旅馆的伤兵迁到特别设置的医院、休养院和收容所,使这些曾经为国流血的伤兵有吃、有穿、有住、有医疗、有娱乐。其次,在伤兵入院后施行军事化管理,严禁外出;同时将留居长沙的一部分轻伤士兵分流到有驻兵的大县,帮助管理,伤愈者则要求归队,或者编成荣誉团。最后,对仍不听约束或有不法行为者,予以军法制裁。经过一个多月的治理,长沙市面又逐渐恢复了往日的安定与繁荣。

抗战时期,兵役是各地主官面临的最重要也是最头疼的工作,张治中自不能例外。为凑足兵员,各地都在抓壮丁,乡村尤甚。为逃避抓壮丁,壮丁大量逃避到城里来,一些强悍的壮丁流亡山野,被逼良为匪,同时"买放"壮丁暗流涌动,社会风化和百姓生活被严重败坏。个别部队长官甚至威胁地方县长,如果不能在限期内解缴规定兵额,就把县长捆到部队去法办。

鉴于此,张治中决定,为统一事权,杜绝纷扰,以加强役政效率,减轻民困起见,呈请中央将各部队在湖南的80余个兵员招募机关一律撤销;中央每月需要湖南补充多少兵额,由湖南役政机关负责尽力征集,送请相关部门统筹分配,以裕兵源。国民党当局采纳了这个办法,并据此制定《战时募兵统制办法》,通令各省施行。此后湖南役政初步走上正轨,但基层乡镇保甲人员仍然从中作祟,敲诈勒索,张治中为此严惩渎职的役政人员,并为杜绝弊端,安定民心,在法令上、制度上加以完善,制定施行征集国民抽签办法。

土匪历来让湘政执掌者劳神烦心,湘西匪患更是猖獗。在张治中到任前不久,即有吴恒良部的"革屯军"在永绥一带的骚扰,龙云飞部发动的"乾城事变",加以小股土匪到处抢掠,老百姓有田不能耕,有家不能归,甚至有路不能行。

当时湖南的土匪首领,大多是所谓在乡军人,即退伍军人。军队的每一次编遣,

为保流亡湖南的师生安全,"湘西王"陈渠珍立下军令状

总有一些军官被编余。有队伍的就拖着几杆枪上山,没队伍的或者无路可走的就去找绿林豪杰。所以山林草泽成了冒险者的乐园,成了在乡军人的根据地。为解决湘西匪患,张治中决定设置湘西绥靖处,欲以军事政治两手去除匪患。次年3月,为进一步安定并开发湘西,张治中又在湘西设置沅陵行署,并力邀"湘西王"陈渠珍担任主任。陈渠珍在湘西23年,威信很高,张治中和他数次长谈,强调湘西治理"矜重名教,敦尚典型",充分信任陈渠珍,大力支持,在陈渠珍的恩威并施、剿抚并重下,湘西匪患得到根本好转,经济得到发展,社会渐趋安定。

通过这一系列的有力有效手段,困扰湖南多年的伤兵、兵役、匪患得到暂时治理,人民生活得以短暂安宁。

第三节 巡视与治贪

初到湖南,为了解三湘各方情况,张治中即邀请了几位有社会名望的老人座谈。谈到官场风气,几位湖南耆宿连连摇头,大叹"古道不存,人心陷溺"。为了对症下药,掌握实情,张治中于1938年农历正月初一即出发,到湘东南的衡山、衡阳、耒阳、安仁、攸县、醴陵、浏阳微服私访,了解情况。

张治中在湘江边

访查中,所见所闻,让张治中痛心疾首。有一天,张治中到达一个县政府,已是上午10点多了,县长竟还在睡大觉。当被禀告省政府主席已到县政府时,慌乱中他竟然借口生病不起来了,派一个秘书前来应付。张治中坚持要他出来见面,他不敢违拗,才磨磨蹭蹭出来接待张治中。这位懒政县长的下属,更是让张治中愤怒不已。警察局里高悬钟馗像,墙上还贴着两年前警察局局长就职的典礼秩序单;到任半年的教育局长,不知全县学校和教师有

第五章 主政湖南 革职留任

多少;头戴睡帽、颈围围巾、脚踏火炉、瑟缩在办公桌上的公务人员;头戴黄色军帽、上着青布学生装、下穿草黄色西裤、脚踏牛皮钉鞋、手执红缨大刀的门卫……一副乱象。

在另一个县政府,进了二堂,看见男男女女还有小孩,在那里嬉笑玩耍。张治中感觉很奇怪,一问才知道是县政府工作人员的眷属。经过询问,他才知道很多基层政府都是采取家庭与机关"合一"的模式办公,一个警察局总务科长的房间,前面是办公室,后面就是内室、厨房,衣袜与卷宗并列。在一个县警察局的书记室里,他看见一位老先生在凭臆想去填着一张警察调查表。这原是一件很重要的公文,是省政府准备整顿警察的一个步骤,却从县长、局长、秘书、科长、科员逐层逐次推到这位老书记员身上,到达"公事大旅行"的终点。一切重要公文、法令,尽管与国计民生有极大关联,尽管上面三令五申,但它们所得到的待遇大多如此——扫尽杂乱的档案,与破裤破鞋同腐。

在衡山一个乡村,张治中问农民,过年为什么不贴门对子啊?农民回答:没钱!在醴陵乡间,他问几个10来岁的孩子,为什么不去读书呀?孩子们回答:没钱。他看到很多老百姓的牙齿都是黄的,问他们原因,百姓回答:没有钱买牙粉、牙刷。

从耒阳到安仁途中的一个人烟稠密的村庄,张治中和农民做了一次较长时间的谈话,询问他们要缴纳哪些赋税,村民们说,一是伤兵捐,每保就要摊派40元;二是棉被捐,每保要摊棉被2条,每条5.5元;三是医药费,每保要摊15元。这是三个大捐。另外还有什么修路捐、枕木捐、谷仓捐等等。农民们叹道,捐赋太重了!一个保负担的数目如此之大,张治中深感政府实在对不起人民。

5月31日张治中再从长沙启程,前往湘西沅陵、辰溪、芷江、麻阳、凤凰、乾城、永绥、泸溪、常德、临澧、澧县等县巡视。沿途山川风景瑰伟奇丽,树木葱茏,使人感到山水之胜,风景之奇。张治中感叹地说,湘西这一个地方,丢开别的情形不讲,实在是一个美丽的山野公园。但最令张治中不能忘怀的还是每到一县,百姓拦路涕泣呼号的情况。一路上他收到的诉状达400多件,其中请求惩治盗匪劣痞的占第一位,其次就是控诉地方官,以及乡保长的压迫剥削。对此,张治中愤怒地说,湘西人民过的简直就是非人生活!我们这些负着军政责任的人,就没有负疚之感吗?能逃脱这个责任吗?

两次巡视所见,触目惊心。张治中认为:"贪污浪费,狭隘偏私,畏葸因循,懒散腐败,实在是成了普遍的官场风气。这种颓风末俗,是足以亡国灭种的。"他在诸多场合强调扭转社会风气必须先从扭转官场风气开始,以严正不苟的精神惩治贪污,"决不愿博个人宽厚之名,贻民众以切肤之痛"。

湖南民众捐助棉衣支持抗战

当时,湖南赌风盛行,打牌成为公务人员调剂精神的日常娱乐方式,社会上亦以赌博作为正当的社交。为此,张治中到任仅两个月即颁布了严禁公务人员赌博的禁令。并在出巡东南之前,下令将以"神仙"称号活跃于长沙上层社会、具有相当政治潜势力的巨骗周仲评以"邪术诈财,贪污极恶"罪处以死刑。

1938年3月18日,张治中批示将侵占税款6100余元的新化税务局赋税主任车衡处以死刑。在处决车衡一星期后,3月26日,《湖南省惩治文武公务人员贪污暂行条例》通过并公布施行。6月,张治中在巡视湘西途中,将在办理征工事务中收贿舞弊的监工员唐立成枪决。7月,再将原华容财政局长张作典被控案审查终结,处以死刑。张作典在其任内侵占公款与应负责追还之财款,达23546.15元、谷105.6石,另有11.2万余元公款无从清算。

1938年2月,《大公报》记者长诚在一则通讯中说:"谈到湖南的公路,也真难令人满意,路局的上级职员姑暂不论,就以记者沿途观察所得,下级路

第五章 主政湖南 革职留任

员好的固然很多,不称职的也很不少。"并指出了许多目击的事件,认为"中国许多官办事业吃了'官办'的亏,结果是官而不办,湖南公路局也是犯了这种老毛病……深望负责当局能在最短期内彻底改良"。4月间,张治中接到立法委员王毓祥来信,信中道:"自勋座治湘以来,整饬吏治,壁垒一新,贪惰之流,皆为寒胆,三湘民众,感戴曷极!"但特地附了一篇《长晃旅行回忆》给张治中,叙述他"道出湘黔公路中途所见","为老百姓所不易上陈,而为汽车阶级所不获亲身接触的管理废弛情形"。指出湖南公路局"管理之腐败,纪律之废弛,站员之缺乏责任心,站役之缺乏训练,为铁一般之事实"。

经彻查,张治中深感震惊,"为政若此,国亡无日,殊堪痛心!再查此次该局于两日内,连续发生惨案,系经本府饬查始行具报,其他肇祸情事,据报该路局汽车1月份各段出险计21次之多,殊属骇人听闻。复查各公路以前关于修补例用石子,近则仅用沙土敷衍,以致路面日坏,烦怨纷至,足见该路局管理腐败,愈趋愈下,其内容不实不尽,可以推知。若不从严查究,何以维路致,更何以对人民?"张治中排除种种干扰,顶着巨大压力,断然将在工程学领域颇有研究的湖南省公路局局长周凤九撤职查办。

经过张治中"治乱世用重典,以法律济道德之穷",湖南的官场风气得到好转,行政机关的效率得到提高。

第四节 建设新湖南

张治中在战争实践中深深感到民众力量的重要。他认为,在民族革命的斗争中,单靠军队是远远不够的,必须把民众发动起来,才能形成保卫国家、打击敌人的坚强堡垒。

因此,主政湖南后,张治中认为当务之急,便是动员、组织和训练民众。而要有效进行这项工作,就必须培育和扶持新的政治力量,来改造当下陈腐落后的组织、制度和人事。经省府会议研究,1937年12月下旬,4000名男女学生离开课堂,去接受短期训练。受训结束后,在讨论学生分派以及其他问题的集会上,张治中和他们作了以下问答:

学生问,赤手空拳到农村去,训练一些什么呢?

张治中答,这次训练民众,不仅仅限于有形的武器。我们不一定使每一个人手里都拿上一杆枪,拿一杆梭镖也是一样。而更要紧的是要训练到每一个农民心理上、精神上、行动上都有现代化的武装,都有一种无形的武器!

学生问,假使我们工作还没有做好,而战局起了特殊的变化,甚至湖南也成了战场,那怎么办?

湖南妇女训练员准备下乡动员民众支持抗战

张治中答,我不会把你们当作一把豆子,撒出去就算了的。我一定在适当的地方指挥你们作战。

学生问,究竟同谁去作战呢?在乡村作战的时候,究竟是代表农民的利益,还是代表土豪劣绅的利益呢?

张治中答,土豪劣绅够不上做你们的敌人,他们是依附于那个敌人的。你们的敌人是一种广大的也可以说是无形的旧的势力、旧的社会制度和旧的习惯!

学生问,那么假使不幸冲突起来,有什么保障没有呢?

张治中答,在我的责任上,一定要尽力保障你们,你们在工作

第五章　主政湖南　革职留任

中,我相信你们也能以群众的力量来保障你们自己。只要你们能够努力干下去,乡村就是你们的世界,绝对用不着踌躇、怀疑、怯惧。你们尽管大胆地去吧!①

临别时,张治中叮嘱他们,你们现在是打前锋,接着还有 4 万余人的后援大队(张治中计划训练 5 万青年分发下去),马上要把整个湖南的革命风潮鼓动起来、革命风气提倡起来!我们有 5 万生龙活虎的充满热血的新生力量,分配到全省各地,旧的势力、制度、习惯,还怕推翻不了吗?张治中并将"敬智勇毅"四个字赠给青年学子。3 个月后,张治中的实地考察,证实这些年轻人没有辜负他的期望,他们在穷乡僻壤与农民建立了深厚感情,扩展了革新运动的影响,成为农村农民话语权的代表!6 个月后,在这些热血青年教育训练下,70 万乡民具备了现代国民基础知识与精神。

1938 年 1 月,《湖南省政府施政纲要》和《湖南省组训民众改进政治加强抗日自卫力量方案》正式颁布实施,前者是目标,是理论,后者是方法,是行动,希望以此"改造旧社会,建设新湖南"。

而对湘东南和湘西的巡视,更让张治中认识到"现存一切组织、制度、人事都是陈旧的,也可以说是中古世纪的;不是新的,更谈不到现代化。这个肯定的判断是我的结论。我以为这种组织、制度与人事,绝对不能适

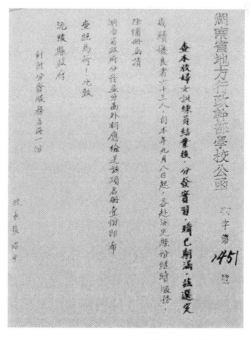

张治中签署之湖南行政干校公函

---

① 参见《张治中回忆录》,华文出版社 2007 年版。

应现代的潮流,绝对不能适应现代国家的环境。我们现在唯一要紧的事,是怎样集中人力,挽救危亡,复兴民族。在主观方面,我们不能不检查,我们的一切是不是够得上达成这个任务的条件。如果像现在这样的办事精神,这样公务人员的精神,可以说是没有救药。因此我们要反省,要负责,要改革,要决心改造一切"。张治中决心"肃正官常,转移风气",改进基层政治机构。他开办县市行政人员讲习所,轮训县长和乡保长,并将全省遴选的知识青年经过严格培训后,以73人取代原任,担任了县长,近2000人担任乡镇长、3万多人任保长,占总数的40%。大规模的更换地方基层干部,使湖南全省县以下基层政权彻底脱胎换骨。

张治中这一雄心勃勃的计划在全国引起了极大反响,各界爱国人士给以热情讴歌,著名记者范长江就曾评说此事:"张治中治湘最大特点是能大胆地信任青年,使用青年。"

第五节 抗战动员与准备

从赴湖南上任到被免职离开湖南,张治中没有一天不在准备抗战。他号召"把每一个人每一分钟的努力都汇合到抗战时期的动员准备程序之中"。从4000名知识青年下乡,次之县长、乡镇长、保长的调整,次之基层组织的改进,乃至民众抗日自卫团的编组,以至风气的转移、精神的整饬,都是为了加强并完成抗战动员的准备。

为动员民众抗战,充实抗日力量,张治中在湖南推行新县制,扩大县长权力,充实县政府组织,使县一级成为省、县、乡(镇)三级地方政权中的中坚一级,能有效地把抗战政策贯彻到乡村;废除区公所,区公所的权力由县和乡镇两级分担,县与乡镇两级组织简单灵活;扩并乡镇区域,保甲户编组以10为进,根据具体情况,10保至50保为一乡镇;在县政府设置教育、农林、卫生等技术辅导团;扩充保甲组织的实际事务,除执行政令,也负有民众组训任务;每半年召开一次乡镇民众大会,发扬基层民主,夯实全民政治的基础。新县制的实施,推进了湖南地方行政由上层向县政权和乡镇基层政权

第五章 主政湖南 革职留任

的权力下移和延伸,确立了省、县、乡(镇)三级制,有效提高了全民抗战的动员能力。

到湖南下车伊始,张治中就把组训民众看作"湖南党政双方,以及各界领袖的第一个任务,第一个责任!"他把是否能真正的发动群众和振奋民族精神联系在一起,认为这是"奠定复兴中华民族的唯一基础"。张治中主持制定的《湖南省组训民众改进政治加强抗日自卫力量方案》要求广泛发动民众,"实施民众广泛的集体组织,发动民力,提高民智"。为了达成上述目标,湖南全省设立了民众训练指导处,张治中亲自兼任处长,对全省民众分别训练两个月,其中男子受训年龄为18～40岁,女子16～35岁,每日上课2小时。要求全省在1938年7月完成。训练内容为:军事训练(约占总学时的40%),精神训练(约占总学时的25%),生产训练和编组训练(共占35%)。各县市设立民众训练设计委员会,由县市长兼任主任,并成立民众训练总队,由县市长担任总队长。

1938年5月,湖南民众抗日自卫总团成立,张治中自兼总团长。至9月,各县相继成立民众抗日自卫团。他说:"我要拿没有一个湖南人不知道的几句流行的话来作结束了,这几句话就是:'中国若为德意志,湖南当作普鲁士!若要中国亡,除非湖南人死!这一种崇高伟大的自信,就是我们湖南同胞应有的信心。不过这几句话,还是带一点消极的意义。因此,我现在把这几句话改换几个字,提出更积极的要求。这几句话就是:'中国若为德意志,湖南必为普鲁士!若要中国兴,只有湖南人尽起!'"张治中的动员讲话,借用湖湘文化中让湖南人最引以为豪的一段历史,不但激发了湖南人民抗日救亡的热忱,还使之树立了抗战最终胜利的坚强的决心和信心,在他的带动呼吁下,湖南的抗日救亡运动很快就轰轰烈烈地发展起来。

张治中在湖南组训民众、任用干部时,从来都是以是否有才能作为任用的标准,而不问其政治派别,他认为:"我们应该和共产党在工作中竞争,不应该压制共产党。"本着这种原则,张治中让共产党人参加湖南各级抗日救亡运动的组织领导工作,并按徐特立的要求释放过去被关押的共产党人。

此外,他还对中共在湖南的组织发展和宣传工作给予很多的帮助,正如当时的中共湖南省工委负责人任作民所说,张治中主湘一年多,从各个方面联共抗日,给了民众以诸多希望,给了抗战以诸多推动,给了党的发展和工作以诸多便利处。为了更好地推动建立抗日民族统一战线,1937年10月,中共中央派湖南人徐特立来到湖南,建立八路军驻湘办事处,宣传党的抗日方针政策,开展统一战线工作。1938年10月武汉失陷后,周恩来、叶剑英亲临湖南,更是对统一战线的巩固和发展起了促进作用。

为了维护国共双方在湖南的合作,张治中甚至把一名破坏国共团结的国民党县长撤职查办。由于何键的残酷镇压,至1937年,中共在湖南的党组织只有2个区委24个党支部共200名党员,在张治中主持湖南政权的短短一年多时间,共产党在湖南就发展到27个县委和县工委,党员达到3000多名。

共产党也对湖南的抗战作出了贡献,在统一战线的推动下,这段时间来湘的知识分子超过1500多人,这其中就有沈钧儒、邹韬奋、闻一多、茅盾、郭沫若、朱自清、曹禺、郁达夫、梁实秋、徐悲鸿、冯友兰等著名文人,再加上湖南本土的文化名人如田汉、翦伯赞、沈从文、廖沫沙、周立波等,形成了以进步知识分子为骨干、广大爱国人士热心参与的抗战文化大军。他们通过组

国共在湖南合作抗日,叶剑英(前排中)与南岳游击干部训练班全体人员合影

建抗日文化团体、创办抗日报刊、组织抗日剧团,开展轰轰烈烈的抗日宣传,渲染浓烈的抗战氛围,在湖南形成了共御外侮、百折不挠的抗战精神。

第六节　长沙大火

1938年,是中国抗战进入最艰苦卓绝的岁月,也是张治中最痛心的一年。这一年,就在张治中满怀激情地在三湘大地上描绘"新湖南"这幅锦绣画卷,带领民众积极备战时,他怎么也没想到,刚从淞沪会战中铩羽而归的他,会被一把大火烧得身心俱伤,并且终其一生都笼罩在这冲天的烈火浓烟里,不得轻松。

1938年的6月,随着日军的迫近,驻武汉国民政府各机关开始撤退,党政机关迁往重庆,军事机关迁往湖南。湖南的形势越来越紧张,战争的气氛越来越浓烈。张主席开始将治湘的重点,由推行新政,转向战争的准备工作。

张治中夫妇与孩子们在长沙

至10月下旬,广州和武汉先后被日军攻陷,湖南从抗战的后方变成前线,民心浮动。为稳定军心民心,张治中就抗战的形势与前途,尤其是湖南人民在抗战中的责任,在电台做了一次演讲,郑重表示在保卫湖南、支持抗战成为紧急任务的今天,一定以最大的决心和最大的努力,和湖南3000万同胞同生死,共患难!绝不躲避责任,绝不畏惧难苦,奋斗到底,义无反顾。希望全省同胞坚定信心,一致奋起,准备为保卫家乡而奋斗,准备为保卫国家而奋斗!坚定相信中华民族的前途是伟大的,是有无限光明的!

11月上旬,日军战机开始轰炸长沙、衡阳,9日日军攻占临湘,10日攻陷陵矶,12日攻陷岳阳,湖南北部门户大开。面对岌岌可危的湖南抗战形势,张治中决定开始疏散长沙人口、机关、学校、企业和物资,以免日军入侵时遭遇重大损失。

长沙大火后一名幼童坐在沦为瓦砾的家园前

战前,长沙约有30万人,抗战全面爆发后,大量江苏、安徽、湖北沦陷区的难民涌入,以及前线撤下来的伤兵,导致长沙人口剧增,有50余万。自10月下旬开始疏散以来,长沙街头从早到晚是各种车辆的转动、各色人等的奔流,先是老弱妇孺,次是不必要留在城内之男子,最后是全家撤退;各学校陆续搬迁湘西南一带山区,商店行业大都停业疏散;省政府各组成机构依次分批迁往战时省会沅陵。那时,长沙一些大户有钱人家皆有"封火墙",厚达尺余,高二三丈,足以防火防盗,除非炮弹直接命中,否则万无一失,他们储备了充分的物资及粮食并派遣人员看守。经过半个月的转移,长沙市变成冷寂的战时孤城,除守军及战地青年服务团外,只剩下数万平民、伤兵及外来难民。

张治中以主席身份兼任保安司令、抗日自卫团总团长,组成军事性质的行署,准备随战局形势而机动转移,就近指导战区政务,并策动展开游击战。

百姓大都疏散了,机关撤离了,但张治中仅率的一点守军如何抵御凶悍日军的进攻呢?那就是焦土抗战。

第五章　主政湖南　革职留任

国民党的焦土抗战理论最初由李宗仁提出。抗战全面爆发后,面对日军侵华的严酷现实,李宗仁总结了自中国军队进行抗日武装斗争以来的经验教训,经过反复思考和研究,提出焦土抗战论,主旨内容是"与其听任敌人蚕食而亡国,毋宁奋起而全面抗战以图存。我们虽是一个落后国家,工业建设和交通设备尚未现代化,从战略方面说,若日本侵略者实行堂堂正正的阵地战,则彼强我弱,胜负之数,不待蓍龟。故敌人利在速战速决,以迫我作城下之盟。但吾人必须避我之所短,而发挥我之所长,利用我广土众民、山川险阻等优越条件来困扰敌人,作有计划的节节抵抗的长期消耗战。到敌人被诱深入我国广大无边原野时,我即实行坚壁清野,使敌人无法利用我们的人力和物资,并发动敌后区域游击战,破坏敌人后方交通,使敌人疲于奔命,顾此失彼,陷入泥沼之中,积年累月,则暴日必败无疑"。我们"宁愿全国化为焦土,亦不屈服之决心,用大刀阔斧来答复侵略者,表现中华民族自存自立之伟大能力与精神,然后中国始有生存可能",实施焦土抗战,"全在我国大多数军民之能否觉悟,与军政当局之能否领导,上下一致,本焦土抗战之精神,毅然决然为民族解放战争而牺牲之一点而已"。白崇禧在电促李宗仁出任第五战区司令长官时也提到:"过去我公首倡焦土抗战主张,国人深表赞同。"李宗仁则表示"纵使全国化焦土,我也要战斗到底;只要有最后一粒子弹,我们也要战斗到底"。

抗战全面爆发不久,国民党当局开始酝酿焦土抗战计划,苏联军事顾问也曾拟就一份"火烧武汉、广州"的计划交给蒋介石。武汉会战失败后,长沙暴露在敌人面前,形势十分危急。武汉陷落前,蒋介石曾命令陈诚焚城,实施

大火后长沙城一片废墟

焦土抗战,而陈诚因种种原因并没有按预定计划加以彻底破坏。蒋介石很生气,由南岳飞到长沙,召集高级军事会议,特别强调"焦土抗战"的重要性,并制定更为详细的"火烧长沙"计划。

随着战事发展,日军迫近长沙,蒋介石曾数次致电张治中,要求长沙一旦失守,在撤退时必须彻底焚毁。11月12日上午9点多,张治中接到国民党军事委员会委员长侍从室副主任林蔚打来的长途电话,云"奉委座谕,我们对长沙要用焦土政策!"张治中此时正在军管区兵役干部训练班集合学员点名后训话。随即又接到蒋介石来电:"限一小时到,长沙张主席。密。长沙如失陷,务将全城焚毁,望事前妥密准备,勿误!中正文侍参。"

按照蒋介石的命令,张治中随即召集长沙警备司令酆悌、省保安处长徐权,要求他们立即制定执行计划。下午4点左右,酆悌、徐权送来焚城计划,张治中在核定计划时再三叮嘱:"第一,必须在我军由汨罗江撤退后,等待命令开始实施;第二,举火前必须放空袭警报、紧急警报,待群众离家后方可执行。"

忙于抗战事宜的张治中,于13日凌晨2时才上床就寝。他还没睡着,就有副官王建成来报告说:"城内很多响声,已经起火。"张治中起床外出查看,发现城内三四处已经起火。立即开始打电话查问,开始还打得通,后来电话也打不通了。

大火首先从省政府和警察局等重点部门点起,然后点燃学校、医院等单位,最后挨家挨户放火,火势越烧越旺,许多人还在梦中已葬身火海。一把大火把绵延几公里的长沙古城烧为灰烬。据事后调查:2000多人在火灾中死亡,烧伤者不计其数。省政府、省市党部、高等法院等机关,湖南大学、南华女中、省立长沙高中等学校,湖南省银行、交通银行等银行以及工厂、医院、民房等建筑物几乎全部被毁,建筑物完好保存的所剩不多。无论是公有财物还是市民的私有财产,带出火海的寥寥无几,损失极其惨重,无法估算。

11月13日大火整整烧了一天,14日后火势逐渐减小,直到16日犹有未尽之余烬。

这场大火是有计划放的,非常明显,否则不会全城一齐起火。但究竟是

第五章 主政湖南 革职留任

谁下的纵火令呢？起初重庆方面传言是共产党人放的，但在军警林立的长沙，是绝无可能的。当时长沙警备司令酆悌下辖两个警备团，警备一团团长岳岑率部于宝庆集训，在长沙仅有警备二团，团长徐昆，另有警察局局长文重孚。张治中曾命令酆悌，若长沙一旦危急，即实施焦土政策，并对此作了详细安排。酆悌命警备二团负责放火，兵力不足郊区可由地方自卫队担任放火任务，放火队三人一组，每组间隔50到100米，汽油可向警备司令部领取，每一组配发一小桶，所有市内各放火组统由徐昆指挥，听到拉警报即开始放火。任务完成后可分头向湘潭退却。然后在湘潭集结，听候下一步命令。

盖因岳阳失守后，敌军向岳阳以南离长沙200多里的新墙河进犯，前方部队将战时情报报告长沙守军，孰料长沙译电员竟将前方电讯漏一"墙"字，致将"新墙河"变成离长沙仅12里的"新河"。惊慌的放火队得知消息，不管上级有无命令，也不管有没有听到警报，即放起火来。这时防守长沙的兵力极为薄弱，不论官兵都存有早日脱离不安全地带的心理，互相观望，见一处冒烟，即四处点火，大火也就如此一哄而起了。

长沙大火举国震惊，蒋介石于16日由韶关亲临长沙巡视，指示彻查此事，逮捕酆悌、文重孚、徐昆三人，命组织高等军法会审，严惩肇事人员。军事法庭上，文、徐二人都声称是酆悌下的命令，酆悌自恃是蒋介石的得意弟子，就承认自己负全责。但是，他也没承认是他下的放火令，只说"非常惭愧，没有脸面再见湖南的父老兄弟，我生长在湖南，怎能忍心烧毁自己的家乡，真是万死难抵这场大火损失的亿万分之一"。审判官是酆悌的老乡，对其深表同情，极想保其不死，因此极力诱使其说出真凶，但酆悌始终无法说出他人。20日，军法会审结案，警备司令酆悌、警察局局长文重孚、警备二团团长徐昆判处死刑；湖南省政府主席张

酆悌

治中,革职留任,责成善后。

张治中曾力保鄭悌免于一死,但未能成功。蒋介石杀鄭悌也是一个不解之谜,因为鄭悌是他的得意门生,复兴社的创始人之一,当年蒋介石那篇著名的《告黄埔同学书》,就是为回答鄭悌的信有感而发的。有人说,鄭悌之死是由于陈诚的落井下石,但也有人说是因为在大革命期间,周恩来不幸被捕,鄭悌有感于周恩来的崇高人品而大义放人,这件事后来被蒋介石知悉,从此对鄭悌失去信任。

张治中一生为此背负巨大压力,饱受困扰。时间到了1958年,《人民文学》从第七期开始,到12期结束,连载刊发郭沫若的《洪波曲——抗日战争回忆录》。刚筹备成立的天津百花文艺出版社经过努力,争取到该稿的结集出版权。同时,该稿也被收入人民文学出版社的《沫若文集》出版。一时间,《洪波曲》引起很大反响,并引发郭沫若与张治中关于长沙大火的论争。

《洪波曲》第十五章写的是"长沙大火"。郭沫若时任国民政府军委会政治部第三厅厅长,往后方撤退途中住在长沙。他在文中对张治中进行了尖锐的评述:"放火烧长沙,是张治中、潘公展这一竿子人的大公德。他们想建立一次奇勋,模仿库图索夫的火烧莫斯科,来它一个火烧长沙市。""他(指张

为铭记长沙大火而设立的警世钟

第五章 主政湖南 革职留任

治中)完全是贪图功名,按照预定计划行事。他把陈诚蒙着了,12日的当晚甚至扣留了陈诚的交通车。他把周公(指周恩来)蒙着了,竟几乎使周公葬身火窟。他满以为敌人在进军,这样他便可以一人居功而名标青史,结果是一将功未成而万骨枯!"文中其他地方若牵涉到张治中,郭沫若也以"党老爷""官老爷"来称呼,并引用"张皇失措"这副对联来描述张治中当时在长沙人们心目中的形象。

张治中读到文章后,认为"有些地方可以说是有意歪曲事实,进行个人攻击"。他的第一反应是想将此问题报告周恩来,因为周也是长沙大火见证人之一,后来想这会不会有"告御状"之嫌,遂决定直接写信给郭沫若,以澄清事实。张治中在信中指出,11月12日他和陈诚住在一处,焦土抗战的事彼此作过商量,火起时大家都在睡梦中。"把周公蒙着了,竟几乎使周公葬身火窟"更是无稽之谈。12日晚上他还和周恩来通过电话,请他13日中午吃饭谈话。至于潘公展,早在大火前几天就去了沅陵。

1959年1月10日,郭沫若给张治中回信:"请您注意那里面的一句话:'他们的计划是得到了那位当局的批准的'。那就是说,主要该由蒋介石负责,而你们是执行命令罢了。谢谢您把当时蒋的指令告诉了我,证明我的猜测没有错。您不幸是在蒋下边和潘公展共事,我说'放火烧长沙是张治中、潘公展这一竿子人的大功德,他们想建立一次奇勋',并不是专指你一个人。"张治中看了郭沫若的回信后,又给郭写了一封信,告诉他:"你的猜测还是错了。为什么?因为如果是我拟的计划而蒋加以批准,这就变成我主动而蒋被动了。事实上是蒋主动而我被动的,这显然有实质上的差别……你那样解释,逻辑上似乎是说不过去的。"1959年1月18日,郭沫若再给张治中复信,信中说:"承您同意把您的长信作为附录,并蒙您进一步指出我的一些错误,谨向您表示感谢。您的信实在是宝贵的史料。"

张治中致函郭沫若论争长沙大火的事,还是让周恩来及中央有关部门知道了。中央统战部领导找到张治中,认为郭沫若这样写是不大合适的,并希望郭沫若改正。对于郭沫若表示愿将张治中长函附在单行本后面的处理方式,有关部门领导认为,还是径直改正为好。此后出版发行的《洪波曲》单行本确实作了一些修订。但文中所引嵌有"张治中"姓名、讥讽张治中的对联,仍没有删除,只在前面加了一句"长沙人不了解真实情况,颇埋怨省主席张文白",对原文的态度略微弱化。由此看来,双方在一些问题上,并未能最终达到一致。张治中曾回忆,他和郭沫若后来见了面,握手之后郭沫若还道歉说:"真对不起,请恕罪!"

第七节　留任善后

据国民党湖南省政府统计室编印的《湖南省抗战损失统计》,长沙大火,造成3000多人丧生,全城90%以上的房屋共计5.6万余栋被烧毁,造成的经济损失约10亿元,约占长沙经济总值的43%。政府机关被烧毁的有省政府、民政厅、建设厅、警察局、警备司令部、省市党部、保安处、地方法院、高等法院、电报局、电话局、邮政局、市商会、中央通讯社、中央广播电台和在长沙各家报馆等大部或全部建筑;被烧毁或大部分被烧毁的学校有湖南大学、明德中学、岳云农工、楚怡工业学校、兑泽中学、第一师范、南华女中、明宪女校、妙高峰中学、省立长沙高中、民众教育馆等31所;被焚毁的银行有湖南省银行、江西裕民银行、上海银行、交通银行和中国银行等10余家;被烧毁的工厂有40多家,其中损失最大的有湖南第一纺织厂,其厂房损失达27万余元,原料损失96万余元,机器设备损失60余万元。长沙作为全国四大米市之一,190多家碾米厂和粮栈仅幸存12家半。绸布业损失约200余万元,约占全行业资产的80%。湘绣业40家全部毁灭。除湘雅医院外的所有医院均被烧毁。大火毁灭了长沙城自春秋战国以来的文化积累,地面文物几乎毁灭殆尽。《中央日报》社论称"长沙近30年来,物质、人力欣欣向荣。全国都市中,充实富庶,长沙当居首要。百年缔造,可怜一炬"。

经过调查,国民党中央宣传部、军委会政治部联合发表长沙大火真相的说明:

　　十二日夜长沙大火,实为地方军警误信流言,自卫民众激于义

第五章　主政湖南　革职留任

愤之所造成。盖战略转移,我军对于预定撤退的战略支点及重要城市之建筑物,施以破坏,免资敌用,原为作战上之必要,在各国战史上亦不乏先例。故长沙既临战区,政府于事前有所准备,当为必然之事实。唯十二日夜长沙大火时,岳州虽失,而平江汨罗以北阵线甚稳,长沙距前线尚有三百余里,军事当局不仅无命令破坏,且正调兵增加前线。而地方政府亦并未下令破坏。然大火何以骤起？其原因：(一)由于地方军警负责者误信流言,事前准备不周,临时躁急慌张之所致；(二)由于曾从事破坏准备之人员及人民(自卫团员丁森等)鉴于敌机之连日轰炸及最近平江、岳州、通城、通山等县被炸之惨,激于民族义愤,以为敌寇将至,乃即自焚其屋,遂致将准备工作变为行动,于是一处起火,到处发动,以致一发而不可收拾。①

这份说明由张治中起草,时兼任国民政府军委会政治部副主任的周恩来亲笔字斟句酌进行修改。这份说明让四面楚歌中的张治中感到一些温暖与慰藉。11月21日,中共《新华日报》就长沙大火发表《论"坚壁清野"》的社论,直接批评"焦土抗战"方针。社论说："我们完全赞同在必要的地区上用坚壁清野的方法来打击敌人,即使蒙受重大的物质损失也在所不惜！但是我们完全不能同意这种不发动民众,不依靠民众,不关心民众疾苦的'火焚'办法"。明确表明中共对错误的"焦土政策"及其造成严重后果的严肃态度。

张治中发表治湘抗战演说

对于"焦土抗战"方针,国民党高层也有不同意见,时任第九战区司令长官、驻守

---

① 参见《张治中回忆录》,华文出版社2007年版。

抗战时期的陈诚

长沙的陈诚就认为,焦土政策其实就是"坚壁清野"之一道。而所谓坚壁清野,中国战史上有过,外国战史上也有过,本不足为奇。不过问题的关键,是在应当如何实施上面。在民族生死存亡的斗争中,"行一不义,杀一不辜,而得天下,皆不为也"的理论,固不免失之于迂阔,但如仅仅为了坚壁清野之名而放火烧城,并不计较有无成效,致使万万千千无辜的人民作毫无代价的牺牲,这就谈不到什么计划或政策了,而是一种无可饶恕的残暴。"为成功不择手段",我们犹且以为不可,何况既不择手段,又不能成功,这岂是有天良的人所忍出此!有知识的人所肯出此!

再则在实施焦土之先,至少应先期有一次预告,哪怕时间短暂到一天或半天,总要给人一点逃避的机会。而长沙这次放的火,不但不曾预告,而且在深夜中为之,全城四面突然一齐火起,居民在睡梦中惊醒,多半只身逃出性命,仓皇中葬身火窟者达万人。而逃出来的人于家破人亡之余,亦多痛不欲生,此情此景,尤使人不忍卒睹。

长沙大火后,张治中被革职留任,奉命继续主持湘政,与陈诚一起做好善后工作。蒋介石并针对陈诚对长沙大火处置的愤愤不平情态,亲给陈诚手谕:

辞修长官弟鉴:

此次到长,未将政治部整顿与充实计划,以及整军全部方案面商为歉。尚希详陈意见,总使以上二案能得一实施根据,以便进行也。最近吾弟情态,常思得机面道,而未得其时,但又不能不急道,俾能从速改正也。吾弟之长处,在能任劳任怨,与负责知耻,因此自以为直为能,不知不觉中常带骄矜侮慢之态,而外人且以为放肆横暴。故今年以来,无论上下,尤以同僚辈对之十分不满,而且怨

第五章　主政湖南　革职留任

尤日加，此最为吾弟代虑之一也。此次长沙火灾，无论如何，皆不能疑及于弟身，因此更不必避嫌避责。尤其在此时，对于负责之朋辈，必须全力协助善后，不能袖手不管，甚至要为人分谤代过，如此方是任大事成大业者之风态。且以吾弟今日之地位，此种大度包容之态度，实为必要，否则不能当大事也。中令由长官名义出示安民，而吾弟犹不肯为，此岂负责当难者之所为乎？又当武宁危急，而弟不能留驻防地，以定军心，将此重要任务，付之部下，此乃非在上者负责御下之道也。此次在长沙会议时，吾弟忽由平江回来，并言前方已稳定，而城陵矶方面，尤青（罗卓英）又报俘获甚多，敌被击退，故中以为前线真已稳定，而又有吾弟回长震慑，乃中敢离长，急赴韶关，处决久延不决之要案。如果当时弟不回长，若知前方尚未稳定，则中绝不敢离长。以文白（张治中）慌张浮躁，不能当此危局，乃中所深知也。总之，吾人经此长沙大火之教训，全体上下，皆应引为戒慎恐惧，对内尤应和衷共济，不怨不尤，互助合作，共同肩负艰巨，以当未来不测之大难。长沙善后，更应同心一德，早日完成，以安定军心，而减少民众对我革命之痛苦与怨尤。此非某一人之责，而实为吾人共同之天职。总之，厚于责己，轻于责人，分谤代过，舍己从人，浑厚宽大，不矜不伐，是为任事负责者必备之素养，务希于此存养省察，期得圣神功化之用则庶几矣。顺颂戎祉。

中正手启。十一月二十二日于南岳①

在长沙最高军政当局陈诚、张治中的领导下，善后工作全面展开，部署救济难民、维持社会秩序的措施，清理街道，恢复交通、通讯，并制定战时应急方案，作为指导湖南各地应对日寇占领变化的方针。20日，张治中发表告民众书，其中说道："此次湖南长沙骤起大火，其原因及经过情形，已如中宣部及政治部所宣布，一方面由于地方军警误信谣言，另一方面由于自卫民众

---

① 参见《陈诚回忆录》，东方出版社2009年版。

激于义愤所造成,无待治中更事缕述。唯治中忝主湘政,用人失察,疏于防范,遭此巨灾,神明内疚,罪戾实在‧深。"24日,陈诚奉命向蒋介石汇报,"于大火之次日,调集人员指示办理救济,恢复通讯,维持交通,指派政工大队掩埋死亡军民、收容被灾民众与伤病员兵……至与文白(张治中)兄晤面,系在十三日午间,当以大火事相询,彼谓完全不知情,定系另一系统所为,令人感触万分!文白兄多年献身革命,且为领袖下共同奋斗之袍泽,今一旦疏忽,遭此巨变,吾侪除齐心共负艰巨外,更有何策?然文过绝非得策,亦唯有'只对事,不对人,明是非,负责任',以整个国家民族之立场为立场,在积极工作方面努力求解决而已。故始终本袍泽之义,事事与文白兄协商。二十一日早又集合政工人员训话,指示宣传方针:大敌当前,不可暴露我政府之弱点。须以全副力量办理善后,不可彼此埋怨,妨碍救济进行。此次巨变之发生,并非中央与地方当局所下命令,酆悌负长沙警备责任,实应负责。如此方足平湖南民气。此后省政负责有人,且已成立善后机关,故职所调集之善后工作人员,除令其继续努力工作外,并嘱其绝对听命于张主席及善后机关之指挥"。

张治中更是"待罪任中,不敢稍自暇逸,在任一日,即誓尽一日之责。不唯对于长沙一市之继续救济与善后复兴,当秉承中央之领导筹划进行,不遗

中国军队在湖南草鞋岭对日军发动攻击

第五章 主政湖南 革职留任

余力,庶几人心挽回,元气恢复,而对于全省如何加强抗战自卫之力量,如何巩固建设之基础,亦更当即知即行,丝毫无懈……所以补过者在此,所以服务于三千万民众者在此,所以贡献于抗战者亦在此"! 至12月中旬,长沙大火善后工作基本完成。

与其同时,张治中召开了一次重要会议。到会的除省府委员、厅长、主席行署各厅处负责人员以外,还有一、二、五、六、八、九等区行政督察专员、区司令、各县自卫团副团长及各行政区指定作为代表的县长。会议讨论并确定湖南省各地方政府战时应变方案,即依战局的转移把全省划为备战区、邻战区、战区、游击区4种区域,列举其应变大纲。同时因为战时省府不易掌控75个县,所以在方案中特别加强了专区一级的职权,规定省府的一般政令只下达到行政督察专员或区司令,再由行政督察专员或区司令转行各县。会上,张治中还就匪患问题、自卫团问题、战时财政问题、兵差问题、长沙大火问题等作了坦诚说明。

在这个会议结束,应变方案颁布后,张治中在12月下旬再作第二次湘西之行,在沅陵召开三、四、七等区专员、区司令、县长会议。除宣布长沙会议的决定以外,还对解决湘西匪患问题确定最后的计划。然后,张治中再转道视察湘南、湘中,现场查看一些基层干部的训练情况,乡保长们情绪饱满,训练良好。

妥善完成这一切工作后,张治中向重庆最高当局秘密发出请求去任的电文:

> 特急。重庆国民政府主席林、军事委员会委员长蒋、行政院长孔钧鉴:密。长沙大火以后,职以负疚之身,奉命革职留任,责成善后,黾勉补过,以迄今日。现临时救济已告段落,兴复建设尚非其时。腼颜待罪,痛苦殊深! 拟恳钧座准免留任,并另荐贤能前来接替。此后有生之日,益当力矢忠贞,以图报称。倘蒙鉴此微忱,赐

予核许,毋任感激待命之至!①

1939年1月13日,张治中接行政院嘉勉电报,不予辞职,张治中不得不再电重庆坚请辞职。1月17日,行政院通过改组湖南省政府决议,免去张治中省政府主席职,遗职由第九战区代理司令长官薛岳接任。当夜,张治中接蒋介石电报,令其将工作交代后即赴重庆。

1月20日下午,湖南各界为张治中辞别召开茶话会,张治中作告别致辞,表达对湖南民众的依依不舍之情。湖南名士陈嘉会、陈大榕对张治中建立湖南抗日自卫军、铲除贪官污吏、减轻民众税负、组训民众的治湘政绩作了充满感情的演讲,谓之"诚湘省数十年来所仅见湘人将留为永久纪念",对张治中的离去,表达浓浓惋惜之情。2月2日,张治中在参加新省府主席薛岳的就职仪式后,告别湖南父老,启程赴战时陪都重庆。

---

① 参见《张治中回忆录》,华文出版社2007年版。

第六章
襄赞军机　两度和谈

告别伤感的鱼米之乡湖南，1939年2月，身心疲惫的张治中来到长江上游，素有雾都之称的山城重庆，这里现在是中国的战时陪都。

作为革职留任的官员，张治中最初的想法是有一个短期的休息时间，以恢复身心健康。当然，也是戴罪之人政治上的蛰伏期，即所谓的韬光养晦。但是，蒋介石很快召见他，明确表示："你还是要做工作的！"并在第三天即约他吃饭，在座的客人有20多位，且都是党政军大员。蒋介石亲自将张治中排在客座首席。一个刚刚受过"革职留任"处分的人，竟然成为最高统帅最为尊贵的客人，确是让张治中受宠若惊，让众人侧目。席终人散，张治中被蒋介石留下谈话。蒋介石直接问他："你愿意担任中央党部训练委员会的主任委员，还是愿意担任侍从室主任？愿意做哪样？"张治中当即表示："训练委员会是要多讲话的，我现在不方便讲话。我愿意到侍从室服务。"蒋介石听罢，连连表示："那很好！很好！"

第一节　主管军事机要

3月16日，经过短暂休息的张治中走马上任，就任委员长侍从室第一处主任。

侍从室的全称为国民政府军事委员会委员长侍从室，是国民党军事委员会的下属机构,也是军事委员会委员长蒋介石的直接办事机构。侍从室早在1933年蒋介石在南昌指挥江西剿共时就已成立,本来只是一批随蒋奔走的参谋、秘书、副官与译电、警卫人员,以处理各类函件公文为主要任务。后来随着蒋介石权力日增,侍从室亦日渐扩大,成为凌驾于党政军各部门之上的特殊机构。表面上,侍从室仅仅是军事委员会下属的一个办事机构,实际上却是掌握国民党政治、军事、人事的核心机构。在抗日战争之前,侍从室已有一室、二处、五组,战时又扩编为二室、三处。其中,侍卫长室专门负责蒋介石的警卫侍从,参事室专门研究内政外交问题,侍一处负责处理军事、情报业务,侍二处负责处理党务、政治业务,侍三处则负责人事调查、考核业务。抗战胜利后,军事委员会撤销,成立国防部,侍从室亦分别被并入国民政府相关机构。侍一处改组为参军处警卫室,侍二处、侍三处则并入国民政府文官处,侍卫力量亦改编为国民政府警卫总队,继续执行侍卫及警卫任务。

抗战时期,张治中(右二)在重庆参加中美军事会议

在侍从室任职者,几乎都是国民政府的要员,如侍一处主任先后为钱大钧、林蔚、贺耀组、张治中、周至柔;侍二处主任为陈布雷,周佛海、张道藩、陈方先后任副主任;侍三处主任为陈果夫,罗良鉴、刘咏尧、萧赞育先后任副主

第六章　襄赞军机　两度和谈

任;侍卫长则由俞济时专任;参事室主任先后为朱家骅、王世杰。随着蒋介石身兼国民党总裁、国民政府主席、军事委员会委员长三个党政军主官,侍从室的影响冠绝一时,侍从室的出现,多被视为蒋介石权力具体化的表征。

正所谓伴君如伴虎,张治中心里清楚,侍从室主任是一个可以随时沐浴天恩的要津,也是一个可以随时招致身败名裂的龙潭。他在八一三淞沪抗战正白热化的时候,被解除第九集团军总司令的职务回乡休闲,这是主持军务的失败;在湖南省政府主席任上,因长沙大火受到革职留任的处分,这是主持政务的失败。这一次进入中枢内廷侍从室,主持军事机要,再不能有第三次的失败了。否则,他将再无立足之地了!这是张治中的认识,也是张治中的感慨。因此,在上任伊始,他就拟定"自律三端",表示要"严守机密、明识大体、寡言少主张",要"一切站在领袖立场",对人对事,至公至私不能有成见,更不能存私心。同时,他还拟定"申明请训"5项:和协各方、分忧分劳、善处请托、事必躬亲、持以勤谨。在请训中,他还明确表示"侍从室居内府地位,责任重大,勉试三月,如不胜任,愿请调换"。蒋介石见张治中如此忠心,对他更是信任有加。

从本质上来说,侍从室只是一个协调机构,而张治中的长处,正在于协调、兼容与缓冲,他是一介书生儒将,缺乏那种杀伐凌厉的血性。在他的气质和个性中,似乎有一种天生的疏通协调能力,纵横捭阖,折冲樽俎,都有独门功法。很多在别人看起来很棘手的事情,到了他手上,很快就迎刃而解。侍从室主任这个位置与他的个性,正有一种天然的和谐。

严明赏罚,以励士气。1938年10月,日军占领武汉和广州后,非但没有达到迫使中国政府投降的目的,反而遭到更顽强抵抗。日本军部"南进"派即认定:必须切断中国军队经法属越南方面的最大海外补给交通线,以期实现一举解决"中国事变"。为此,日本决心发动桂南战役,彻底切断中国抵抗其侵略的最主要补给路线——桂越交通线。并将号称"钢军",参加过忻口、平型关、太原、上海、台儿庄、广州等战役,屡次担任主攻任务的日本陆军精锐机械化部队第五师团作为此次战役的主力部队。由此可见日本方面何等重视这次战役。日本认定,切断这条路线必将使中国军队丧失抵抗能力,从而可以立即结束在华战争,完成它对中国的侵略。日军大本营陆军部作战部长富永恭次更是宣布:"这是中国事变的最后一战。"

1939年11月15日,日军在北海湾龙门港登陆,攻占钦州、防城后,于24日沿邕钦公路北犯侵占南宁。12月4日进占昆仑关,桂南会战打响。昆仑关位于广西南宁市宾阳县与邕宁县(现为南宁市兴宁区)昆仑镇交界处,距广西首府南宁市50公里,相传是汉代伏波将军马援所建,地形复杂,属于典型的喀斯特地形,山峰林立、制高点多、易守难攻,可谓"一夫当关,万夫莫开",是大西南交通线邕宾公路上的重要关隘,战略位置十分重要,为历代军事家所重视,是兵家必争之地。日军攻占昆仑关后即可北上攻击广西重镇柳州、桂林,切断湘桂铁路,进入中国腹地湖南,威胁正在孤军奋战又事关全局的由薛岳指挥的长沙守军。

昆仑关战役期间,白崇禧(后排中)视察前线

桂南抗战形势万分危急,桂林行营主任、国民党军中人称"小诸葛"的军委会副总参谋长白崇禧奉蒋介石严令,星夜由重庆赶回广西部署对日作战。为制止局势进一步恶化,扭转战局,白崇禧制定作战计划的关键就是必须迅速攻克昆仑关。鉴于几次作战失败的教训和对日军实力的客观评价,白崇禧向蒋介石请求动用国民党军第一王牌、机械化第五军担任主攻。第五军是国民党军队中唯一的机械化部队,全军有71000余人,足抵得上几个杂牌军的总人数。军长杜聿明,副军长郑洞国,二〇〇师师长戴安澜,新编二十二师师长邱清泉、副师长廖耀湘,荣誉第一师师长由副军长郑洞国兼任,都是战功赫赫的抗日名将。

12月15日至24日,第五军两次攻占昆仑关,但在日军大批飞机、火炮掩护新锐预备队的反攻下,都再次失守。12月25日凌晨,根据最新作战部署,第五军又开始新一轮的攻关血战。30日,第五军第三次攻入昆仑关。昆仑关战役是抗战进入相持阶段,中国军队取得的屈指可数的几个战绩辉煌的战役之一,也是中国机械化部队在正面战场上第一次与日军精锐部队的大交战,意义非凡。

根据日方及我方的统计,此战日军第五师团主力第二十一旅团官兵被击毙4000余人,伤者大大高于此数,被俘102人,旅团长中村正雄、第四十二联队联队长板田园一、第二十一联队联队长三木吉之助及各联队的第一、二、三大队大队长均丧命。中村正雄临死前在日记本上写道:"帝国皇军第五师团第二十一旅团,之所以在日俄战争中获得了'钢军'的称号,那是因为我的顽强战胜了俄国人的顽强。但是在昆仑关,我应该承认,我遇到了一支比俄国更强的军队。"

昆仑关大捷,中国军队欢呼胜利

1940年1月中旬，中国军队向南宁进攻，日军在八塘、七塘间拼死抵抗，并从广东抽调近卫旅团和第十八师团增援南宁。2月上旬，日军突然发动反攻，中国军队猝不及防，宾阳、武鸣、上林、永淳等桂南18县沦陷。2月3日，日军重陷昆仑关。随后，日军趁中国军队仓促后退之际，掉头南下，缩短战线，放弃宾阳、上林、武鸣、昆仑关等地，从容退守南宁及邕钦、邕龙公路一线。10月30日，中国军队收复南宁，11月17日收复钦州，日军退守越南北部。

蒋介石对此次会战极为不满，决定在柳州召开军事会议，检讨桂南战役得失。2月22日上午8时，蒋介石亲率张治中等人抵达柳州羊角山。吃过午饭，蒋介石已休息，张治中也准备午休，忽然日机"嗡嗡"来袭。张治中立即护卫蒋介石躲到附近一个天然石洞里。刚进洞，炸弹即落下。更奇怪的是，日机好像长了眼睛一样，专在蒋介石藏身的石洞前后左右投弹。后据张治中说，蒋介石这次遇险，是由于行止已经被日军间谍掌握，日间谍用无线电通知日机前来空袭。所幸日机飞临柳州上空时，先在城内兜了一个大圈子，给蒋介石留下一个迅速进洞的时间。否则，后果不堪设想。本就负气而来的蒋介石，在中国军队严密控制的区域，竟遭此凶险，心情更加愤怒，指责这都是高级将领无能的表现。

而张治中也认为，桂南战役未能达到预期目的，一个重要原因就是大本营赏罚不明，导致将不用命，士气低落。战役初期，中国军队曾一度获胜，结果人人争功。但在战役失利后，却无人引咎自责。为整饬军纪，不能不有所表示。在蒋介石的默许下，张治中在到达桂林的当天晚上，邀约桂林行营主任白崇禧、参谋长林蔚以及督战此次战役的军委会政治部长陈诚开会，说服三巨头以身作则，厉行赏罚，自请降级处分。其他有关的一批将领，经白、林、陈、张商量，或交军法裁判，或革职查办，或记过。处分名单拟好后，由张治中面呈蒋介石。蒋介石大为意外，连问"怎么来的？"张治中回答："昨晚我们4个人商量，非严明赏罚不可！要严明赏罚，非从上面做起不可！所以先从行营主任、部长降级。"

第六章 襄赞军机 两度和谈

第二天蒋介石到柳州召开军事会议,在会上怒斥指挥桂南战役的白崇禧、陈诚等高级将领指挥无能,抗战无方。会议闭幕式上,蒋介石当场宣布处分命令:桂林行营主任白崇禧督率不力降级,政治部长陈诚指导无方降级,桂林行营参谋长林蔚降级,第四战区司令长官张发奎记过,第三十七集团军总司令叶肇、第三十八集团军总司令徐庭瑶撤职查办,另有12名军长师长分别予以惩办。

这是自抗战爆发以来,最高当局对失职将领处分级别最高、处分人数最多的一次集体惩处。这项处分命令颁布后,中国军民抗战士气为之一振。

撤销桂林行营。全面抗战爆发后,全国先后设置十几个战区。战区多了,大本营难以直接指挥。于是,蒋介石就在一些重要据点设立军委会委员长行营(或行辕),指挥某几个战区,如西北行营、昆明行营、成都行辕、西昌行辕等。行营应当是蒋介石亲自出征时的专门组织,但蒋介石不可能既在大本营全面指挥全国所有部队作战,又同时在某个行营指挥某个具体地区的作战,何况全国有那么多的行营呢。所以,行营所辖的军队,其实是由资历较深、指挥作战能力较强的高级将领充任的行营主任指挥。如在桂林设西南行营,以白崇禧为主任;在西安设西北行营,以程潜为主任。各自分领若干战区,指挥部队作战。

这是理想状态,实际执行的结果,总是感到指挥不易畅通。首先,军事指挥机构多了一个层次,作战命令由大本营到行营,再到战区,再到集团军,再到军、师、旅等作战单位,不能如臂使指,影响指挥效率;其次,行营为委员长派出机构,既要以最高统帅部的立场指挥作战,又要以所辖部队的立场向委员长报告,地位欠明确,常常出现梗阻;再次,行营主任和战区司令长官一般均由资历较深的高级将领担任,战区司令长官作为军队主官,甚至战役指挥能力更强,往往我行我素,不服从行营指挥,有事也是直接报告大本营,像这次桂南会战桂林行营主任白崇禧与第四战区司令长官张发奎就是互不买账,导致军队调动迟滞;最后,蒋介石指挥军事往往喜欢一竿子插到底,命令直接下到军、师、旅,甚至到团,这让各级将领都感到难以适应。同时,根据张治中的观察,担任行营主任的高级将领,往往囿于各种派系亲疏关系,不能够站在最高统帅的立场指挥部队,以至有损大本营的权威。

蒋介石(中)与桂系两巨头李宗仁(左)、白崇禧

张治中将这些意见和思考征询了白崇禧的看法,白崇禧表示深有同感。于是,张治中向蒋介石提出建议,撤销各地行营,将负有深望的高级将领集中于大本营,充实大本营的力量,提高统帅部的权威,有效指挥全国的军队。蒋介石经过慎重考虑,采纳了张治中的建议,下令撤销委员长桂林行营及西北行营。白崇禧交卸兵柄,返回大本营,续任军委会副参谋总长兼军训部长。此后,蒋介石分别设立军委会桂林办公厅及军委会西安办公厅,起沟通协调作用,不再赋予军事指挥权,由李济深与程潜分任主任。

透过现象看本质,处分高级将领和撤销行营表面上看是张治中一言建功的结果,也是张勇于负责的表现。其实,这是国民党高层权力之争,尤其是蒋介石和桂系李宗仁、白崇禧权力角逐的必然反映,是张治中秉承领袖意旨,对桂系权力进行抑制的重要贡献。

全面抗战爆发以后,以西北冯玉祥、桂系李宗仁、四川刘湘为代表的一批国民党地方实力派,在团结御侮的口号下,打破原先的地域,率部走上抗战前线。这对于蒋介石掌握的中央政府来说,形成了举国一致的抗战局面,抗战军力得到极大增强,自然是值得欣喜的,但这些地方实力派由地方走向

第六章　襄赞军机　两度和谈

全国,让蒋介石忧虑。其中尤以桂系为巨,桂系两巨头李宗仁、白崇禧自出山抗战以来,一个任第五战区司令长官,统帅7个集团军,据有中原腹地;一个任桂林行营主任,统帅6个集团军,威镇华南地区。1929年蒋桂之战犹在眼前,如不加以抑制,桂系极有可能再次与中央形成分庭抗礼之势。加之自1938年4月台儿庄大捷后,桂系首脑李宗仁威名远播,声誉卓著,引然直逼蒋氏之虞。这是其中的一方面。

另一方面,武汉、广州沦陷后,抗战进入相持阶段,日军战线越来越长,兵力匮乏,无力再发动大规模的攻势,中国军队赢得喘息之机,这让蒋介石得以腾出手来整饬内部。对中共方面,由容共、联共阶段而进入溶共、防共、限共、反共时期,掀起第一次反共高潮;对国民党内部,则调整人事,加强中央集权。这正是张治中接任侍从室主任前后的事情。

正是在这样的背景下,张治中提出处分白崇禧等高级将领,以及撤销行营的建议,无疑深悟蒋介石的思想,暗合蒋抑制桂系势力、加强中央集权的需要,故而大得赞许,迅速得到采纳。

蒋介石一向喜欢兼职,最多时达几十个,把各种权力都控制在自己手里,搞得自己疲惫不堪,还落得怨言满地。张治中对此曾多次给予劝阻。抗战期间,西南大后方交通庞杂,任务繁重,特别是1939年7月抗战大动脉滇缅公路正式通车后,因缺少统一管理,党政军警特纷纷上路抢道,秩序混乱,问题百出,朝野非议颇多。为此,侍从室建议在军委会之下设立运输统制局,总揽运输管理事宜。文件报上去,蒋介石便在签呈上大笔一挥,写了"自兼"两个大字。张治中则认为,在日军封锁我沿海的情况下,滇缅公路是我们的国际通道,重要性不言而喻。不过,运输统制事宜毕竟只是局部具体工作,由最高统帅自兼局长,成何体统?岂不是将领袖的作用,降到一个事务官的岗位。再说,事关党国兴衰成败的要职,太多了,难道都要由最高统帅"自兼"?于是,张治中在蒋介石的批件上,毫不客气地签上自己的意见:"这个运输统制局,以最高统帅兼任,实在不成体制,可由何总长兼之。"张治中再次送上这个签呈,蒋介石竟然批了一个更大的"可"字。这件事本不为外人所知。只是自运输统制局成立后,滇缅公路上的投机走私、违禁贩运不仅没有得到治理,反而愈演愈烈,社会上骂声一片,何应钦被弄得苦不堪言,为推卸责任,便把这件旧事重新提起,说:"本来,这个运输统制局,是张治中主任以大义责我,要我来担任的,因为如果我不做,委员长就会自兼,那就不大合适。但我做了以后,成绩不好,真是很惭愧!"

当然,个性很强的蒋介石,很多时候他是固执己见的。在张治中到职不久,四川爆发"驱王"风潮,就是川军巨头刘文辉、邓锡侯、潘文华等人联合起来,策动所部7位师长联名电蒋,历数王缵绪祸川十大罪状,要求将王缵绪撤职查办,以谢川人。王缵绪被免四川省政府主席职,率部出川抗战。四川省政府主席一职空虚,引得川军各派巨头觊觎。过去,蒋介石曾数次谋取川政,均被川军挡在门外。这一次,蒋介石觉得机会不能再失去,决定亲自兼任省四川省政府主席一职,并派成都行营主任贺国光兼任四川省政府秘书长,先将省政把持起来。张治中听说蒋介石要亲自兼任四川省政府主席时,大不以为然,明确主张蒋不宜兼任此职。他认为,由蒋自兼四川省政府主席,做得好,是应该的;做得不好,有损威信。为此多次向蒋进言,但均被蒋以"因为没有人"作盾牌,坚决地挡了回去。张明白蒋不肯放手后,也就适可而止,不再力谏了。蒋介石自兼任四川省政府主席后,张治中曾在成都同陈布雷说笑话:"我们问问委员长,是以什么资格到成都去?如果是以委员长的资格,则无到成都之必要;如果是以四川省主席的资格,则我们无随行之必要。"

1939年11月,蒋介石改组行政院,却为行政院院长人选而踌躇不决,于是,他征求众人意见。众人知道此事事关重大,都不敢轻言,沉默良久。蒋介石见此情形,便顺水推舟

张治中(右)与何应钦在重庆

第六章 襄赞军机 两度和谈

说："如果没有人做，我只好来兼任了。"张治中见蒋介石又要兼任，只好委婉地发问："现在能做行政院院长的人一打半打都能找出来，不知你以什么标准来衡量没有人能做？"蒋介石反问："有那么多人能当行政院院长吗？"仍我行我素，自兼行政院院长了。

军人出身的蒋介石，处理事情常常无视法律、程序，随心情发命令，这让书生张治中在执行的时候，有时十分棘手。但张治中总是尽可能公正客观地处理好。有一次，张治中陪蒋介石出去，蒋看到一辆军用三轮车上挤坐着4个人，内有1人穿的是便服。本来就因交通事故屡屡发生影响军用物资运输而十分恼火的蒋介石，立即命令将穿便服的那个人抓起来，并批示将这个人枪毙。副官问张治中怎么办，张治中说："我负责，把那张批示交给我吧。"张治中在蒋介石的原批后面，加上一批："此人有无死罪，应交军法执行总监部依法审讯。"同时，他还打电话给军法总监部，说："这不过是委员长认为一辆三轮车不能坐4个人，搭车的又是普通人，一时动了气，并非了不得的事，顶多问问，关几天也就够了。有什么事我负责任。"孰料到了第三天，忽然宋美龄请张治中去，一见面就问："文白兄，听说委员长要枪毙一个人，这个人是遗族学校的学生，并没有犯罪呀！你想想办法，好吗？"张治中把办理结果告诉了宋美龄，她才放下心来。

有一天，张治中陪蒋介石郊游，乘车往老鹰岩，在半山腰转弯处突遇四川公路局的一辆卡车冲过来，他同蒋坐在第一辆车，未碰着，而跟在后面的第二、三辆车都被撞坏了。警卫马上停车，把司机抓住。蒋介石下令："至少要处以15年监禁！"就把这闯祸的司机送到军法总监部去了。司机本来疏忽，转弯不鸣喇叭，以致撞坏蒋介石随从的车，并没有撞伤人，所以只关了几个月，张治中就按交通规则处理把他放了。

还有这么一次，侍从室的一个股长很慌忙地来见张治中，告之他被蒋介石撤职查办了！张治中问他为什么，这个股长说："委员长觉得黄山的防空洞开得太大了，问是何人办的，有人说是我叫军政部办的。委员长说，这还了得！谁叫他开这样大的防空洞？太浪费，非办他不可！请主任代我在委员长面前求求情!"张治中遂写了一张字条送呈蒋介石,大意是说委员长爱惜人力、物力,是应该的,不过侍从人员对于领袖的安全负有责任,在这点上,似可予以原谅,免予处分。蒋介石批了一个"阅"字,算是了事。

从苏联治疗归国后,周恩来在延安锻炼臂力

当然,作为侍从,张之被训斥也是免不了的。1939年11月,周恩来在延安受伤,延安电请重庆方面派飞机送周去莫斯科治疗。张治中立即与航空委员会联系。但航委会不知是出于反共心理,还是的确无机可派,给拒绝了。张治中感到很为难,周恩来是他敬重的老朋友,而航空委员会属于宋美龄领导,自己哪里指挥得动呢?张治中正踌躇间,延安方面来电称已请莫斯科派飞机到延安接周恩来。随后国民党空军兰州机场也来电请示,苏方飞机要求直飞延安,请予答复。苏联飞机直飞延安,不但涉及国共两党关系,而且亦涉及空中航线的开放。这样一个有关主权的大事,自然不是张治中所能决定的。于是,他马上向蒋介石请示。蒋介石闻报大怒,责令航空委员会派飞机去接送周恩来,不许苏联飞机进来。蒋并斥责张治中处置错误,没能及时派出飞机,致惹出苏联飞机要来华。张治中明知冤枉,不但没有直言反驳,相反却在一次会议上主动就此事做检讨。事后,张治中找到一个机会,向蒋介石报告原委,并呈上当时来往电报作为佐证。蒋弄清原委,承认张的处置与他的意旨是完全相符的。

由于张治中的努力、谨慎,很快就受到蒋介石的肯定,也得到党政军各方面好评,认为他不愧是核心重臣、"救火"将军。其实,张治中的"救火"之所以屡有奇效,一方面,在于他善于揣摩蒋介石的心理及个性,注意对症下药,说话灵活婉转,一般不说逆耳之言,这使得张的意见或建议大都可被蒋接受;另一方面,蒋对这类事情,其初衷大都是矫情自饰,虚张声势,赚得一个宣传效果而已,目的达到,事过境迁,也就不了了之。这个时候,只要有亲信察言观色,把握火候,说话入情入理,不让蒋有为难之处,蒋自然不会深究。

侍从室是蒋介石集权的工具,举凡党政军警特的决策都由此发出,且无视主管部门,直接下发到执行单位。这样不仅造成指挥系统的混乱,也剥夺了主管部门的权力招致不满。自入主侍从室,张治中进一步看到这种高度集权的负面影响。即以抗战时期最重要的军令而言,由于高级将领往往只听命于蒋

张治中(后)陪同蒋介石、林森(前)视察

介石一人,即便接到蒋的电报,也还要先从电报落款看起,弄清是哪一个机关主办。如果落款是"中正手启",则说明是蒋介石手令,是非办不可的;如果是"中正侍参",则说明是侍从室主办,也要特别注意;如果是其他机关的电报,则对不起,那就要看形式来决定是否执行了。所以从军令部、军政部,甚至到后方勤务部,为求得命令有效,也要用"中正手启"名义发电。

为此,张治中曾试图加以纠正这种个人集权、机构无权的现象,甚至建议撤销侍从室,让权力按程序、法治运行,以还权于职能机构。但这涉及蒋介石的核心权力,让他放弃部分权力,自然得不到他的采纳。直到1945年11月,蒋介石要召开国民代表大会,制定宪法,才不得不将侍从室并入政府机构。

第二节　出任军委会政治部部长

1940年9月,军委会政治部部长陈诚调任第六战区司令长官,所遗部长一职由张治中接任。同时,张治中还接任由陈诚兼任的三民主义青年团书记长一职。这一年,张治中正好50岁,知天命之年。从这一年开始,张治中从幕后走向前台,开始成为民国政坛的风云人物。

国民政府军事委员会政治部主管全国部队和军事学校的政治工作。这一制度是从苏联红军那学来的。1924年,在苏联军事顾问指导下成立黄埔军校时,就设立了党代表和政治部,党代表是廖仲恺,周恩来任政治部主任。此时正处于第一次国共合作时期,政工人员大多由国民党左派或共产党员充任。北伐战争时,国民革命军总政治部主任是邓演达、副主任是郭沫若,共产党人李富春、林伯渠、廖乾吾、朱克靖等在各军任党代表或副党代表。北伐战争中赫赫有名的叶挺独立团的各级干部就是以共产党人为主的。这一时期,政工人员在政治鼓动、发动群众,甚至是身先士卒、冲锋陷阵中,发挥了积极作用,政治工作效果显著,是政工的黄金时期。1927年四一二政变后,国民党实行清党,部队中的共产党员杀的杀、关的关、逃的逃,政治工作一落千丈,名存实亡。

周恩来(左)与黄琪翔在武汉合影

抗日战争全面爆发后,国共两党实行第二次合作,在南京政府撤退到武汉时,大家认为在动员全国各族人民一致抗日的局面下,有必要恢复部队政工工作,于是改组军委会,设立政治部。政治部的人事安排也反映了这种合作气氛,部长是陈诚,副部长是周恩来、黄琪翔,下设第一、二、三厅,厅长分

第六章　襄赞军机　两度和谈

别是贺衷寒、康泽、郭沫若。

军委会政治部的出名,在很大程度上是由于有第三厅的工作。第三厅厅长主管宣传,在周恩来及郭沫若的主持与感召下,三厅不但邀请了一批共产党人,而且荟萃文化界精英300多人,当时曾有人将第三厅誉为"人才内阁"。

自政治部成立以后,部内国共两党的斗争,就未消停过,而且在抗战进入相持阶段后是愈演愈烈。共产党人集中的第三厅,厅长郭沫若是著名诗人,具有典型的诗人性格,遇到事情往往大光其火,以辞职相威胁,甚至直接向陈诚等国民党高层提出质问。张治中到任后,按照蒋介石的旨意,对政治部人事作出重大调整,郭沫若任政治部部务委员,享受副部长待遇,邓文仪任一厅厅长,徐会之任二厅厅长,何浩若接任三厅厅长。何到任之后即改组第三厅,要求在三厅工作的每个人都必须加入国民党,否则即离开。郭沫若拍案而起,怒斥:入党不入党,抗日是一样抗的;在厅不在厅,革命是一样革的!当即提出辞去政治部部务委员一职。三厅的左翼文人亦纷纷提出辞职,表示与郭沫若共进退。

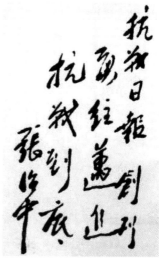

张治中为《抗战日报》题词

张治中没想到,上任后即遇这么个棘手难题,偏偏周恩来这时又对他说:"第三厅这批文化人,都是在社会上很有名望的,他们是为抗战而来的,你们不要,我们要!现在我准备请他们到延安去。请你借几辆卡车给我,我把他们送走。"周恩来的这一手,不啻是将了张治中一军。张治中深知这是蒋介石最嫉恨的一点,连忙说:等报告了蒋委员长再说。蒋介石听了张治中的报告,马上召见郭沫若、阳翰笙、田汉等人,对他们说:现在正是国家用人之际,你们不能离开。并安抚郭沫若说:我与文白先生已经商量过,想另外成立一个部门,还是由第三厅的人参加,仍请你主持。这就是随后成立的政治部文化工作委员会,宗旨是"对文化工作进行研究",郭沫若为主任委员,阳翰笙、谢仁钊为副主任委员,周恩来为指导委员,沈雁冰、洪深、翦伯赞、胡风等人为专任委员,陶行知、邓初民、侯外庐、王昆仑等人为兼任委员等。原从第三厅出走的四五十人,也都被郭沫若请了回来。文化工作委员会下设三个组,第一组从事国际问题研究,第二组从事文艺研究,第三组从事敌情研究。

为抗日鼓与呼的郭沫若

应当说,在文委成立后的相当长一段时间,张治中与郭沫若相处得不错。张曾到文委看望郭沫若,郭也常到张公馆谈话,张还希望能每星期会面一次。然而皖南事变后的国共关系,已处在剑拔弩张的严峻形势下,以军委会政治部长的职责所在,张治中在文委作了长达3小时的讲话,以"社会上有人说文化工作委员会是一个租界,国民政府管不了"为借口,对文委的"左倾"活动进行批评。文委主任郭沫若的作答既坦诚又风趣,他说,加入国民党本来不成问题,我以前也做过国民党的党员,不过为三民主义而奋斗,重在行动上执行三民主义,形式上加入不加入,并不是主要的问题。这好比,相信佛教的不一定做和尚,做和尚的不一定都是相信佛教的。但郭沫若接下来的话火药味就浓了:我已经感到干不下去了,就请张部长收回租界。这是文委成立以来张治中与郭沫若之间的第一次直接交锋。随后发生的李少清被捕事件更让二人关系雪上加霜。

皖南事变后,文委工作人员李少清为新四军死难烈士家属募捐,结果被政治部特务连抓了起来。郭沫若言辞激烈,质问张治中:一个青年为新四军募点钱,犯什么罪?值得抓起来吗?强烈要求张治中放人,声色俱厉地说:我手下的人如有问题,责任在我。要关就关我!要枪毙就枪毙我!张治中无奈只得放人。

第六章 襄赞军机 两度和谈

这个时候,重庆的左翼文人都感受到了来自国民党特务的威胁,出于安全考虑,大家纷纷向香港、南洋一带转移。为此,张治中专门举行一次招待会,邀请左翼文人参加,到会的有 40 多桌人。招待会上,张治中表示会保证左翼文人在重庆的安全,希望大家继续留在重庆,不要去香港、南洋,那里也不是个安全地带。但这件事却让蒋介石大为震怒,指令张治中以机构重复为名,解散文委。这是发生在 1945 年 3 月的事情。张治中为挽留一些影响较大的左翼文人,就将他们安排为政治部设计委员。并曾向蒋介石建议,在中央研究院设立古物研究所,请郭沫若去主持,但没有被蒋介石采纳。4 月 1 日是政治部第三厅成立 7 周年纪念日,郭沫若在聚会上就文委被解散一事,激动地表示:始于今日,终于今日;"花瓶"摔掉,还我面目。我们是被解散了,但我们更自由了。文委的解散给郭沫若造成了很深的伤痛,这也是他对张治中始终不能谅解的一个重要原因。两人直到 1959 年还在为这件事大打笔墨官司,甚至惊动周恩来。张治中长期以来也一直为文委解散一事懊悔,"感到自己太冲动,太草率,内心很不安,总觉得对不起左翼文化界的朋友们"。

綦江惨案 张治中接任之初,就遇上震惊全国的战干团綦江事件。战干团的全称是国民政府军事委员会战时干部训练团,1938 年春成立,以抗日救国为号召,吸引了大批青年爱国学生参加。战干团共设 4 个分团,即武汉战干第一团、太原战干第二团、南昌战干第三团、西安战干第四团,均由蒋介石兼任团长,陈诚兼任副团长,由各分团教育长负实际责任。其中战干第一团教育长是桂永清,政治部主任先后为邓文仪、滕杰。这三人都是国民党特务组织复兴社的核心力行社的骨干,桂永清更是曾任复兴社训练处长。桂永清常说的一句话便是:德国出了个希特勒,所以德国复兴;中国有了蒋校长,只要大家一致拥护必可复兴。桂永清以法西斯精神赢得蒋介石的青睐,成为蒋介石亲信将领之一。

整个战干第一团都处于特务控制之下,特务爪牙遍布全团,这是一般纯善的爱国学生无法想到的,而惨案的发生更不是一个偶然事件。1938 年 10

月武汉沦陷,战干一团两个学员总队和一个女生队,共4000多人南迁到陪都重庆的綦江河畔。綦河,发源于贵州省桐梓县华山乡,全长230多公里,下游流经重庆市綦江、江津县汇入长江。战干一团团部及其特务连驻在江津广兴乡彭桥村綦河畔的兴隆场。桂永清和政治部驻在不远的桥河场。两个总队则分驻在江津县的广兴场和五福场。下属各大队和中队则分驻在附近的一些农家大院。南迁途中时,团内的一些文艺积极分子沿途进行抗日宣传,颇受群众好评。战干一团进驻广兴场等地后,经桂永清批准学员们成立了忠诚剧团。广兴离重庆很近,在重庆市戏剧家马彦祥等人的支持下,剧团于1939年底开始排练新编历史话剧《李秀成之死》。1940年1月,剧团开始在兴隆、广兴、五福的綦河边河坝操场为老百姓演出该剧。同时还到綦江县城的剧院进行公演。1月15日和18日,剧团还到陪都重庆的国泰大剧院演出。《李秀成之死》是一部借古谏今的话剧,以太平天国失败的教训来警示今天的抗日。该剧的演出,受到广大群众的欢迎和文艺界的好评。但驻在兴隆场的特务连却向桂永清密报,说《李秀成之死》是在宣传共产主义,忠诚剧团不"忠诚",剧团内有共产党在活动。桂永清立即命令特务将剧团的50多名男女演员秘密逮捕,关押在广兴场和兴隆场等地,由总队长杨厚灿等人负责审讯。巧合的是剧团里真有共产党分子,于是桂永清就对演员下毒手,除演忠王娘的女学员等少数几人逃脱外,李秀成的扮演者李英惨遭活埋,胡思涛等22名演员惨遭杀害。

按说《李秀成之死》风波该就此平息了,孰料4月的时候学员李可林因受不了战干团法西斯式的训练而开了小差,总队部就将与李来往较为亲密的学员舒汉仪关押审讯,舒忍受不了酷刑,屈招自己和忠诚剧团有往来,承认自己是"共产党",并胡乱招出"同党"。由于"清共"有功,桂永清下拨6000多元"清共"经费给特务们。特务们为获得更多的经费,对凡在团部刊物上发表过抗日文章、写过抗日诗歌、宣传和阅读过中国共产党"抗日救国十大纲领"、与忠诚剧团有往来以及家信和汇款、汇物遭扣押吞并后提过意见的人,都抓去审讯和殴打。凡是赞扬《李秀成之死》剧本写得好、戏演得好和对

第六章　襄赞军机　两度和谈

该剧内容、人物进行过评论的人概无幸免。特务们对抓去的人采取棒打、鞭抽、悬吊、电击、灌烈性白酒、挖眼鼻等种种酷刑,许多人熬不过只好屈招并供出所谓同党。而对被"招认"为共产党的人,特务们或枪杀、沉河,或活埋、戳杀。残酷的逼供使受牵连的人越来越多,全团上下人心惶惶,都感到朝不保夕。

这一残酷杀害虽然是秘密进行的,但由于剧团逃走的演员到重庆后,向文艺界和教育界的知名人士阳翰笙、陶行知等人控诉了国民党特务以莫须有的罪名残杀青年学生的滔天罪行,中共《新华日报》对此进行了揭露,立即舆论大哗。章士钊闻知这奇冤惨案,在报纸上作诗叹曰"自古奇冤多,大者綦江狱"。刚上任的政治部部长张治中得知这一惨案后,也是非常震惊,命令战干一团继任教育长周振强(桂永清此时已调任驻德使馆武官,正

桂永清

是在他调离后惨案真相才被揭露出来)迅速彻查此案,最后清查结论是确有此事,"共党案"实属冤案。綦河惨案中,在册可查的被害学生 210 名,没有名册可查的有 50 多名。此外,受刑致残的有 40 多名,被认为有"共党"嫌疑受到监视的有 300 多名。张治中悲愤地说:"这是狼心狗肺的人干的事!"在张治中的严厉督办下,凶手杨天威、张少泉等人被军法严惩;第一总队总队长杨厚灿等人被通缉;在押学生被释放,伤残学生得到医治。

鉴于战干团早已臭名昭著,难以为继,不久,张治中报请蒋介石同意,明令撤销战干团。

三青团中央书记长　1938 年春,蒋介石发表《告全国青年书》指出,为求得国民革命新力量的集中,求得抗战建国的成功,求得三民主义的实现,必须设立新的青年组织。3 月 29 日,国民党在武昌举行临时全国代表大会,会议决定成立三民主义青年团。同年 7 月 9 日中央团部成立,蒋介石兼任团

长,陈诚兼任书记长,设置中央临时干事会,成员有陈立夫、朱家骅、张厉生、张道藩、贺衷寒、康泽、胡宗南、桂永清、谷正纲等 31 人。复兴社解散后,所有人都转入这个新组织,成为核心力量。

张治中接替陈诚任书记长的时候,三青团员已发展到 30 多万人。张治中到任后,发现团员发展重量不重质,脱离组织背离组织现象严重。为此,张治中拟订工作纲领,决定对团员进行考核,予以甄别。考核程序为初核、复核、总评三级,考核的项目是思想、品行、精神、体格、学识、能力、服务团的工作等 7 项。为组训青年,张治中还先后在重庆北碚北温泉、四川灌县举行三青团夏令营。张治中期望三青团员在夏令营里,身体要吃苦,行动要谨慎,思想要前进,精神要愉快。张治中多次来到夏令营给团员们讲话,如《立志与有恒》《什么是青年精神》等,强调青年要特别注重个人修养和爱国精神的培养。夏令营结束的时候,张治中为青年题词,要求团员们要"适应时代,创造时代,一切忍耐,一切乐观"。

张治中在主持三青团工作中,感到最为突出的问题,就是党团关系的严重摩擦。其实就是以陈果夫、陈立夫为代表的 CC 系与黄埔系在三青团里的代表人物贺衷寒、康泽等一批复兴社大太保的摩擦。张治中上任后,经过与各方磋商,提出了一个化解党团积恨的《确定党与团之关系办法》,并提交国民党中央第五届常务委员会通过。办法明确规定:团应服从党的领导,党应扶助团的发展;党团之工作,应互相配合,力避重复抵触;党不征收未满 25 岁者入党,团不征收年满 25 岁者入团。为贯彻这个办法,还制定了《确定党与团关系办法实施细则》。为保证这个办法与细则的执行,又拟订了《查察党与团之关系及考核办法》。并将这些文件以蒋介石的名义下发各级党部团部,意图彻底消灭党团摩擦,顺利推进工作。但效果甚微。

1942 年 1 月云南昆明发生倒孔(孔祥熙,时任行政院副院长)运动,有人秘密报告蒋介石,说这个运动是三青团发动的。蒋介石非常恼火,指责三青团干的是反革命工作。据张治中掌握的情报,倒孔运动确有三青团成员参与,但中央团部从未有过倒孔的指示。现在,蒋介石把这笔账记到中央团部头上,辱骂中央团部干的是反革命工作,这不就是骂他张治中是反革命吗?同时,张治中认为倒孔是全国人民的要求,以反动贪腐的买办官僚主持政务本身就是反革命措施,蒋介石却还要包庇纵容他,这让张治中心灰意冷,当即向蒋介石提出辞职。此后张治中每年总要一两次请辞三青团中央书记长一职,几乎形成一个定例。但张治中越是请辞,蒋介石越是不准。直到1946年张治中出任西北行营主任兼新疆省政府主席,方才得以脱身。

张治中在三青团中央书记长任上,一大功绩就是帮助蒋经国在三青团的崛起。从1943年到1944年,张治中不但帮助蒋经国挫败三青团实际掌权人物康泽,逼康离开三青团出国,从而在三青团内站稳脚跟,成为实力派领袖,而且为蒋经国谋得青年军总政治部主任一职,顺利打进国民党军事领域,一股以蒋经国为代表的政治势力,在国民党政坛迅速崛起。这或许是蒋介石不准张治中辞职的一个重要原因,因为蒋对张了解甚深,知道张志中是一个没有野心的忠诚的人。

抗战期间蒋经国与父亲蒋介石在重庆合影

张治中心中的模范政工,是北伐时期共产党人开创的国民革命军政工。他认为,北伐战争时期,以共产党人为中坚的政工干部,取得了辉煌成就,是国民革命军政治工作的黄金时期。他希望部队的政工工作能恢复那个时期的权威,在抗战中发挥更大的作用。因此,在上任后,他组织制定政工纲领,颁布《政工典范》,要求无论是教育、训练、民众组训、宣传工作,都要从实际出发,一切为了战斗,一切为了抗战的胜利。

张治中在5年的政治部部长任期中,政治部调集中、上层政工干部和军官,在中央训练团党政训班受训,和各战区政治部主任进行交流,检讨工作得失。他要求政工干部要配合前线作战,加强宣传工作,在战场上鼓舞士气,在后方发动群众;要丰富军中文化,实施政治教育,对士兵灌输三民主义和政治常识;通过共同研讨,帮助军官提高政治水平;对军校学员,则实施管、教、训合一的原则;要注意改进军民关系,杜绝部队骚扰民众,构建军民合一的战斗体。

在张治中的整改和督促下,国民党军队的政治工作确实出现了一些令人耳目一新的现象。但正如他晚年回忆所说:"抗战愈到末期,政工本身力量和客观原因相互激荡,矛盾愈益加深,困难愈益扩大,以致缺点毕露,功用尽失","部队风气的败坏,各级干部的缺乏,经费的支绌,设备的空虚简陋等等,都成为不可克服的因素……根本的主要因素当然是政权本质与整个领导的关系,上述诸多缺点和困难之点,都不过是这两大因素所规定和反映的一些现象"。

第三节　抗战中的国共谈判

抗战期间,为建立并巩固中华民族抗日统一战线,国共两党曾进行过3次正式谈判。其中,张治中作为国民党代表,参加了后两次的谈判。

第一次谈判时间为1937年2月至9月,先后在西安、杭州、庐山和南京等地进行,国民党代表有顾祝同、张冲、贺衷寒、邵力子,蒋介石亦直接参与谈判;共产党代表为周恩来、叶剑英、博古、林伯渠。1936年12月发生的西安事变,迫使蒋介石接受联共抗日的条件。但蒋介石一回到南京,对国共联合抗日就不那么积极了。为尽快建立抗日民族统一战线,在近8个月的时间里,共产党力促国民党展开多次谈判,以求共同抗日。

西安谈判期间,国民党五届三中全会通过《关于"根绝赤祸"之决议案》,提出取消红军,取消苏维埃,停止赤化宣传。从字面上看,国民党似乎在重弹"溶共"老调。周恩来基于对中国抗战形势的全面分析和对国民党的透彻了解,对决议案的内容作出另一种理解,他认为红军改编为国民革命军,似乎是取消了,苏区改为特区,也似乎是取消了,但红军、苏区仍存在,这就说明自西安事变后,国民党对共产党的政策发生了质的变化,"根绝赤祸"表明蒋介石在接受国共合作的主张上有了具体政策。2月22日,周恩来就致电中共中央,建议接受国民党这个"决议案",但提出接受是以不失立场、不放弃原则为前提。24日,周恩来提出包括"可以服从三民主义,但放弃共产主义信仰绝无谈判余地"等五项原则。经过谈判,国共两党意见渐渐趋同。3月8日,周恩来把谈判内容写成条文,电告国民政府,敦促其做出最后决定,这就是包括将苏区改为陕甘宁行政区,将红军精壮者改编为3个国防师,每个师1.5万人,行政区和军队的各级人员由中共推选,呈报国民政府军委会任命等内容的"三八协议"。3月11日,国民党提出一个想把红军和苏区完全控制的修改案。周恩来坚决拒绝这一"溶共"方案,提出与蒋介石直接谈判的要求。

周恩来、张冲在杭州合影

接下来的几次谈判,蒋介石的态度反复无常。杭州谈判蒋介石的合作态度似乎很好,周恩来回到延安,受中共中央委托拟写抗日民族统一战线纲领;第一次庐山谈判,蒋介石却出尔反尔,置中共起草的合作纲领于不顾,直接提出两党合作的形式问题,其主旨是要在"国民革命同盟会"的名义下,从组织上把共产党溶入国民党。对此,周恩来在坚持在不失原则的前提下,作出最大让步,以促成国共合作抗日,但表示有关国民革命同盟会的组织原则问题必须经请示中共中央研究后才能决定。中共代表返回延安,国共谈判陷入低谷。"七七事变"后展开的国共第二次庐山谈判,蒋介石仍固执己见,坚持"溶共",周恩来虽多方努力,仍没有结果。

至南京谈判时,抗战形势已经迫在眉睫,周恩来严正向国民党谈判代表张冲等指出,蒋介石在抗战全面爆发一个多月后仍压着《中共中央为公布国共合作宣言》不发表,已失庐山谈判之约,并让康泽提出"宣言"中不能出现"民主"、"同国民党获得谅解、共赴国难"等字眼,不能出现对三民主义的解释等,对此中共方面有的可以研究,有的则坚决不能同意。最终,在抗战形势的客观推动下,在中共有礼有节的坚持斗争下,终于扫除重重障碍,实现国共第二次合作,开启全民族抗战的新时期。

这次谈判中,国民党中央执委、组织部副部长、专门负责国共谈判的代表张冲,坚决赞成国共合作,共御外侮,同中共谈判代表周恩来建立了良好的合作关系,为谈判成功做出了卓越贡献。1941年8月,张冲病逝,毛泽东、董必武、邓颖超等7人联名送挽联:"大计赖支持,内联共,外联苏,奔走不辞劳,七载辛勤如一日;斯人独憔悴,始病寒,继病疟,深沉竟莫起,数声哭泣已千秋。"周恩来深为哀悼,除在《新华日报》发表《悼张淮南先生》一文,还亲自参加追悼会,并致送挽联:"安危谁与共;风雨忆同舟。"

周恩来为皖南事变题词

1941年1月6日,震惊中外的皖南事变爆发,新四军军部及直属部队9000余人,在皖南泾县茂林地区遭到国民党7个师约8万人的突然袭击。新四军英勇抗击,激战7昼夜,终因众寡悬殊,弹尽粮绝,除傅秋涛率2000余人分散突围外,少数被俘,大部壮烈牺牲。军长叶挺被俘,副军长项英、参谋长周子昆突围后遇难,政治部主任袁国平牺牲。

第六章 襄赞军机 两度和谈

皖南事变后,国共两党关系陷入低潮。蒋介石于1941年1月17日宣布新四军为"叛军",取消新四军番号,下令进攻新四军江北部队。中共对此进行坚决回击,命令重建新四军军部,任命陈毅为代理军长,刘少奇为政治委员,新四军扩编至9万余人。同时,毛泽东发表谈话,揭露蒋介石发动皖南事变的真相。在一片反对声中,国民党顽固派更陷于孤立。1941年3月,蒋介石被迫保证决不再有"剿共"的军事行动。至此,国民党发动的第二次反共高潮被击退。此后,随着苏德战争、太平洋战争的爆发,英、美、苏三国的合作不断增强,以及抗战进入最艰苦的相持阶段,民族矛盾高于一切,这些都影响着国共两党的政策,国共两党的关系逐渐回暖。

但在张冲病逝后,谁能代表国民党与中共保持良好的合作关系呢?张治中从此加入到国共谈判的队伍,为国共合作发挥了重要作用。由于张治中与中共驻重庆首席代表、军委会政治部副部长周恩来有着许多工作上的联系,且张治中长期坚持维护国共团结抗日的大局,具有较强的协调能力,并与周恩来私交笃厚,这一切使得张治中很快成为继张冲之后,国民党方面负责处理对中共关系的主要联络人与谈判代表。

1941年7月10日,周恩来的父亲周懋臣在重庆病逝。张治中前往吊唁。对于国民党方面发出的这个信号,中共方面予以积极回应。周恩来向

林彪(中)与周恩来(右二)、董必武(右一)等在八路军驻重庆办事处

张治中提出,希望同蒋介石面谈,并请其指定代表与中共保持联系,以利于一些问题的解决。张治中迅速向蒋介石汇报周恩来的这一建议,几天后蒋介石约见周恩来,说已指定张治中和军令部次长刘斐为代表同中共谈判,中共方面的谈判代表为周恩来。于是国共谈判的大门再次打开。

孰料,8月14日,蒋介石竟再次约见周恩来,并提出大胆设想,说他一星期后将去西安,想在那里同毛泽东会面会谈。这让周恩来大感意外,周认为蒋与毛见面的时机尚不成熟。作为过渡,中共可以林彪作代表到西安与蒋介石见面。因为林彪此时从苏联养伤回国,在途经新疆以及兰州、西安等地时,蒋介石电令所经地区的党政军负责人一律不得为难。林彪一路上受到甘肃省政府主席谷正伦和黄埔同学、率部封锁陕甘宁边区的第三十四集团军总司令胡宗南等人的热情款待。周恩来认为蒋介石与林彪有师生之谊,由林彪出面谈判,可能会打开国共谈判的新局面,起到投石问路的效果。

10月13日,蒋介石和林彪在重庆第一次见面。林彪称蒋介石为校长,就抗战形势和国共合作谈了自己的看法,并称坚决反对内战。反对内战这个话题,蒋介石最不爱听,林彪一经提出,他即以有要事处理,起身告辞了。其后,张治中和周恩来、林彪在桂园张公馆继续会谈。林彪代表中共提出此次会谈的"三停三发两编"方案,即国民党停止对中共军队的军事进攻,停止政治压迫,停止对《新华日报》的压迫;释放新四军被俘人员,对中共军队发粮饷发弹药;应允许中共军队编成两个集团军。听到这里,张治中表示,蒋先生对此次会谈确有诚意,但新四军问题、内战危险等话题委员长很不爱听,就不要谈了。周

张治中夫妇与岳母赵太夫人(在重庆)

第六章 襄赞军机 两度和谈

恩来表示,这些问题不解决,怎么能改善国共关系,增强团结。至此,双方知道再谈也无益,张治中遂建议林彪先同黄埔同学多接触聊聊,然后再谈。

12月16日下午,蒋介石决定避开周恩来,单独约见林彪。蒋介石告诉林彪,希望整体解决国内政治问题,越快越好,不要零碎拖拉。可是当林彪提出新四军问题时,蒋介石却说,你们既然拥护政府拥护我,却又总是提新四军,你们的报刊里满是新四军!新四军已被政府宣布为叛军,撤销番号,承认新四军,即是不承认政府。你是我的学生,应该听我的。如此,蒋和林彪的第二次会面,还是什么问题也没有得到解决。

12月24日,周恩来、林彪主动约见张治中,就政党、军队、边区、战区等核心问题,提出4项意见:

一、党的问题。在抗战建国纲领下取得合法地位,并实行三民主义,中央亦可在中共地区办党办报。

二、军队问题。希望编4军12师,请按中央军待遇。

三、陕北地区。照原地区改为行政区,其他各地区另行改组,实行中央法令。

四、作战区域。原则上接受中共开往黄河以北之规定,但现在只作准备布置,战事完毕保证立即实施,如战时情况可能(如总反攻时),亦可商承移动。①

在张治中看来,这是一个可接受的谈判方案。所谓合法地位问题,中共当然合法了,否则国共合作的基础在哪里呢?所谓军队问题,中共军队早已超过4个军12个师,仅新四军就达10余万人之众,再加上更加庞大的八路军,何止12个师啊!所谓边区改组问题,其实那里早就是一个行政实体,只是由国民政府给个名义罢了!至于作战区域问题,战事结束立即移动本就是一个合理要求。张治中心里非常高兴,立即将中共的4项建议呈报蒋介石。蒋介石立即召开临时军事会议,研究中共提交的方案。孰料,这个方案

---

① 参见《失去的机会?战时国共谈判实录》,杨奎松,广西师范大学出版社1995年版。

竟遭到与会顽固派的极力反对,他们认为共产国际都已经解散了,中共也应该解散,因此不能给予中共合法地位,否决了第一条;中共军队编为12个师,太多了,否决了第二条;至于第三条则表示无所谓,由政府去决定吧;对于第四条,则表示中共应首先把军队撤到黄河以北。会场上,充满了国军高级将领的傲慢和偏见,张治中的据理力争被他们视为无物。最后,由何应钦出面,让张治中转告中共方面,两方谈判"须搁一搁"了。

1943年6月4日,张治中硬着头皮约见周恩来,告知方案没有获得通过,谈判"须搁一搁"。6月13日,因周恩来、林彪即将返回延安,张治中赶来话别。因为是闲谈,双方的谈话也就比较放开。张治中直言不讳地问周、林:现在不解决问题,抗战结束后你们还拥有武力,国人何以谅解?林彪表示,我们也知道到那时不好说,但要中共将军队交出来,国民党必须拿出诚心,使我们相信国民党能给予中共合法地位。6月28日,周恩来、林彪离开重庆返回延安。

1944年5月,国共两党开始抗战期间的第三次谈判。当时,世界反法西斯战争正在胜利发展,苏联红军以强大的攻势歼灭了侵入苏联境内的德军66个师,英美联军继续进攻意大利。英、美、苏三国都希望中国能继续坚持

1944年中共代表林伯渠与国民党代表张治中、王世杰在西安会谈

第六章　襄赞军机　两度和谈

抵抗,牵制日军,以便他们能集中力量来夺取欧洲战场的最后胜利。美国总统罗斯福更是明确告诉蒋介石,必须在战争还在继续的时期,与延安方面握手。中共方面从抗战大局出发,一直就敞开着谈判的大门,早在1943年10月,毛泽东就表示:"在蒋先生和国民党愿意谈判的条件之下,我们愿意随时恢复两党的谈判。"在这种情境之下,蒋介石作出愿意谈判的姿态。首先由何应钦、白崇禧向中共驻重庆代表董必武表示,随时欢迎延安来人谈判。继则由国民党驻延安的联络参谋郭仲容向毛泽东表示,希望朱德、周恩来、林伯渠前往重庆谈判。

第一阶段的谈判,国民党方面的代表是张治中、王世杰(时任国民党中央宣传部部长),共产党方面的代表是陕甘宁边区政府主席林伯渠。为了向国内外舆论显示国民党对谈判的诚意,重庆方面特意将第一阶段的谈判地点安排在西安,以示中央政府的谈判代表不惜屈尊俯就,亲赴西安迎接中共代表,并进行会谈。5月2日,国共双方谈判代表抵达西安。5月4日,会谈正式开始。林伯渠代表中共提出5点意见,即承认中共合法地位;承认陕甘宁边区及敌后抗日根据地;承认中共领导下的一切抗日军队,扩大八路军、新四军,发给粮饷弹药;恢复新四军番号;撤走包围陕甘宁边区的国民党军队。张、王本想后发制人,看看中共方面的底牌,却不料弄巧成拙,反被林伯渠掌握主动。这5点意见,其实就是周恩来、林彪在第二次谈判中所提的核心问题。在军事问题上,林伯渠指出:中共领导下的正规军已有近48万人,本应改编为47个师。现在只要6个军18个师的番号!这本不是一个过分的要求,但张、王只同意中共军队改编为编3个军8个师,这较当初应许的4个师已扩大一倍。经双方你来我往的磨合,张、王勉强同意以二次谈判中林彪所提的4个军12个师为上限请示重庆,林伯渠则同意以此为最低条件上报延安。军事问题有了一个眉目,边区政府问题就相对较易了。无非是同意将陕甘宁边区改称为陕北行政区,直隶行政院。至于党的问题,张、王同意给中共以合法地位,停止抓人,开放言论,释放被捕的中共人员,撤除对陕甘宁边区的军事封锁。从5月4日到8日,经4轮谈判,双方基本达成一致意见。9日,随张、王同来西安的国民参政会副秘书长雷震将整理好的关于4次商谈的初步意见以书面形式送交林伯渠,请其签字认可,以便上报蒋介石。内容如下:

甲、关于军事:

一、十八集团军暨原属"新四军"之部队,服从军事委员会;

二、前项部队之编制,最低限度希望照去年林彪所提出四军十二师之数;

三、前项部队经编定后,暂仍驻扎其现在地区,但:(子)统各受其所在地司令长官之指挥;(丑)中央军事委员会于作战上有必要时,得随时令其向指定之地点调动;

四、前项军队改编后,其人事准由其长官依照中央人事法规定呈报请委;

五、前项军队改编后,其军需应独立,由中央按照经理法规定,派员办理。

乙、关于陕甘宁边区:

一、名称:改称为陕北行政区;

二、该行政区直属行政院,希望不属陕西省管辖;

三、区域:以现有地区为范围(附地图),并由中央派员会同勘定;

四、该行政区当实行中央法令,其因地方特殊情形而须要之法令,应当呈报中央核定实行;

五、该行政区预算当逐年编呈中央核定;

六、该行政区及十八集团军等部队,经中央编定发给经费后,不得发行钞票,其已发之钞票,由财政部决定办法处理;

七、该行政区当即由中央派员办党办报;

八、陕甘宁边区现行组织,暂请不予变更。

丙、关于党的问题:

第六章 襄赞军机 两度和谈

希望于抗战期间依照抗战建国纲领之规定予中共以合法地位,并盼逐渐开放言论,推进民治,及释放因新四军事件而被扣之人员,及廖承志、张文彬。

丁、其他:

一、中共当重申实行四项诺言;

二、希望撤销陕甘宁边区之军事封锁,首先对于商业交通予以便利。①

由于上述意见并不能完全反映林伯渠的意见,林伯渠在此书面意见的基础上进行了修改,11日签字后交张治中、王世杰。林伯渠修改后的文字如下:

甲、关于军事者:

一、第十八集团军暨原属"新四军"之部队服从军事委员会之命令;

二、前项部队之编制,最低限度为去年林彪所提出之四军十二师之数;

三、前项部队经编定后,仍守原地抗战,但须受其所在地区司令长官之指挥,一俟抗战胜利后,应遵照中央命令移动,以守指定活动之防地;

四、前项部队改编后,其人事准由其长官依照中央人事法规定呈报请委;

五、前项部队改编后,其军需照中央所属其他军队同等待遇。

乙、关于陕甘宁边区者:

一、名称:可改称为陕北行政区;

二、该行政区直属行政院,不属陕西省政府管辖;

三、区域:以原有地区为范围(附地图),并由中央派员协同勘定;

---

① 参见《失去的机会?战时国共谈判实录》,杨奎松,广西师范大学出版社1995年版。

167

四、该行政区当实行三民主义,实行抗战建国纲领,实行中央法令,其地方特殊情形而须要之法令,可呈报中央核定实行;

五、该行政区预算当逐年编呈中央核定;

六、该行政区及十八集团军等部队经中央编定发给经费后,不得发行钞票,其已发行之钞票由财政部决定办法处理;

七、该行政区内,国民党可以去办党办报,并在延安设电台,同时,国民党也承认中共在全国的合法地位,并允许在重庆设电台,以利两党中央能经常交换意见;

八、陕甘宁边区现行组织暂不变更。

丙、关于党的问题:

依照抗战建国纲领之规定予中共以合法地位,停止捕人,停扣书报,开放言论,推进民治,立即释放因新四军事件而被捕之人员及一切在狱之共产党员,如廖承志、张文彬等(包括新疆被押人员在内),并通令保护第十八集团军及新四军之军人家属不受损害和歧视。

丁、其他:

一、中共表示继续实行四项诺言,拥护蒋委员长领导抗战并领导建国,国民党表示愿由政治途径公平合理的解决两党关系问题;

二、撤销陕甘宁边区之军事封锁,现在对于商业交通予以便利;

三、敌后游击区的军事、经济、政治问题服从国民政府及军事委员会的领导,一切按有利抗战的原则去解决。①

之后,双方代表均表示"双方共同签字各自向其中央请示,再作最后决定"。

这个时期,国内局势又发生重大变动,1944年4月,侵华日军为打通大陆交通线,挽救其在太平洋战场上的节节败退,发动了豫湘桂战役,守备河南的国民党汤恩伯部40余万人竟不堪一击,溃不成军。一时举国震动,舆

---

① 参见《失去的机会?战时国共谈判实录》,杨奎松,广西师范大学出版社1995年版。

第六章 襄赞军机 两度和谈

论大哗,军事上的惊人溃败,政治上的专制独裁,使得改组国民政府、成立各党派参加的联合政府成为人们越来越强烈的要求。中共中央认为,新的形势,需要有同它相适应的新的政治主张。毛泽东于5月15日致电在重庆的林伯渠、董必武等,提出全面解决国共关系的新方案:

甲、关于全国政治者:

一、请政府实行民主政治,与言论、出版、集会、结社及人身之自由;

二、请政府开放党禁,承认中共及各抗日党派之合法地位,释放爱国政治犯;

三、请政府允许实行名副其实的人民地方自治。

乙、关于两党悬案者:

一、根据抗战需要、抗战成绩,及现有军队实数,应请政府将中共军队编为十六个军,四十七个师,每师一万人,为委曲求全计,目前至少给予五个军十六个师的番号。

二、请政府承认陕甘宁边区及华北、华中、华南敌后各抗日根据地民选政府为合法的地方政府,并承认其为抗日所需的各项设施;

三、中共军队防地抗战期间维持现状,抗战结束后另行商定;

四、请政府在物资上充分援助十八集团军及新四军;

五、同盟国援助中国之武器、弹药、药品、金钱,应请政府公平分配于中国各军,十八集团军、新四军应获得其应得之一份;

六、请政府撤销对陕甘宁边区及各抗日根据地的军事封锁与经济封锁;

七、请政府停止对华中新四军及广东游击队的军事攻击;

八、请政府通令取消"奸党""奸军""奸区"等诬蔑与侮辱共产党、十八集团军新、四军及抗日民主地区的称号;

九、请政府停止特务人员对共产党、十八集团军新、四军及抗日民主地区的破坏活动;

十、请政府释放各地被捕人员；

十一、请政府禁止在报纸刊物上发表对中共造谣诬蔑的言论；

十二、又据确息，西安一带特务机关准备于外国记者团到西安时，沿途伪装各种人物与伪造各种证件向外国人告状，藉达破坏中共信誉之目的，请政府予以制止；

十四、请政府允许中共在全国各地办党办报，中共亦允许国民党在陕甘宁边区及各抗日民主地区办党办报；

十五、请政府停止对重庆中共《新华日报》之无理检查、破坏发行、威胁订户、扣押邮件等情事；

十六、请政府发还在三原被政府军队扣留之英美援助十八集团军的药品一百零一箱；

十七、请政府允许中共代表及十八集团军办事处人员有往来于渝延间及西延间之自由，及允许西渝两办事处人员有该两地居住购买生活物品之自由。①

5月22日，林伯渠约见张治中、王世杰，转达中共中央的意见。张、王看后强烈反对，坚决拒收中共中央20条，并拒绝转达蒋介石。5月31日，毛泽东致电林伯渠称，"二十条均属事实，请求政府解决极为必要，为尊重他们意见，改为十二条，其余八条作为口头要求，仍请政府考虑解决。"6月5日晚，国共两党代表再度商谈，林伯渠提出中共中央修改后的12条书面意见，双方争执激烈，在张治中、王世杰被迫同意将中共12条留下"参考"之后，林伯渠同意将国民党的《中央政府提示案》电告中共中央。该案内容为：

甲、关于军事问题：

（一）第十八集团军及其在各地之一切部队，合共编为四个军十个师，其番号以命令定之；

（二）该集团军应服从军事委员会命令；

---

① 参见《失去的机会？战时国共谈判实录》，杨奎松，广西师范大学出版社1995年版。

第六章 襄赞军机 两度和谈

（三）该集团军之员额按照国军通行编制，不得在编制外另设纵队支队或其他名目，以前所有者，应依照中央核定之限期取消；

（四）该集团军之人事，准予按照人事法规呈报请委；

（五）该集团军之军费，由中央按照国军一般给予规定发给，并须按照经理法规办理，实行军需独立；

（六）该集团军之教育应照中央颁行之教育纲领教育训令实施，并由中央随时派员校阅；

（七）该集团军之各部队，应限期集中使用，其未集中以前，及其在各战区内之部队，应归其所在地战区司令长官整训指挥。

乙、关于陕甘宁边区问题：

（一）该边区之名称定为陕北行政区，其行政机构称为陕北行政公署；

（二）该行政区域以其现有地区为范围，但须经中央派员会同勘定；

（三）该行政区公署直隶行政院；

（四）该行政区须实行中央法令，其因地方特殊情形而需要之法令，应呈报中央核定施行；

（五）该行政区之主席，由中央任免，其所辖专员县长等，得由该主席提请中央委派；

（六）该行政区之组织，应呈请中央核准；

（七）该行政区预算，应逐年编呈中央核定；

（八）该行政区及第十八集团军所属部队驻在地区，概不得发行钞票，其已发之钞票，应由财政部妥商办法处理。

（九）其他各地区所有中共自行设立之行政机构，应一律由各该省政府派员接管处理。

丙、关于党的问题：

（一）在抗战期内，依照抗战建国纲领之规定办理，在抗战结束

后,依照中央决议召开国民大会制定宪法实施宪政,中国共产党与其他政党,遵行国家法律,享受同等待遇;

(二)中国共产党应再次表示忠实实行四项诺言。①

双方所提方案内容差距如此之大,自然不会有任何结果。此时美国人开始介入国共谈判。1944年6月美国总统罗斯福派副总统华莱士来中国,劝说蒋介石以和平方式解决国共两党冲突,以集中力量对付日本。并首次提出愿意帮助调解国共两党关系,华莱士转达罗斯福的话称:"国共两党,不宜延续内争,务须促其团结,一致抗日。"8月30日和9月15日,美国驻华大使高斯为此与蒋介石进行两度会谈。10月12日,罗斯福特使赫尔利来华,正式开始国共调处工作。在与国民党反复磋商,形成初步的调处方案后,11月7日,赫尔利乘专机飞抵延安。毛泽东首先表示欢迎赫尔利来延安,表明愿意继续"与蒋先生合作打日本"的立场。随即历数国民党对抗日根据地"拼命妨碍、限制、缩小、消灭",自己在军事上、政治上和经济上却陷于严重危机,提出要实现中国的团结统一,配合盟国迅速打败日本,关键在于"必须改组现在的国民政府,建立包含一切抗日党派和无党派人士的联合政府"。

毛泽东会见美军观察组成员

---

① 参见《中华民国重要史料新编》第五编,台北,中国国民党中央委员会党史委员会1985年编印。

第六章 襄赞军机 两度和谈

毛泽东并批评赫尔利所带方案中有关由国民政府改编中共军队的条款,这一条恐怕是蒋先生自己写的,"我以为应当改组的是丧失战斗力、不听命令、腐败不堪、一打就散的军队,如汤恩伯、胡宗南的军队,而不是英勇善战的八路军、新四军"。赫尔利即要求毛泽东根据中共的立场对他带来的方案"加以修改或补充"。11月10日毛泽东和赫尔利分别在协定上签字。下午赫尔利乘飞机返回重庆,周恩来同机前往。

然而,兴冲冲返回重庆的赫尔利一下飞机就被浇了一头冷水。当宋子文看到赫尔利与毛泽东达成的协定草案时,立即指责他被共产党人的旧货单子欺骗了;张治中与王世杰则批评赫尔利不提军队数目,更不应在协定中将国民党与共产党相提并论。11月21日,赫尔利接受国民党方面提出的复案,内容如下:

一、国民政府为达成中国境内军事力量之集中与统一,以期实现迅速击溃日本,及战后建国之目的,允将中国共产党军队加以整编,列为正规国军,其军队饷项军械及其他补给,与其他部队受同等待遇,国民政府并承认中国共产党为合法政党。

二、中国共产党对于国民政府之抗战及战后建国,应尽全力拥护之,并将其一切军队移交国民政府军事委员会统辖,国民政府并指派中共将领以委员资格参加军事委员会。

三、国民政府之目标本为中国共产党所赞同,即为实现孙总理之三民主义,建立民有、民治、民享之国家,并促进民主化政治之进步及其发展之政策。

除为有效对日作战之安全所必须者外,将照《抗战建国纲领》之规定,对于言论自由、出版自由、集会结社自由,及其他人民自由加以保障。①

---

① 参见《失去的机会?战时国共谈判实录》,杨奎松,广西师范大学出版社1995年版。

毛泽东、朱德会见赫尔利

在反复研读该方案后,22日上午周恩来和董必武再次来到赫尔利的住处,与国民党代表的宋子文、王世杰等会谈。周恩来直截了当地表示:"我这次代表中共中央出来谈判,目的在实现民主的联合政府,以谋全国团结、抗战胜利和友邦合作,而国民党方面的协定草案,则没有这个精神,我们是不同意和不满意的。"当天下午蒋介石召见周、董,表示革命党就是为实现民主的,我做的就是民主,不要要求,我自会做的。如果要求我来做,那就损害了政府的尊严、国家的威信。周恩来则说明:对三民主义国家及三民主义的元首是应该尊重的,但政府并非国家,政府是内阁,政府不称职,是应当调换的改组的。12月9日周恩来奉命撤回延安,国共谈判再陷僵局。1945年2月,美、英、苏三国在雅尔塔会议上共同决定在远东战后将支持以蒋介石为首的国民政府来统一中国。有如此公开支持,蒋介石随即开始准备和共产党开战了。4月8日,蒋介石就下达指令,要求各战区务必"于七月以前""集中全力以消灭奸匪之组织及武力"。抗战中的国共第三次谈判至此彻底破裂。

第七章
重庆谈判 三到延安

1945年8月15日,日本天皇裕仁宣布无条件投降。鞭炮响彻华夏大地,中国人民含泪欢呼这一伟大胜利。毛泽东在延安发表题为《抗日战争胜利后的时局和我们的方针》;蒋介石在重庆发表题为《抗战胜利对全国军民及全世界人士广播演说》:"我们所受到的凌辱和耻辱,非笔墨和语言所能罄述……我相信今后地无分东西,人不论肤色,所有的人们都一定像一家人一样亲密地携手合作……"在第二次世界大战结束之后,不仅饱尝动荡与死亡的中国人民希望和平,历尽劫难的世界人民希望和平,就是极大地影响着中国政治倾向的美苏两强也需要和平。

在美苏两大强国的影响下,国共和平谈判迅速被提上议事日程,理想与现实的矛盾发展,战争与和平交错进行,国共美苏以及中国各种政治势力围绕着和与战的问题,展开激烈的斗争。作为国民党方面始终坚持国共合作的代表人物,张治中再一次被推上国共两党谈判的前沿奔波于重庆延安之间。

第一节 国共关系影射美苏矛盾

日本刚宣布无条件投降,1945年8月15日,在赫尔利和美国的影响下,蒋介石即致电毛泽东,邀请毛泽东"克日惠临陪都",共同商讨国家大计。抗战期间,美国总统罗斯福即一直希望国共两党能消除矛盾,团结抗日,先是派副总统华莱士访华,继而通过驻华大使高斯劝说,甚至表示愿意亲自出面调解。1944年9月罗斯福再派特使赫尔利到重庆,11月赫尔利到延安直接和毛泽东谈判,草签《延安协定》5条。赫尔利希望促成毛泽东到重庆和蒋介石见面,协商解决问题,毛泽东也愿意来重庆,但由于蒋介石拒绝在《延安协议》上签字使希望变失望。不过赫尔利对促成蒋介石与毛泽东见面仍有期待,在1945年8月15日凌晨《中苏友好同盟条约》(该条约表明苏联有意帮助促成中国军队的统一,支持国民政府)签字后,蒋介石感到解决中共问题的最佳时机到了,遂对赫尔利重提邀请毛泽东来重庆谈判的建议,赫尔利欣然接受。

中国人民用血肉之躯铺筑了通往民族解放之路。图为四川民工奋力拖拉巨碾,修建机场,后方正在起飞盟军轰炸机的情形。

8月20日,蒋介石再电毛泽东,谓之"期待正殷,而行旌迟迟未发,不无歉然";23日,毛泽东接到蒋介石的第三通电报,称"二十二日电诵悉。承派周恩来先生来渝洽商,至为欣慰!唯目前各种重要问题,均待与先生面商。时机迫切,仍盼先生能与周恩来先生惠然偕临,则重要问题方能迅速解决,兹已准备飞机迎迓,特再驰电速驾"。对于蒋介石的邀请,中共方面最初是拒绝的。8月13日,毛泽东在延安召开干部会议,指责蒋介石为"中国大地主大资产阶级的政治代表",是"一个极端残忍和极端阴险的家伙","消极抗战,积极反共,是人民抗战的绊脚石"。他说,抗战胜利的果实应该属谁?这是很显然的。比如一棵桃树,树上结了桃子,这桃子就是胜利果实。桃子该由谁摘？这要问桃树是谁栽的，谁挑水浇的。蒋介石蹲在山上一担水也不挑，现在却把手伸得老长要摘桃子。他没有摘桃子的权利，我们解放区的人民天天浇水，最有权利摘的应该是我们。8月16日，毛泽东为新华社撰写评论《人民公敌蒋介石发出了内战讯号》，公开点明"人民公敌蒋介石"，指责蒋介石"叛变了孙中山的三民主义和1927年的大革命"，"将中国人民推入了十年内战的血海"，"引来了日本帝国主义的侵略"。这表明中共对蒋介石的批判已达最高点，准备与蒋介石彻底决裂。

南京国民政府代表王世杰在《中苏友好同盟条约》上签字，斯大林（后排右二）目睹条约签署

然而这一切，在莫斯科来电后戛然而止。在接到蒋介石的邀请电后，毛泽东曾通过苏共在延安的代表彼得·弗拉基米洛夫（孙平）征求斯大林的意见。8月18日，原共产国际领导人季米特洛夫和原苏联驻华大使潘友新一起起草致毛泽东的复电，认为"形势发生了根本性的变化"，"建议中国共产党人改变对蒋介石政府的路线"。19日，莫洛托夫批准季米特洛夫等所起草的电稿。关于此电，周恩来1960年7月31日在北戴河会议上回忆说，8月22日或23日，那个电报来了，现在不存在了，那时常委们都看了，大概烧了。电报没有使用苏共的名义，而是苏维埃俄罗斯共和国中央委员会致中共中央。电报说："中国一定不能打内战，如果打内战，中华民族就要毁灭。"刘少

奇补充说:"他们说我们的路线是错误的路线,要重新考虑我们的路线。"8月23日,莫斯科再发一电称:"我们在14、20日已经忠告过。中国不能再度打内战,如中国再打内战,中国民族就进入灭亡之路。"苏联方面并指出,尽管蒋介石想打内战消灭你们,但是蒋介石已再三邀请你(毛泽东)去重庆协商国事,在此情况下,如果一味拒绝,国内、国际各方面就不能理解了。如果打起内战,战争的责任由谁承担?你(毛泽东)到重庆去同蒋介石会谈,安全由美、苏两家负责。

对于斯大林的意见,中共方面不能不认真考虑并尊重。8月23日下午,中共中央政治局在延安枣园召开扩大会议,毛泽东对蒋的政策和态度已经发生了明显的变化。会上,毛泽东指出内战可以避免,中国需要和平。和平是能取得的,因为苏、英、美需要和平,不赞成中国内战;中国需要和平,过去是大敌当前,现在是疮痍满目;前方各解放区损失很大,人民需要和平,我们需要和平;国民党也不能下决心打内战,因摊子没摆好,兵力分散,内部有矛盾。我们提出"和平、民主、团结"这三大口号是有现实基础的,是能够得到国内外的广泛认同的。尽管如此,毛泽东也清醒地认识到,蒋介石想消灭共产党的方针没有改变,和平是暂时的,他要医好自己的疮疤,壮大自己的力量,以便等待机会消灭我们。我们要充分利用这个暂时的和平时期。从这个讲话可以看出,毛泽东决定改变方针并不仅仅是对莫斯科的消极顺从,而是在莫斯科来电的启发下深思熟虑的结果。

会议讨论并通过周恩来起草的谈判条件《目前的紧急要求》,共12条,毛泽东增加2条,后归纳为6条。这六条的内容是:

一、承认中国解放区的民选政府和抗日军队,撤退包围与进攻解放区的军队,以便立即实现和平,避免内战。

二、划定八路军、新四军及华南抗日纵队接受日本投降的地区,并给予他们以参加处置日本的一切工作的权利,以昭公允。

三、严惩汉奸,解散伪军。

四、公平合理地整编军队,办理复员,救济难胞,减轻赋税,以苏民困。

第七章　重庆谈判　三到延安

五、承认各党派合法地位,取消一切妨碍人民集会、结社、言论、出版自由的法令,取消特务机关,释放爱国政治犯。

六、立即召开各党派和无党派代表人物的会议,商讨抗战结束后的各项重大问题,制定民主的施政纲领,成立举国一致的民主联合政府,并筹备自由无拘束的普选的国民大会。①

这六条,是中共最初提出的重庆谈判的条件,后来被称为"六大原则"。

8月24日,毛泽东复电蒋介石云:"梗电诵悉,甚感盛意。鄙人极愿与先生相见,商讨和平建国大计,俟飞机到,恩来同志立即赴渝晋谒,弟亦准备随即赴渝。晤教有期,特此奉复。"25日晚,中共中央政治局的七位委员与自重庆回延安的王若飞反复权衡,讨论一夜,决定让毛泽东与周恩来、王若飞一起动身,立即去重庆谈判。26日,中共中央下发《关于同国民党进行和平谈判的通知》,通知反映中共对形势的认识有了重大变化,从中国一定会爆发内战发展为有可能避免内战。中共政策也就相应变化,进入"和平发展的新阶段"。27日,《解放日报》刊发8月23日政治局扩大会议通过的《中共中央对目前时局宣言》,要求国民政府立即实施六条紧急措施。中共表明"愿意与中国国民党及其他民主党派,努力求得协议,以期各项紧急问题得到迅速解决,并长期团结一致,彻底实现孙中山的三民主义"。

张治中与周恩来早在黄埔军校时期就结下深厚友谊,又是从未与中共军队作战的国军高级将领,在国共问题上一贯主和,赢得中共的信任。蒋介石指定张治中作为他的代表,由美国

毛泽东到机场欢迎张治中、赫尔利,并同他们一起乘车去延安城

---

① 参见《宪制道路与中国命运:中国近代宪法文献选编:1840—1949》下卷,徐辰编著,中央编译出版社2017年版。

驻华大使、代表美国政府调停国共纠纷的赫尔利陪同,坐专机于8月27日抵达延安,迎接毛泽东到重庆谈判。这也是对毛泽东安全的保证。

中共方面的态度变化使得斯大林很高兴。斯大林对美国驻苏大使哈里曼表示,他相信国民党和中共之间会达成一系列协议,因为这对双方都有利。哈里曼随即将斯大林的这一表态通知了赫尔利。

第二节 重庆谈判

28日下午,毛泽东、周恩来、王若飞在张治中、赫尔利的陪同下,乘专机飞抵重庆九龙坡机场。到机场迎接的,除蒋介石派出的私人代表、国民党中央执行委员周至柔外,国民参政会秘书长邵力子、副秘书长雷震,民主党派人士张澜、沈钧儒、左舜生、章伯钧、陈铭枢、谭平山、黄炎培、冷御秋、陶行知、郭沫若夫妇等,以及数十位中外记者也在九龙坡机场等待毛泽东的到来。

毛泽东在机场发表了简短谈话,指出:"现在抗日战争已经胜利结束,中国即将进入和平建设时期,当前时机极为重要。目前最迫切者,为保证国内和平,实施民主政治,巩固国内团结。国内政治上军事上所存在的各项迫切问题,应在和平、民主、团结的基础上加以合理解决,以期实现全国之统一,建设独立、自由与富强的新中国。希望中国一切抗日政党及爱国志士团结起来,为实现上述任务而共同奋斗。"

在机场,毛泽东与欢迎者一一握手,并应中外记者之邀,和周恩来、赫尔利、张治中等合影,然后一起上了美国大使馆的防弹车,直奔上清寺张治中公馆——桂园。就在张治中安排毛泽东吃

毛泽东在重庆机场与欢迎者合影

饭之际,他接到蒋介石的电话,告知晚上在林园宴请毛泽东。林园坐落在重庆西郊歌乐山区,风景优美,原是为蒋介石建的,后被国府主席林森看上,所以就成了林公馆,又叫"林园"。1943年5月林森坐车进城,途中与一辆美国军车相撞,导致脑出血。两个多月后,林森病逝,蒋介石遂返回林园居住。林园有3幢别墅,分别称一号楼、二号楼、三号楼,蒋介石住一号楼,称"中正楼";宋美龄住二号楼,称"美龄楼"。两楼之间有过道相通。三号楼作会议、办公之楼。蒋介石为了表示对毛泽东的礼遇,也为了保证毛的安全,准备把"美龄楼"让给毛泽东住,当时外界纷纷为毛泽东的安全担心,蒋介石也生怕毛发生意外,毛泽东是他请来的,如果出了什么事,他也脱不了干系。

历史铭记林园,毛泽东与蒋介石,这对殊死作战近20年的对手,今日在这里握手言欢。一个操浙江官话,一个湖南口音,一个一身戎装,一个一身中山装,开始面对面谈话。蒋介石称呼毛泽东"润之",毛泽东称呼蒋介石"蒋先生"。蒋介石盛宴招待毛泽东,为中共代表团洗尘。虽然蒋介石平时滴酒不沾,毛泽东的酒量也不大,此刻二人却几度举杯,互祝身体健康。

是夜,蒋介石在日记中写道:"正午会谈对毛泽东应召来渝后之方针,决心诚挚待之。政治与军事应整个解决,但对政治之要求予以极度之宽容,而对军事则严格之统一不稍迁就。"毛泽东宿于林园二

林园二号楼

号楼底层东屋,王若飞住底层西屋,周恩来则住在林园三号楼。毛泽东虽旅途劳顿,但辗转难眠。向来晚睡晚起的毛泽东,在29日清早5点多就走出卧室,沿着林间小道踱步。孰料,蒋介石竟从对面踱步而来,四目相视,二人都感到意外。二人遂在小道旁的石凳上坐下来,漫无定规地闲话,直至早餐时间才道别而去。

从毛泽东准备来重庆谈判,他的安全就成了周恩来的一块心病。29日,毛泽东在林园又住了一夜,便决心离去。他对周恩来说,林园戒备森严,我简直成了"笼中之鸟"!周恩来亦有同感,于是便向蒋介石提出,中共代表团还是住十八集团军重庆办事处红岩村为好。于是,毛泽东一行即于30日迁往红岩村。但他们很快发现红岩村也不合适,这里地方狭小,地点太偏僻,给来访者带来诸多不便,更是国民党特务监视的重点地区。

住林园,戒备森严,安全没问题,但不能接触有关人士,犹如被软禁;住红岩村,与相关人士接触倒是方便,可安全又没有保障。就在周恩来为毛泽东的住处伤透脑筋的时候,张治中主动找到周恩来,决定把自己的公馆桂园让出来,作毛泽东在重庆期间的临时公馆,他们全家搬到中央训练团的一个小院暂住。桂园原为国民政府财政部四川特派员关吉玉的产业。随着抗战爆发,国民党迁都重庆后,被陈诚租下作官邸。张治中到重庆任职委员长侍从室主任后,见桂园邻近蒋介石的上清寺官邸和侍从室,而陈诚任第六战区司令长官常驻湖北恩施,几乎不回重庆,于是便与陈诚商量,将桂园转租过来。桂园为两层小楼结构,二楼是五六间卧室,一楼是会客室、餐厅、秘书室等。院子大门朝东开,门口有传达室、汽车间,院子西面是警卫员室,常住一

桂园小客厅,毛泽东就是在这儿接待各方来访者

第七章 重庆谈判 三到延安

个手枪班;北面有一排平房,为工作人员及勤杂人员的住房。桂园地点适中,紧邻马路,汽车进出方便,距红岩村及曾家岩、周公馆都不远,马路对面就是蒋介石的侍从室和城内官邸。因此这一带也是戒备森严,特务反而不便活动。

同时,考虑到毛泽东在重庆期间,各方人士来访频繁,张治中特意将熟悉各方情况的家族晚辈、政治部部附张家惠留下,负责接待工作;将夫人洪希厚的家族女性晚辈洪兴华留下,负责洗衣被和清洁卫生工作。张治中并向周恩来建议,由他家乡子弟兵组成的政治部警卫营担任桂园警卫工作,这个营官兵忠诚可靠。但周恩来考虑到重庆情况复杂,既有散兵游勇,又有袍哥帮会,这些家伙普通警卫人员难以约束,还是商请派宪兵担任警卫工作比较有把握。张治中遂与宪兵司令张镇商量,宪兵很快警戒到位。张治中将政治部警卫营的人换上便衣,负责内卫,并再三向他们强调:"保卫毛泽东主席,要胜过我十倍"。至此,毛泽东的办公、会客、休息及安全等几大难题迎刃而解。毛泽东在重庆谈判前后43天,其中40天的时间,白天大多在桂园工作、会客及休息,晚上则回红岩村睡觉。

国共谈判地点——林园三号楼

举世瞩目的国共两党谈判在林园三号楼(也叫马歇尔公馆)举行。蒋介石派出的代表是外交部长王世杰、四川省政府主席张群以及张治中、邵力子;毛泽东派出的代表是周恩来、王若飞。两方代表正式谈判之前,蒋介石、毛泽东作了一次交谈,蒋介石说:"政府方面之所以不先提出具体方案,是为了表明政府对谈判并无一定成见,愿意听取中共方面的一切意见。希望中共方面本着精诚坦白之精神,知无不言,言无不尽。"蒋介石的这一段话,后来常常被作为他对重庆谈判毫无诚意,只是作一个和平姿态,没有准备的证据,其实这是蒋介石后发制人的一种手段。早在28日,蒋介石就在日记中写下谈判方针,并向国民党代表宣布谈判三原则,即不得在现政府法统之外来谈改组政府问题;必须现时整个解决一切问题;所有问题必须以政令、军令之统一为中心。这就是蒋介石为重庆谈判定下的调子。毛泽东则说:"中共希望通过这次谈判,使内战真正结束,实现国家永久和平。"

经过几天的初步交谈,周恩来、王若飞于9月3日提出中共《谈话要点》11条,全文如下:

一、确定和平建国方针,以和平、团结、民主为统一的基础,实行三民主义(以民国十三年国民党第一次代表大会之宣言为标准)。

二、拥护蒋主席之领导地位。

三、承认各党各派合法平等地位并长期合作和平建国。

四、承认解放区政权及抗日部队。

五、严惩汉奸,解散伪军。

六、重划受降地区,参加受降工作。

七、停止一切武装冲突,令各部队暂留原地待命。

八、结束党治过程中,迅速采取各项必要措施,实行政治民主化、军队国家化、党派平等合作。

九、政治民主化之必要办法;

(一)政治会议即党派协商会议,以各党派代表及若干无党派人士组织之,由国民政府召集,其讨论事项如下:

1.和平建国大计;

2. 民主实施纲领;

3. 各党派参加政府问题;

4. 重选国民大会;

5. 复员善后问题。

(二)确定省、县自治,实行普选,其程序应由下而上。

(三)解放区解决办法:

1. 山西、山东、河北、热河、察哈尔五省主席及委员由中共推荐;2. 绥远、河南、安徽、江苏、湖北、广东六省由中共推荐副主席;

3. 北平、天津、青岛、上海四直辖市由中共推荐副市长;

4. 参加东北行政组织。

(四)实施善后紧急救济。

十、军队国家化之必要办法;

(一)公平合理整编全国军队,分期实施,中共部队改编为十六个军四十八个师;

(二)重划军区,实施征补制度,中共军队集中淮河流域(苏北、皖北)及陇海路以北地区(即中共现驻地区);

(三)保障整编后各级官佐;

(四)参加军事委员会及所属各部工作;

(五)设北平行营及北平政治委员会,由中共推荐人员分任;

(六)安置编余官佐;

(七)解放区民兵由地方编作自卫队;

(八)实行公平合理之补给制度;

(九)确定政治教育计划。

十一、党派平等合作之必要办法。

(一)释放政治犯;

(二)保障各项自由,取消一切不合理的禁令;

(三) 取消特务机关(中统、军统等)。①

蒋介石看了中共的《谈话要点》，在日记中写道："脑筋深受刺激"。遂亲自拟定《对中共谈判要点》(以下简称《要点》)交给张治中等国民党谈判代表。《要点》开头即说："中共代表们昨日提出之方案，实无一驳之价值。倘该方案之第一、二条尚有诚意，则其以下各条在内容上与精神上与此完全相矛盾，即不应提出。"蒋介石提出4条具体意见，一是军队问题，中共军队之编组以12个师为最高限度，驻地可由中共提出具体方案，经双方商讨决定；二是解放区问题，绝对不承认解放区，只要中共对于军令政令之统一能真诚做到，各级行政人员经中央考核后可酌予留任或参加政府；三是政治问题，拟改组国防最高委员会为政治协商会议，由各党派和无党派人士参加，中央政府的组织与人事暂不动，中共方面如欲参加，中央亦可予以考虑；四是国民大会问题，原当选之国民大会代表仍然有效，中共如欲增加代表，除已当选者外，可酌量增加名额。

9月12日，蒋介石在官邸约见毛泽东、周恩来并共进午餐

军队问题是双方争论的焦点，终因差距太大，谈判一度陷入僵局。9月

---

① 参见《张治中回忆录》，华文出版社2007年版。

第七章　重庆谈判　三到延安

8日,双方继续谈判,张群拿出一份《对于中共九月三日提案之答复》,对中共提出的基本要求大多加以拒绝。周恩来则建议,对少数已获得双方同意的款项即可认为解决;未一致者再继续商谈。其后,国共两党代表进行了6次谈判。12日,毛泽东、周恩来同蒋介石、张群、邵力子、张厉生就军队整编问题进行商谈。17日,毛泽东又同蒋介石、赫尔利就军队和解放区问题进行商谈。为打破僵局,周恩来在同毛泽东商议后决定做出让步。他在19日对张群、邵力子、张治中说:"赫尔利大使拟议中央与中共军队之比数为五分之一,我方以此比例考虑,愿让步至七分之一,即中央现有263个师,我方应编有43个师……如中央军队缩编为60个师,中共应为10个师;中央军队如缩编为120个师,中共应有20个师。"关于军队驻地,"我方拟将海南岛、广东、浙江、苏南、皖南、湖北、湖南、河南境内黄河以南等8个地区之军队撤退,集中于苏北、皖北及陇海路以北地区,此为第一步","第二步再将苏北、皖北、豫北三地区之军队撤退,而将中共所有之43个师集中驻防于山东、河北、察哈尔、热河与山西之大部分,绥远之小部分,与陕甘宁边区等7个地区。至于解放区亦随军队驻地之规定而合一。"但国民党代表仍不肯接受,在21日会谈时表示,中共军队整编不能超过5个军16个师。

在解放区问题方面,双方也相持不下。周恩来同毛泽东商议后,在会谈时也作出让步,提出山东、河北、察哈尔、热河4省与陕甘宁边区之主席,由中共推荐;山西、绥远两省之副主席,天津、北平、青岛之副市长,由中共推荐人士充任;苏北、皖北、豫北之地区,中共军队撤退前,其专员、县长由中共委任;北平行营由中共主持,并仿东北行营例设政治委员会,由中共负责。但国民党代表仍不肯接受,坚持认为中共军队悉数撤退至黄河以北,据有黄河以北之地区,岂不是分疆而治?中共方面如有何人可任省主席,何人可任厅长、委员,尽管开列名单,自会量才任用,而不指定何省应划归中共推荐何人任主席、厅长、委员。此外,在国民大会和政治会议问题上,双方也都发生争议。

三个星期的谈判,中共方面表现出通过谈判谋求和平的真诚愿望和耐心,并一再作出巨大让步,而国民党方面却不顾现实状况,一再使用高压手段,这些都使中国共产党赢得了国民党统治区广大人民群众的同情,中间力量也普遍认为中共已经做到仁至义尽,为中共感到不平。鉴于照原样谈下去已难有成效,21日会谈后,周恩来、王若飞开始改变方略,中断同国民党代表的谈判,转向各民主党派及国民党内的民主派和文化界、新闻界、产业界、妇女界等广泛解释中国共产党的主张,说明导致谈判陷入僵局的真相。

国民党方面也感到高压无法使中共屈服,而这次谈判为世人瞩目,如果谈判破裂或无结果,他们向国内外都难以交代,故主动要求重新谈判。重新谈判后,进展比前一阶段要顺利一些。在军事问题上,中共表示在公平合理整编全国军队的条件下,愿将领导的抗日军队缩编至24个师,至少20个师的数目。对此张治中曾向蒋介石进言,中共有100多万正规军、200多万民兵,现在愿意裁减为20至24个师,这是很大让步。而我们除陆军师外,还有海军、空军;陆军中除步兵外,还有骑兵、工兵、炮兵、辎重兵、防空兵、防化兵等,这也是中共所没有或很少的。在整个兵力上,我们占绝对优势,应早日达成协议,以免夜长梦多。蒋介石见张治中如此为中共说话,斥问他代表哪方说话,并以讥讽的口吻对在场的人说:"我正在同共产党的代表谈判!"对于张治中在重庆谈判中的立场,当时担任周恩来秘书的童小鹏曾经说:"张治中虽然是站在国民党的立场,但他始终是希望国共合作共同建国的。"最终,国民党方面表示全国军队整编计划正在进行中,此次提出商谈的各项问题如能全盘解决,则中共所领导的抗日军队缩编为20个师可以考虑。

在解放区问题上,中共所提要求遭到拒绝后,又提议在解放区重新进行县级民选,选出县长与县参议会;凡一省或一行政区有过半数县已实行民选者,由县参议会产生省参议会,省参议会选举省长与委员,呈请中央委任。国民党方面仍不肯同意。27日,周恩来同毛泽东商议后,提出"暂维现状,即现在各省政府所能治理之地,由省府治理之,省府不能治理者,由解放区治理之"。双方仍未达成协议,但同意继续商谈。

在国民大会问题上,中共方面原来提出重选国大代表、延缓国大召开日期,修改国民大会组织法、选举法和《五五宪法草案》。国民党方面表示,国大已选代表应为有效,名额可增加。双方同意将此问题提交政治协商会议解决。

对政治协商会议问题,双方同意在结束训政、实施宪政以前设政治协商会议,由国民政府召集,各党各派及社会贤达推荐代表出席,协商和平建国方案与召开国民代表大会问题。出席会议的代表人数,原来商定国民党、共产党、民主同盟、社会贤达各9人。党派代表由各党派自行推选,社会贤达代表由国共双方协商推定。当民盟正在酝酿推选代表时,原来包括在民盟之内的青年党忽然提出一定要5个名额,并要作为独立单位参加政协。这就使民盟处于十分为难的境地。中共最初不承认青年党作为独立单位,并且坚持民盟的9个代表席位不能减少,而国民党方面则坚持青年党应有5个代表。周恩来为此同各方面进行反复磋商。最后各方达成妥协,民盟仍保持9个代表席位,青年党有5个代表。为了保持民盟的9个席位,中共让出2个名额,国民党让出1个名额。这样,政治协商会议代表总人数从原来的36人,增加为38人。

鉴于谈判已取得进展,周恩来在10月2日会谈将结束时建议,将一个月来的谈话记录整理出来,其中的建国方针、军事问题、政治协商会议问题

10月10日,国共双方代表签订了《政府与中共代表会谈纪要》,即《双十协定》

等,择其能发表者发表之,以解人民之渴望。国民党方面表示同意。鉴于这时进犯上党解放区的阎锡山部被解放区军民击败(上党战役全歼进犯阎军35000人),毛泽东提出要返回延安。这样在10月7日以后国民党方面态度缓和下来。10月8日,周恩来将他起草的《会谈纪要》提交讨论。这份《会谈纪要》写得很有特色,不仅把双方已一致同意的内容在文字上确定下来,还对没有取得一致意见的问题也分别予以说明双方各自的看法,表明继续商谈的愿望。双方就《会谈纪要》进行讨论,并作出修改。

10月10日下午,《政府与中共代表会谈纪要》(即《双十协定》)终于在桂园一楼签字。当场签字的有中共代表周恩来、王若飞和国民党代表王世杰、张治中、邵力子,张群为后来补签的名字。签字后,毛泽东下楼和在场者一一握手。12日,《会谈纪要》由国共双方公布。全文如下:

中国国民政府蒋主席于抗战胜利后,邀请中国共产党中央委员会主席毛泽东先生,商讨国家大计。毛先生于八月二十八日应邀来渝,进见蒋主席,曾作多次会谈;同时双方各派出代表,政府方面为王世杰、张群、张治中、邵力子四先生,中共方面为周恩来、王若飞两先生,迭在友好和谐的空气中进行商谈,已获得左列之结果,并仍将在互信互让之基础上,继续商谈,求得圆满之解决。兹特发表会谈纪要如下:

一、关于和平建国的基本方针,一致认为中国抗日战争,业已胜利结束,和平建国的新阶段即将开始,必须共同努力,以和平、民主、团结、统一为基础,并在蒋主席领导之下,长期合作,坚决避免内战,建设独立、自由和富强的新中国,彻底实行三民主义。双方又同认蒋主席所倡导之政治民主化、军队国家化及党派平等合法,为达到和平建国必由之途径。

二、关于政治民主化问题,一致认为应迅速结束训政,实施宪政,并应先采必要步骤,由国民政府召开政治协商会议,邀集各党派代表及社会贤达协商国是,讨论和平建国方案及召开国民大会

第七章 重庆谈判 三到延安

各项问题。现双方正与各方洽商政治协商会议名额、组织及其职权等项问题,双方同意一俟洽商完毕,政治协商会议即应迅速召开。

三、关于国民大会问题,中共方面提出重选国民大会代表,延缓国民大会召开日期及修改国民大会组织法、选举法和《五五宪法草案》等三项主张,政府方面表示:国民大会已选出之代表,应为有效,其名额可使之合理的增加和合法的解决,《五五宪法草案》原曾发动各界研讨,贡献修正意见,因此双方未能成立协议。但中共方面声明:中共不愿见因此项问题之争论而破裂团结,同时双方均同意将此项问题,提交政治协商会议解决。

四、关于人民自由问题,一致认为政府应保证人民享受一切民主国家人民在平时应享受身体、信仰、言论、出版、集会结社之自由,现行法令当依此原则,分别予以废止或修正。

五、关于党派合法问题,中共方面提出:政府应承认国民党共产党及一切党派的平等合法地位;政府方面表示:各党派在法律之前平等,本为宪政常轨,今可即行承认。

六、关于特务机关问题,双方同意政府应严禁司法和警察以外机关,有拘捕、审讯和处罚人民之权。

七、关于释放政治犯问题,中共方面提出:除汉奸以外之政治犯,政府应一律释放;政府方面表示:政府准备自动办理,中共可将应释放之人提出名单。

八、关于地方自治问题,双方同意各地应积极推行地方自治,实行由下而上的普选,惟政府希望不以此影响国民大会之召开。

九、关于军队国家化问题,中共方面提出:政府应公平合理地整编全国军队,确定分期实施计划,并重划军区,确定征补制度,以谋军令之统一。在此计划下,中共愿将其所领导的抗日军队由现有数目缩编至二十四个师至少二十个师的数目,并表示可迅速将其所领导而散布在广东、浙江、苏南、皖南、皖中、湖南、湖北、河南（豫北不在内）八个地区的抗日军队着手复员，并从上述地区逐步撤退应整编的部队至陇海路以北及苏北皖北的解放区集中。政府方面表示：全国整编计划正在进行，此次提出商谈之各项问题，果能全盘解决，则中共所领导的抗日军队缩编为二十个师的数目可以考虑。关于驻地问题，可由中共方面提出方案，讨论决定。中共方面提出：中共及地方军事人员应参加军事委员会及其各部的工作，政府应保障人事制度，任用原部队人员为整编后的部队的各级官佐，编余官佐，应实行分区训练，设立公平合理的补给制度，并确定政治教育计划。政府方面表示：所提各项均无问题，亦愿商谈详细办法。中共方面提出：解放区民兵应一律编为地方自卫队。政府方面表示：只能视地方情势有必要与可能时，酌量编置。为具体计划本项所述各问题起见，双方同意组织三人小组（军令部、军政部及第十八集团军各派一人）进行之。

十、关于解放区地方政府问题，中共方面提出：政府应承认解放区各级民选政府的合法地位。政府方面表示：解放区名词在日本无条件投降以后，应成为过去，全国政令必须统一。中共方面开始提出的方案为：依照现有十八个解放区的情形，重划省区和行政区，并即以原由民选之各级地方政府名单呈请中央加委，以谋政令之统一。政府方面表示：重划省区变动太大，必须通盘筹划，非短时间所能决定。同时政府方面表示：依据蒋主席曾向毛先生表示，在全国军令政令统一以后，中央可考虑中共所荐之行政人选，收复区内原任抗战行政工作人员，政府可依其工作能力与成绩，酌量使其继续为地方服务，不因党派关系而有所差别。于是中共方面提出第二种解决方案：请中央于陕甘宁边区及热河、察哈尔、河北、山东、山西五省委任中共推选之人员为省府主席及委员，于绥远、河南、江苏、安徽、湖北、广东六省，委任中共推选之人为省府副主席

第七章　重庆谈判　三到延安

及委员（因以上十一省或有广大解放区，或有部分解放区），于北平、天津、青岛、上海四特别市，委任中共推选之人为副市长，于东北各省容许中共推选之人参加行政。此事讨论多次后，中共方面对上述提议，有所修改，请委任省府主席及委员者，改为陕甘宁边区及热察冀鲁四省，请委省府副主席及委员者，改为晋绥两省，请委副市长者改为平、津、青岛三特别市。政府方面对此表示：中共对于其抗战卓著勤劳，且在政治上具有能力之同志，可提请政府决定任用，倘要由中共推荐某某省主席及委员、某某省副主席等，则即非真诚做到军令政令之统一。于是中共方面表示：可以放弃第二种主张，改提第三种解决方案，由解放区各级民选之政府，重新举行人民普选，在政治协商会议派员监督之下，欢迎各党派、各界人士还乡参加选举。凡一县有过半数区乡已实行民选者，即举行县级民选，凡一省或一行政区有过半数县已实行民选者，即举行省级或行政区级民选，选出之省区县级政府，一律呈请中央加委，以谋政令之统一。政府方面表示：此种省区加委方式仍非谋政令之统一，惟县级民选加委，可以考虑，而省级民选须待宪法颁布，省的地位确定以后方可实施，目前只能由中央任命之省政府前往各地接管行政，俾即恢复常态。至此中共方面提出第四种解决方案：各解放区暂维现状不变，留待宪法规定民选省级政府实施后，再行解决，而目前则规定临时办法，以保证和平秩序之恢复。同时中共方面认为可将此项问题，提交政治协商会议解决。政府方面则以政令统一，必须提前实现，此项问题久悬不决，虑为和平建设之障碍，仍亟盼能商得具体解决方案。中共方面表示同意继续商谈。

十一、关于奸伪问题，中共方面提出严惩汉奸，解散伪军。政府方面表示：此在原则上自无问题，惟惩治汉奸要依法律行之，解散伪军亦须妥慎办理，以免影响当地安宁。

十二、关于受降问题，中共方面提出：重划受降地区，参加受降工作。政府方面表示：参加受降工作，在已接受中央命令之后，自可考虑。

中华民国三十四年国庆纪念日于重庆

王世杰
张群（为后补签名）
张治中
邵力子
周恩来
王若飞①

第三节　护送毛泽东回延安

历时之长，过程之复杂，斗争之激烈的重庆谈判终于有了一个结果，和平的曙光已隐约可见。亲身经历谈判的国共两党代表，都有一种从未有过的轻松与愉悦。

谈判后期，主要条款已经达成共识，外界传言国民党特务将有不利于毛泽东的举动，一些民主人士在会见毛泽东时，也不断发出请他尽快离开重庆的劝告，否则可能会发生意外事件。为此，9月29日周恩来向张治中透露了中共中央欲安排毛泽东回延安之意。张治中问预定何时回去，周恩来答10月1日。张治中思忖了一下说："让毛泽东主席一个人回去不好，我不放心，既然是我去的延安接来毛泽东，当然应该由我护送他回去。"张治中说出了周恩来心中的话，有张治中亲自护送，毛泽东就能安全回到延安。

10月8日，张治中奉蒋介石之命，在军委会大礼堂为毛泽东举行盛宴饯行。出席盛宴的有国民参政会的参政员、新闻界、文化界、社会贤达，以及国民党党政军要员等，达五六百人。除蒋介石之外，差不多囊括重庆所有头面人物。酒会上，张治中首先致词。他说："毛先生以中国共产党中央委员会

---

① 参见《宪制道路与中国命运：中国近代宪法文献选编：1840—1949》下卷，徐辰编著，中央编译出版社2017年版。

主席的地位,应国民政府蒋主席的邀请,到重庆来商讨和平建国的大计。此事,不但为重庆人士所关怀,也为全国人士所关怀,也可以说为全世界人士所关怀,因此,大家对于毛先生的惠然莅临,一定感到莫大的欣慰。毛先生

10月8日,张治中为会谈成功、毛泽东即将返回延安举行欢送会

到重庆已经40天了。他和蒋主席谈了好几次,政府代表邵力子先生、张岳军先生、王雪艇先生与本人也和周恩来、王若飞两先生,有时与毛泽东先生谈,一共谈了好多次。谈的结果怎样,这是大家所最关心的。外间有种种传说,今天想趁这个机会向大家很忠实地报告一个概要……在民主、和平的基础上建国,在蒋主席领导下实行三民主义,这些大原则是毛先生提出来的,我们的意见完全一致,大家都认为和平、民主、统一、团结是今天中国所必需遵从的大原则……谈判的成功已经有了百分之七十的希望,而且这剩余的百分之三十的距离……用尽种种的方法,继续在友好和谐的商谈中求得解决。"最后,张治中说:"毛先生到重庆已经有40天了,延安方面有很多事件亟待处理,所以他准备日内回延安去,所以我刚才说,今天的集会也是为了欢送他。毛先生来重庆,是本人奉蒋主席之命,偕同赫尔利大使迎接来的,现在毛先生回延安去,仍将由本人伴送去延安。"

接着,毛泽东发表简短的讲话,首先感谢张治中为他举行这样盛大的欢送会。他说,这次我们所谈的,不是一两个党派的问题,而是全国人民利害相关的问题。谈判情形良好,前途乐观。因为在法西斯德国和日本被打倒

后,世界是光明的,中国也是光明的,我们在这样的情势下来商谈团结、合作、统一的问题,当然是可乐观而且应该乐观的。这次战争全世界人民获得了光荣的胜利,我们中国尤其获得了空前的胜利,这种胜利把世界和中国都推进到一个新的阶段。在这一个阶段中,我们在一起商量团结、合作、和平建国的问题,具有异常重大的历史意义。商谈的结果,恰如刚才张先生所说,大部分问题得到解决,还有些问题亦正在继续商量解决,而且我们一定要用和平的方法去解决。"和为贵",除了和平的方法以外,其他的打算都是错的!中国需要30年乃至50年的和平建设,困难是存在的,我们大家不怕困难,在和平、团结、民主、统一的大原则下,在蒋先生的领导下,我们中国人民是可以克服任何困难的。我们这次的商谈,不是暂时的合作,而是长期的合作;不是一时的团结,而是永久的团结。我们要互谅互信,共同一致,克服困难,一定可以建设新中国!

国共两党重要历史人物合影

第七章　重庆谈判　三到延安

酒会结束,毛泽东在张治中陪同下,兴致勃勃地观看寓意深刻的京剧《将相和》时,发生了十八集团军驻渝办事处秘书、《新华日报》编辑记者李少石被枪击受伤不治的"李少石事件"。李少石的夫人廖梦醒,是国民党元老廖仲恺、何香凝的长女,廖承志的姐姐。据传李少石被枪杀,是因为他的长相颇像周恩来,国民党士兵原本是要暗杀周恩来的!且李少石遭枪击处,正是毛泽东每日必经之处。当时毛泽东白天在桂园,夜里回红岩村,来来回回都在这条道上。山城的空气骤然紧张。周恩来、张治中和宪兵司令张镇连夜展开彻查,至当夜二时查明案情:原来是驻壁山炮兵团的一个排,在中尉排长胡关台带领下到重庆领冬服,从城内回来,过了化龙桥在靠近嘉陵江的公路上休息,恰遇李少石乘坐的黑色小轿车,因车速过快,将在路边小解的士兵吴应堂撞伤倒地,下士班长田开福喝令停车,司机熊国华不但不停车,反而加速逃逸。田开福一气之下,就举枪射击,结果误伤李少石。应该说国共双方两个伤亡者都是无辜的,责任在司机熊国华和开枪者田开福。这就是让国共高层虚惊一场、被别有用心的人加以利用的"李少石事件"的来龙去脉。毛泽东为李少石题词:"李少石同志是个好共产党员,不幸遇难,永志哀思!"周恩来说:"这样一个好同志的不幸死去,实在是很大的损失。"

离开重庆前,蒋介石来桂园看望毛泽东,然后与毛泽东一起坐汽车前往国民政府,出席招待外宾的鸡尾酒会。是夜,毛泽东、周恩来、王若飞宿于林园。10月11日清早,毛泽东向蒋介石辞行,作最后一次晤谈,从此天各一方,再也没有见过面。

11日上午8时,蒋介石派陈诚代表他送毛泽东去机场。张澜、邵力子、陶行知、章伯钧、茅盾、郭沫若等到机场送行。9点45分,毛泽东乘坐绿色双引擎C-47型运输机,在张治中、王若飞的陪同下,飞往延安,周恩来留在重庆继续商谈

张治中护送毛泽东回到延安

未尽事宜。飞机降落延安机场时,张治中看到机场黑压压地站满了人,干部、群众、学生,男的、女的、老的、少的,在他们的表情里,流露出对党的领袖的欢悦与关切。这让张治中深为感动!

当天晚上,中共中央在杨家岭举行盛大晚会,对张治中的到来表示热烈欢迎,朱德总司令致欢迎词。张治中对毛泽东的一接一送,给中共留下极好的印象,感到他的确是一个为和平热心奔走,并愿意为之作出牺牲的爱国将军。12日,毛泽东、朱德、彭德怀等中共领导人与张治中共进早餐,进一步交换对时局的看法。早餐后,毛泽东亲自送张治中去飞机场。在车上,毛泽东再次赞扬张治中:"我在重庆调查过,大家都说你在政治部和青年团能做到民主领导,也不要钱,干部都愿意接受你的领导。"又重复在重庆时的话说:"你为和平奔走是有诚意的。"张治中说:"何以见得?"毛泽东举例说:"你把《扫荡报》改为《和平日报》就是一个例子。《扫荡报》是在江西围攻我们时办的,你要改名字,一定很有些人不赞成的。"毛泽东的细心和恳挚,让张治中深感温暖。

抗战胜利后,中国面临国共内战与国共携手和平建国两条道路的选择。在美苏两强的共同促进和推动下,重庆谈判以及随之召开的政治协商会议打开了后一条通道,但不幸的是此路未曾走通。

第四节　停战协定

抗战初胜,《政府与中共代表会谈纪要》(以下简称《会谈纪要》)签订不久,人民渴望和平,大家都幻想这个《会谈纪要》能够解决中国的战争与和平问题。但国共两党一方面在谈笑风生,握手言欢;另一方面都在抓紧调兵遣将,试图以武力击败对方。《会谈纪要》刚发表,国民党的《剿匪手本》和"剿匪密令"已经发出,不宣而战。毛泽东在内部讲话中也告诫大家,协议只是纸上的东西,并不等于现实。要把它变成现实,还要经过很大的努力。因此解放区的一枪一弹都必须保持,这是坚定不移的原则。

其实,对于《会谈纪要》本身,国共两党都不会十分重视,但民众的期望

《剿匪手本》书影

值很高。注意到这一点,国民党很快就意识到这里面大有文章可作。在《会谈纪要》发表之后,中共即发现新的政治协商会议只具有协商性质,对国民党并无约束力。在这种情况下召开政治协商会议,其未必不会像抗战期间的参政会一样,被国民党利用来压迫中共。中共越是不积极,国民党就越是表现热情,三番五次地提出立即召开政治协商会议,中共只能以国民党必须先停止进攻为由,拒绝马上召开政治协商会议。这个时候,中共为了要确保在华北的优势,并争取控制东北,晋冀鲁豫部队在冀南漳河一带发起平汉战役,成功策动国民党高树勋部起义,并歼灭其两个军;晋察冀部队针对国民党第十二战区试图接收绥远、察哈尔的作战行动,发动平绥战役,一度迫使十二战区傅作义部被迫后撤200公里,退缩于归绥、包头固守;华中军区组织津浦战役,夺取了津浦路济南南万德至徐州北韩庄段、陇海路徐州东新安镇至海州段、胶济路济南东张店至昌乐段,将中共山东和华中两大根据地连为一体。

眼看国共两党正在转入全面内战,而国民党军在华北的推进又接连受阻,王世杰和张群向蒋介石提出,必须想办法与中共签订一个暂时避免冲突的办法,否则内战一旦爆发,势将不可遏止。在蒋同意下,经过连番磋商,王世杰、张群于11月1日正式提出如下复案:

一、双方下令所属部队暂各驻守原地,不得对他方进攻。

二、中共在各铁路线之部队,移驻铁路十公里以外,中央对此移撤地区,除由路局警察维持铁路秩序外,不另派兵驻守。

三、由国民参政会组织交通监察团,推派参政员协同当地公正人士,赴各铁路线检查,随时将事实真相提出报告。

四、中央军队如在平绥、同蒲、正太、胶济、平汉北段、陇海东段、津浦北段各铁路线有运输之必要时,共同协商定之。

五、双方当于一个月内对于中共军队驻兵地区及其整编等事,商定根本办法,以利和平建国。

六、政治协商会议仍照预定计划召开。①

国民党的复案明显地做出了一些妥协。但因为平汉战役中高树勋军两师起义,国民党三十军、四十军正在被围歼中,中共方面对此建议并不满意,周恩来注意到国民党的复案意在"限制我不能解决被包围的敌伪军,及使我军离开铁路线,保障其已在点线的地位",以及全力解决东北问题。故周恩来当即回应中共主张的是铁路线上都不驻兵,不是只要中共军队撤离铁路线;所谓"各驻原地不得对他方进攻",这一原则不适用于被我所包围之敌伪军;北宁路及津浦南段运兵亦须事先经过协商。对此,国民党代表王世杰等坚决拒绝,称复案为蒋介石与政府军事负责人几经商讨决定的,不能修改,要求中共方面慎重考虑。次日,国民党方面再提下令停攻、各驻原地问题。因周恩来已了解到归绥战役进展顺利,平汉战役也接近尾声,华北所有铁路线均已被中共军队切断,国民党军从陆路进入东北的途径已被全面堵死,因此他只是"表面赞成",以须向延安请示为拖延之计。

高树勋起义影响深远。图为起义后,高树勋(左三)和邓小平(左一)、刘伯承(左四)等合影

---

① 参见《失去的机会? 战时国共谈判实录》,杨奎松,广西师范大学出版社 1995 年版。

第七章 重庆谈判 三到延安

中共利用蒋介石盲目轻敌,在华北兵力严重不足的情况下大举进攻的弱点,接连重创国民党,从而掌握了军事上的主动。国民党在政治宣传上却明显地转为主动,全国各大报纸纷纷报道中共军队大举进攻国军的消息,甚至之前站在中共一边的中间派也开始提出异议。苏联方面也认为中共在东北、华北问题上的主张火药味太重,强调在东北目前只能做,不能说,以免引起美国大规模助蒋内战。中共赞同苏联的意见,于11月8日正式要求国民党"负责向其所属部队立即命令实行下列四事:(一)全面停战;(二)从解放区撤退;(三)从八条铁路线撤退;(四)取消各地剿共命令,保证以后不再进攻"。与此同时,中共中央和周恩来等则在延安和重庆,用缴获的国民党的各种剿共指令和文件,来证明内战的爆发为国民党所为。11月10日,王世杰针对中共提议,代表国民党提出解决目前危机的四种办法。即:(一)先下令停战,各在原地不得进攻,然后再商谈一切;(二)定期召开政治协商会议,首先讨论停战问题;(三)先行停止进攻,撤出进占区,然后再讨论开会;(四)继续冲突,停止谈判。但周恩来明确表示:除非停止内战,否则一切无从谈起。

正是在这种情况下,12月15日,美国总统杜鲁门发布美国对华政策:国民政府军队与中国共产党及其他各种意见不同的武装力量间,应即设法停止敌对行动;应召集包括各主要政治力量的代表召开全国会议,筹商早日解决目前的内争的办法;美国承认现在的中华民国国民政府是中国唯一合法政府,它也就是达成中国团结统一这个目的之适当机构;美国保证不会使用军事干涉的方式影响中国的内争过程。

12月20日,美国驻华特使马歇尔上将抵达重庆,负责调处国共两党的纷争。为便于和马歇尔、周恩来开展谈判,蒋介石将远在新疆主持和谈的张治中调回充任首席代表,因为自国共谈判以来,张治中始终是主要参与人,其"和平将军"的称誉,已赢得美国人和中共的好感,而张治中原则性与灵活性相结合的谈判风格也让蒋介石放心。为促张治中尽快赶回重庆,蒋介石命路经新疆迪化去莫斯科,与苏联商谈东北经济合作的蒋经国,面见张治

马歇尔与蒋介石、宋美龄夫妇

中,带去蒋介石的口信,要求张立即回重庆,参与国共军事谈判。此时新疆问题尚未达成协议,张治中难以离开。蒋介石又来急电催促。张治中不得不把与伊宁方面代表的谈判做一了断,把双方已经获得的协议部分在1942年1月2日先行签字固定下来,其余留待以后再商谈。等张治中克服天气困难,于1月6日回到重庆时,蒋介石已任命四川省政府主席张群为临时代表,与周恩来、马歇尔等先行就停止内战、恢复交通等展开谈判。张群一见张治中回来就说:"本来你是代表,但久候不回才叫我暂代,现在你回来,我可以交班了。"张治中说:"那不行,你们已谈了一半,我怎能插手?等你先把停战问题谈妥了再说吧。"

12月27日,苏、美、英三国外长莫斯科会议发表关于中国问题的公报,宣称"必须在国民政府领导下实现中国的团结与民主化,广泛地吸收民主分子到国民政府的一切机构中"。与此同时,国共代表在马歇尔的调处下展开连番谈判,中共代表为周恩来、董必武、叶剑英、王若飞,国民党代表为王世杰、张群、邵力子。1946年1月5日,国共双方代表达成了《关于停止国内军事冲突的协定》,10日,双方代表又签订并发布了《关于停止国内冲突的命令和声明》。以上文件称之为国共"停战协定"。

《关于停止国内军事冲突的协定》商定:(一)停止国内各地一切军事冲突并恢复一切交通,关于停止冲突及恢复交通之命令依第二项之规定商定之。(二)因国内军事冲突及交通阻塞等事,与我国对盟邦所负有之受降及遣送敌俘等义务有关,故应由政府与中共各派代表一人会同马歇尔将军从速商定办法,提请政府实施。(三)国民参政会驻会委员会及政治协商会议,各推定国共两党当事人以外之公正人士八人,组织军事考察团,会同国共双方,在发生冲突区域考察军事状况、交通情形以及其他与国内和平恢复有关事项,随时将事实真相提出报告并公布之。

《关于停止国内冲突的命令和声明》商定:中华民国国军及共产党领导下之一切部队,不论正规部队、民团、非正规部队或游击队,应即实行下列命令:(一)一切战斗行动立刻停止。(二)除另有规定者外,所有中国境内军事调动一律停止,唯对于复员、换防、给养、行政及地方安全必要军事调动乃属例外。(三)破坏与阻碍一切交通线之行动必须停止,所有阻碍该项交通线之障碍物应即撤除。(四)为实行停战协定,应即在北平设一军事调处执行部,该执行部由委员三人组成之,一人代表中国国民政府,一人代表中国共产党,一人代表美国,所有必要训令及命令应由三委员一致同意,以中华民国国民政府主席名义经军事调处执行部发布之。

"停战协定"自1月13日午夜起生效。自13日起,在北平成立军事调处执行部,由国民党代表郑介民、中共代表叶剑英及美国驻华代办罗伯森三人组成,负责实施"停战协定"。

其实,马歇尔来华还有一个隐秘原因,那就是美国政府的一些有识之士经过审慎研究,认为国民党目前"绝对没有能力用军事手段镇压共产党",他们担心蒋介石如果发动内战"可能导致共产党控制全中国"。美国政府从自身利益出发,权衡利弊之后,决定对蒋介石施加某种压力,尽可能通过"和平"手段消灭共产党领导的人民革命力量,实现中国在国民党领导下的"统一"。这样,便有了地位显赫的马歇尔以总统特使身份来华调处国共争端之事。

第五节　政协会议与军队整编

就在"停战协定"签订公布的同时,1月10日政治协商会议在重庆开幕。到会代表38人,其中国民党代表8人,共产党代表7人,民主同盟代表9人,青年党代表5人,社会贤达(无党派人士)代表9人。经过22天的协商讨论,在中国共产党和各民主党派的合作与斗争下,终于迫使国民党签订了《关于政府组织问题的协议》《和平建国纲领》《关于国民大会的协议》《关于宪章问题的协议》《关于军事问题的协议》等5项协议。

中国共产党发表的《和平建国纲领草案》

根据这5项决议,国民政府委员会将要在国民代表大会正式召开前进行改组,委员人数由过去的36人扩充为40人,其中20人为国民党人员,另外20人分别由各党派及无党派人士充任,各党派人选由各党派自行提名,但蒋介石不同意,须另提人选。无党派人士由蒋介石提名,如有三分之一委员反对则须另行选任。改组后的国民政府委员会应为政府之最高国务机关,一般议案须有出席委员半数通过,重要议案须有出席委员三分之二赞成始得决议。而蒋介石对委员会之决议如认为执行有困难时,可提交复议;复议时有五分之三以上委员坚持时,决议应予执行。军事上,中共军队将由军事三人小组尽速商定整编办法,国民党军队则应于6个月内完成其90个师的整编工作。之后,应再将全国军队统一整编为50或60个师。军队实行军党分立的原则,禁止一切党派在军队活动,现役军人不得参加党务活动,军人也不得兼任行政官吏,严禁军人干政。根据决议,各方同意承认蒋介石的领袖地位,而国民党亦承认确保人民权利。会后并立即组织由国、共等各方人士组成的宪法草案审议委员会,依照会议确定的宪法草案修改原则,以2个月为期完成《五五宪草》修正案,提交第一届国民大会审议制定。对于国民大会的代表,承认原有的1200名旧代表,增加党派及无党派代表700名及台湾和东北代表150名,大会召开日期定于1946年5月5日。

由上可以看出,政协决议与中共的主张明显地"存在着距离"。周恩来在会后答记者问时指出,《和平建国纲领》与我们原来的提案有距离,政府改组我们主张国民党最多不能超过三分之一,结果占到半数,国民大会旧代表

第七章 重庆谈判 三到延安

我们主张重选,而现在只是增加了部分党派名额。实际上,让中共中央感到不安的远远不止这些。然而,在美苏各国一致干预下,和平已经成为一种不可抗拒的大趋势,政治解决自然只能互相妥协。何况政协决议对于冲破国民党的一党独裁仍具有积极意义。苏联大使也明确告诉中共代表,苏联对政协会议的结果感到庆幸,它是一个重大胜利,中共由此可以学习法国共产党的经验,逐步把主要工作转移到争取群众方面来。

1月28日,中共中央正式决定赞同政治协商会议的决议。并进一步提出拟以毛泽东、林伯渠、董必武、吴玉章、周恩来、刘少奇、范明枢、张闻天等为中共方面参加国民政府委员会的人选,以周、董、林、王(若飞)为行政院副院长和两个部部长及不管部部长的人选。同时,中共代表开始与国民党方面具体协商国府委员中各党派具体比例数及否决权问题。

1946年初,国民党委派张治中为代表,与周恩来、马歇尔组成最高军事三人小组,研究军事整编问题

根据会议关于军事问题的协议精神,国共和美国组成最高军事三人小组,研究军队的整编统编问题。国民党的代表是张治中,中共的代表是周恩来,美方代表是马歇尔。中共中央对此也很快拟出具体谈判原则,准备开始

正式的整军谈判。

2月，三人小组开始就整军问题进行接触。马歇尔首先提出了一个"整编中共部队与中国政府军合并之基本方案"。对于马歇尔的方案，中共中央最初是欣赏的。2月8日，中共中央致电在重庆的周恩来，明确肯定"马歇尔所提办法，对于破坏国民党及地方军队的原来系统是彻底的"，"应在原则上赞成他的意见"。但中共根据近20年的经验，又断言方案中许多东西还仅仅是马歇尔的幻想，"是今天行不通的"，"军队中的派系亦将长期存在"。同时中共不同意将国民党军队与共产党军队混编以实行整军，驻地亦要求在现有地区，第一步整编至少要拥有7个军20个师。为保持对军队的控制，中共决定设法把大部分武装保存于地方部队中。

从2月14日到25日，经过会外会内多次协商，在重庆上清寺尧庐，最高军事三人小组代表各方共同签订了《关于军队整编及统编中共部队为国军之基本方案》。《方案》具体内容如下：

第一条　统帅权

第一节　中华民国国民政府主席为中国陆海空军最高统帅。最高统帅经由国防部（或军事委员会）行使其统帅权，本协定所提及之各集团军总司令，各军军长，各补给区主任，均应经由国防部（或军事委员会）向最高统帅呈送报告。

第二节　最高统帅有任免所属军官之权，但在整编军队过程中，遇必须撤免中共所领导单位之任何一司令官，或有地位之任一共产党军官时，最高统帅应指派政府内资深之共产党代表所提名之军官以补其缺。

第二条　职责与权限

第一节　陆军之主要职责，在战时为保卫国家，在平时则为训练军队，陆军可用以镇压国内骚乱，惟须受下节之限制。

第二节　当国内发生骚乱，经该地省主席向国府委员会确证当地局势已非地方警察及保安部队所能应付时，国民政府主席以最高统帅之资格,经由国府委员会之同意,可以使用陆军以恢复秩序。

第三条　编组

第一节　陆军包括由三个师所组成之各军,各该军配置直属部队之人数,不得超过其总兵力百分之十五,至十二个月终了,全国陆军应为一零八师,每师人数不得超过一万四千人,在此数内,由中共部队编成者,计十八个师。

第二节　全国将划为八个补给区。区设主任一人,向国防部(或军事委员会)负责,在各该区内担任以下职责:

三人小组检阅八路军部队

(1)办理驻扎各该区内军队之补给营舍及军饷事宜。

(2)办理由各该区内被裁并各单位所收聚之武器及装备之贮存、修理及分发事宜。

(3)处理供应各该区内之编余官兵,并处理供应还乡及其他目的地之过境编余官兵。

(4)处理供应并初步训练在各该区内收用以补充各部队之新兵。

(5)补给在各该区内之军事学校。各补给区主任对于驻扎其区内之军队,并无指挥权与管辖权,尤不得干涉或借任何方式影响军政民事。各军军长应派其个人代表驻于其部队所在地之补给机关内,以保证其所辖部队之需要获得完全而迅速之补给。各区每两个月应举行会议一次,由区主任主持,该区内各军军长及师长或其指派之代表,均须参加,国防部(或军事委员会)亦应派遣代表参加,以传达国防部(或军事委员会)之指示,所有补给情形及有关事项,均应提出讨论。

第四条 复员

第一节 本协定公布后十二个月内,政府应将九十师以外之各部队复员,中共应将十八师以外之各部队复员,复员应立即开始,并大致每月裁撤总复员人数十二分之一。

本协定公布后三个星期内,政府应拟具所保留九十师之表册,及最初两个月部队复员之次序。在同期内,中共应拟具其部队之详细表册,说明其性质、兵力、武器、旅以上司令官之姓名,及各单位之驻地,此项报告,并须包括所拟保留十八师之表册,及最初两个月部队复员之次序。上项文件表册,均应送交军事小组。

军调部三人小组在张家口

第七章 重庆谈判 三到延安

本协定公布后六个星期内,中共应向军事小组送交所拟复员各部队单位之全部表册,政府亦应送交同样表册。军事小组一俟接到上列各项表册文件,应即制成实施计划送双方批准,经批准后,上项文件表册及实施计划,即由该组呈报国防部(或军事委员会)。

第二节 复员各部队之武器及装备,可用以补充所保留之各部队,对于此类转移之详细报告,应由军事调处执行部呈报国防部(或军事委员会),此项剩余物质,依据国防部(或军事委员会)之指示贮存之。

第三节 为避免因复员而引致之普遍困难及不法情事,政府及中共应于初期各自供应其编余人员之补给,并处理其运输及就业之诸项问题,政府应尽速接办以上事宜之统一管理。

第四节 在上述十二个月之时期完毕后之六个月内,政府军应更缩编为五十师,中共军应更缩编为十师,合计六十师,编为二十军。

第五条 统编及配置

第一节 在本协定公布后之十二个月内,应编成四个集团军,每个集团军包括政府军一个军,中共军一个军,每军三师。各该集团军编成之次序如下:于第七、第九、第十、第十一个月各编成一个集团军,各集团军之参谋人员,政府与中共军官应约各占半数。

第二节 在第十二个月终了时,各军之配置应如下述:

东北——五个军(每军三师),全部属于政府军,各军军长由政府军官充任;中共军一个军(三个师),由中共军官充任军长——共计六个军。

西北——五个军(每军三师),全部属政府军,由政府军官充任军长——共计五个军。

华北——三个军(每军三师),全部属于政府军,由政府军官充任军长;四个集团军各包含政府军一个军,及中共军一个军(每军三师),内中两个集团军总司令由政府军官充任,两个集团军总司令由中共军官充任——共计十一个军。

华中——九个军(每军三师),全部属政府军,由政府军官充任军长;中共军一个军(三个师),由中共军官充任军长——共计十个军。

华南(包括台湾)——四个军(每军三师),全部属政府军,由政府军官充任军长——共计四个军。

第三节 在十二个月以后之六个月内,上节所述之四个集团军,应更改为独立之六个军,其中四个军各包括政府军一个师,中共军两个师,两个军各包括政府军两个师,中共军一个师,以后集团军即应取消。

第四节 在此六个月即第十八个月终了时,各军之配置应如次述：

东北——一个军,包括政府军两个师,中共军一个师,由政府军官充任军长;四个军(每军三师),全部属于政府军,由政府军官充任军长——共计五个军。

军事三人小组到达延安,受到中共中央负责人和群众的欢迎

西北——三个军(每军三师),全部属政府军,由政府军官充任军长——共计三个军。

第七章 重庆谈判 三到延安

华北——三个军,每军包括政府军一个师,中共军两个师,由中共军官充任军长;一个军包括政府军两个师,中共军一个师,由政府军官充任军长;两个军(每军三师),全部属于政府军,由政府军官充任军长——共计六个军。

华中——一个军,包括政府军一个师,中共军两个师,由中共军官充任军长;三个军(每军三师),全部属政府军,由政府军官充任军长——共计四个军。

华南(包括台湾)——两个军(每军三师),全部属政府军,由政府军官充任军长——共计两个军。

第六条　保安部队

第一节　各省应有权维持一与人口比例相当之保安部队,但其数额不得超过一万五千人,当省内普通警察显然无法应付局势时,该省主席即有权使用此项保安部队以镇压骚乱。

第二节　保安部队之武装,应以手枪、步枪及自动步枪为限。

第七条　特别规定

第一节　军事调处执行部:根据三十五年一月十日三人会议所签协定而设立之军事调处执行部,应为本协定之执行机关。

第二节　统一之制服:整编后之中国军队,应采用显著而划一之制服,以供中华民国陆军官兵之着用。

第三节　人事制度:树立妥善之人事制度,凡陆军军官之姓名、阶级及执掌,均应载入统一之名册内,不得以政治关系而有歧视。

第四节　特殊武力:本协定生效后,政府及任何政党或派系组织,不得保持或以任何方式支持秘密性或独立性之武力。

第五节　伪军及非正规军:所有受日本之直接或间接主使而在中国成立之军队,以及政府或中共以外之个人或派系所保持之一切军队,应尽速解除武装,并解散之,第八条第一节所述之实施计划内,应规定执行本节之具体办法,并限期完成之。

第八条 一般规定

第一节 本协定经蒋委员长及中共毛泽东主席批准后,军事小组应即拟具关于执行本协定所载各种条款之详细计划,包括各种进度表、规章及具体步骤,呈上核夺。

第二节 双方谅解并同意:上述详细计划须规定复员应于最早日期开始,补给区之组织,应遂成立,军队之统一编组之详细程序,应根据第五条所规定之办法实施。

双方同时谅解并同意:在最初之过渡期内,政府及中共均应负责维持其军队之良好秩序与补给,并保证各该军队对于军事调处执行部所颁发之命令,立即绝对遵行。①

为贯彻停止冲突、恢复交通和整军方案,一方面,由北平军事调处执行部派出三人小组分赴各地执行协定;另一方面,2 月 28 日,由张治中、周恩来、马歇尔组成的最高三人军事小组,乘坐马歇尔的空中霸王号专机,依据政协决议和停战协定,巡视全国各地停战区域。先后到了北平、张家口、集宁、归绥、太原、济南、新乡、徐州、武汉、延安,然后再回到重庆,历时 7 天。三方表示,出巡目的在于澄清异见,当面解释整军目的。在北平,张治中对军调部全体人员致训词,他说:"中国的问题犹如家庭间兄弟的问题,有好邻居、好朋友替我们调停,以促进家庭的团结幸福。像美国这样的邻居,实难找到。这一工作的完成,就是中国和平、统一、民主、团结的成功,所以特别值得我们感谢。""现在双方不是讲是非的问题,在这一过程中容许有困难发生,但在互让互谅精神下,问题终不难得到解决"。在张家口,针对郑介民汇报时说李克农"就是'共匪'所谓社会部的头子,社会部就是'共匪'的情报机构",张治中打断他的话,指出现在是国共合作时期,怎么还说人家是"共匪"呢?听说《华北日报》和第十一战区的《建国日报》上,也出现这样的叫法,这

---

① 参见《张治中回忆录》,华文出版社 2007 年版。

第七章 重庆谈判 三到延安

是不利于和谈的。在武汉,当周恩来对张治中讲到中原军区部队处境艰难,主要是各种必备物资匮乏时,张治中当即签字,命令国民党后勤单位照数发给。对后勤单位的异议,张治中说:"政协决议通过了,整军方案签订了,今后国共还要进一步合作,组织联合政府,统一编组军队,共同建设国家,有什么不可以的?"

军事三人小组离开延安,毛泽东、林伯渠陪同张治中去机场

最后一站,最高军事三人小组来到延安,中共中央为他们的到来举行盛大欢迎晚会。晚会上,张治中发表讲话,强调整军方案的重要性,国共双方应该百分之百地做到。最后张治中对身边的中共领导人说:"你们将来写历史的时候,不要忘记'张治中三到延安'这一笔!"引得全场大笑。毛泽东说:"将来也许还要四到延安,怎么只说三到呢?"张治中回答:"和平实现了,政府改组了,中共中央就应该搬到南京去,您也应该住到南京去,延安这地方,不会再有第四次来的机会了!"毛泽东愉快地说:"是的,我们将来当然要到南京去,不过听说南京热得很,我怕热,希望常住在延安,开会就到南京。"

3月5日,最高军事三人小组返回重庆。下一阶段,他们的任务是达成东北停战协定。这一阶段是国共内战前双方关系处理的最融洽时期。然而此时马歇尔返美述职,3月11日离开重庆,4月23日才返回。也就在这段时间里国共两党关系急剧恶化,到4月底,双方已濒临大战的边缘。

国共谈判破裂后,中共驻南京、上海代表团撤回延安,张治中(右四)到机场送行

3月上旬,国民党六届二中全会提议修改宪法草案,遭到中共强烈抗议。按照整军协议,中共应在3月下旬之前提交军队表册。3月26日,国民党政府按照整军协定,向军事三人小组提交政府军90个师的表册和前两个月部队复员次序表册,但中共拒绝提交表册,原因是国民党未能履行一致同意的政协决议,只有达成履行政协决议通过的完全公开协议,才会提交参加国民政府委员会的名单和最高军事三人小组所要求的部队表册。

在这种情况下,军队整编方案的实施被无限期搁置下来。4月东北开始爆发军事冲突;6月中原地区开始爆发军事冲突。虽然全国范围内国共军事冲突不断,但直到11月中旬制宪国民代表大会召开时,因受到国共双方谈判代表的约束,双方仍未大打出手。随着1947年3月中共代表撤离南京,国共军队彻底失去制约,大战终于爆发。由此整军方案完全失败。

第八章
和共亲苏　安定新疆

　　1944年九十月间,新疆省政府主席新旧交替之际,11月7日伊宁地区发生暴动。11月12日,暴动者成立"东突厥斯坦共和国"(历史上又称之为"东突厥斯坦第二共和国")临时政府,以潜入新疆的原苏联乌兹别克人、伊宁最大的拜吐拉清真寺大阿訇艾力汗·吐烈为主席,以苏联军官阿列克山德洛夫为游击军司令。至1945年8月,暴动者先后攻陷北疆的伊犁、塔城、阿山三个专区,组成"民族军",发布施政纲领,与新疆当局抗衡。"民族军"随之向东突破精河、乌河,推进到玛纳斯河西岸,距离省会迪化(今乌鲁木齐)仅140公里;向南则越过天山,向南疆进发。新疆全省已陷入混乱动荡之中。驻迪化的国民党第八战区司令长官朱绍良、省政府主席吴忠信接连致电蒋介石,表示事态严重,前途莫测,准备一死殉国。蒋介石反复考虑,决定派一向主张联共亲苏的张治中到迪化"振奋士气,安定人心"。正在重庆参加国共和谈的张治中,遂于9月13日飞赴新疆,调查处理这一错综复杂的重大事件。10月14日,张治中作为国民政府代表再赴新疆谈判。1946年3月,国民政府任命张治中为国民政府主席西北行营主任兼代新疆省政府主席,致力于新疆问题的解决。

第一节　蒋介石收复新疆主权

　　新疆地处亚欧大陆腹地,南北2300余公里,东西2500余公里,面积达

166万平方公里,约占全国总面积的六分之一,是中国陆地面积最大的省级行政区,古丝绸之路的重要通道。全省人口500余万,包含维吾尔、哈萨克、汉、回、满、蒙、柯尔克孜、塔塔尔、乌兹别克、俄罗斯、锡伯、索伦等13个民族。新疆地域阔大,天山横亘其中,昆仑山雄峙于南,沙漠戈壁占地甚广,与苏联、阿富汗、印度等相接壤。矿产资源丰富,煤、铁、铜、银、铅、钨等开发前景广阔。畜牧业发达,瓜果鲜美。

左宗棠

新疆自汉朝以来就是中国领土不可分割的一部分。西汉设立西域都护府,唐朝时设北庭都护府和安西都护府,元朝先后设阿力麻里、别失八里行省,清朝时设伊犁将军府,管辖新疆地区军政事务。1875年,清朝陕甘总督左宗棠就任钦差大臣,督办新疆事务,至1877年底,陆续收复中亚浩罕汗国阿古柏侵占的天山南北诸地。1882年,清政府收复被沙俄占领长达11年之久的伊犁地区。1884年清政府设立新疆省,由巡抚统管全疆各项军政事务,新疆政治中心由伊犁移至迪化(今乌鲁木齐)。民国成立后,杨增新被北京政府任命为新疆督军,1928年6月被南京国民政府任命为新疆省政府主席。同年7月7日,杨增新被军务厅长兼外交署长樊耀南刺杀。政务厅厅长金树仁平乱有功,被南京政府任命为新疆省政府主席。

1933年4月,新疆军事将领盛世才依靠苏联,推翻原省主席金树仁,成为全疆统治者。盛世才实行亲苏、附苏政策。"新疆虽名为中国领土之一部,实已为苏联所把持。"1938年1月苏联红军骑兵一团及空军队一队(通称红八团)配备飞机、坦克、大炮,进驻新疆东部的哈密,掌控自甘肃进入新疆的通道,防止中央军进入新疆。8月,盛世才密赴莫斯科,会见斯大林、莫洛托夫、伏罗希洛夫等苏联党和国家领导人,加入联共,党证号码185911号。1939年9月,盛世才召开全疆代表大会,公开表示新疆"不是国民党天下,也

第八章 和共亲苏 安定新疆

不是共产党天下"。1941年1月,盛世才向苏联建议"成立新疆苏维埃共和国""加盟苏联"。只是在当时的历史条件下,斯大林还不便公开将新疆纳入苏联版图,因此没有同意盛世才的要求。但斯大林对新疆丰富的矿产资源,却垂涎已久。1940年11月苏联单方面草拟租借新疆锡矿条约,强迫盛世才一字不改签订。该条约声称"新疆政府予苏联政府以在新疆境内探寻、考查与开采锡矿及其副产有用矿物之特殊权利",不得给以任何形式的干涉。新疆成了苏联的势力范围,国民政府的权威在这里降到最低点,尽管形式上新疆仍是中华民国的一个组成部分,但国民政府在新疆无任何实权。蒋介石曾愤恨地说:"俄之毒狠,可谓帝国主义之尤矣。"

"新疆王"盛世才

盛世才虽然依附苏联,但对苏联的压迫也心存强烈不满,在他统治新疆期间,曾多次宣布破获所谓阴谋暴动案。如1940年盛世才宣布破获"带国际性的九一八阴谋暴动案",指控苏联驻迪化总领事欧杰阳克是"帮助英帝国主义领导新疆阴谋暴动的主要组织者与领导者",盛曾将审讯笔录等文件160册寄给时在莫斯科留学的四弟盛世骐,要他转交苏联最高领导人。1942年3月19日,盛世才的四弟、新疆陆军精锐机械化兵旅少将旅长盛世骐离奇地被枪杀于家中。盛世骐被杀的第二天,《新疆日报》即以"国际大阴谋"为题报道消息,盛世才声称此案有苏共与中共人士参与,目的在于首先消灭盛世骐,砍去盛世才的左右手,然后推翻盛世才在新疆的统治。5月10日盛世才致函斯大林和莫洛托夫等,指称苏联驻新疆工作人员巴枯宁等策动政变。莫洛托夫指责盛函"毫无根据",是"极欲破坏中苏关系及新省现状"。盛世骐被杀案成了盛世才和苏联及中共关系逆转的关键性事件,盛世才决定向重庆政府靠拢。

长期以来,蒋介石一直关注新疆动向。1941年太平洋战争爆发,中国与美、英、苏结成反法西斯同盟,蒋介石准备借这一机缘解决新疆和西藏两大难题。盛世才从亲苏转为反苏,蒋介石决定因势利导。鉴于当时的形势继续保持和苏联的友好关系,这个时候,蒋介石最担心的是苏共鼓动新疆各地暴动,驱逐盛世才。为此,他准备派兵入新助盛平乱,并将新疆划入第八战区。为抓住这个收复新疆主权的好机会,蒋介石决定出巡西北,并派第四十二军由兰州进驻安西、玉门,控制驻扎哈密的苏军第八团;委派新疆外交特派员,将外交权收归中央;肃清新疆的共产党;令苏军离开新疆;收回苏联在迪化建设的飞机制造厂。1942年8月29日,蒋介石在嘉峪关致函盛世才,并让宋美龄偕蒙藏委员会委员长吴忠信等飞抵迪化,与盛世才秘密会谈,就允许国民政府军队进入新疆等问题达成一致。31日宋美龄携盛世才复函飞返,盛函称"钧座一切意旨均已敬悉,职今后唯有遵照钧座一切指示,切实奉行,诸请勿念"。在此后至1943年3月,蒋介石从党务、行政建制、外交等方面,为收复新疆主权做好了准备工作。

1942年10月5日,盛世才向苏联驻迪化总领事普式庚递交备忘录,要求他转交苏联政府,除外交官员,其他在新疆的一切苏联人,包括军事顾问人员、军事教官、财政厅及建设厅之苏联顾问、技术专家、工程师、医生、红军驻哈密第八团整个部队,阿尔泰与伊犁区的锡矿人员与探测人员等,都应在三个月内撤离新疆省。双方谈判五次,在重庆政府和新疆地方当局的共同努力下,苏联政府同意将上述人员撤回国内。

在中共看来,新疆是通往苏联的跳板,苏联的供给能通过新疆运达陕甘宁根据地。但在盛世才的严密控制下,在1937年之前,仅有极少的中共党员渗透到新疆。直到1937年,在苏联的促使下,盛世才与中共结成统一战线,中共党员才得以在新疆公开活动。大量的中共干部从延安出发,通过八路军西安办事处、兰州办事处和迪化、阿拉木图,然后到达苏联治病或学习。如1938年4月任弼时任中共驻共产国际代表团团长时,就有多名中共高级领导干部正在那里接受治疗。苏联对中共的援助,也通过这条交通线运到延安。在苏联的支持下,中共还在新疆建立新兵营,实际上是一所小型军校,培养情报、炮兵、汽车驾驶与维修、医疗、无线电、外语等人才。为隐蔽活动,学员穿国民党军装,采用新兵营这一不引人注意的名字。新兵营的最高长官邓发,曾是中共隐秘战线领导人。同时,中共还在新疆组织航空队,选派50名学员由盛世才帮助训练,培养中共自己的航空人才。盛世才并让中共派遣120多名干部在新疆各军政部门任职。

在新疆航空队学习的红军干部回到延安后合影

随着苏联和盛世才的决裂,中共在新疆的地位也开始动摇。盛世才与蒋介石达成肃清中共在新疆影响力的协议。中共驻新疆代表毛泽民和陈潭秋曾拜访盛世才,请求允许中共人员回延安或去苏联"治病"。但盛世才为履行与蒋介石的协议,拒绝中共离开新疆。1942年8月盛世才下令逮捕包括毛泽民和陈潭秋在内的150多名中共党员及其家属。为营救被捕的中共党员,苏联领事馆曾出面干预,但没有效果。1943年9月,毛泽民、陈潭秋等中共新疆领导人被秘密处死。中共在新疆人员基本被清除。

但苏联绝不甘心吐出既得利益。1943年5月4日,联共(布)中央政治局召开会议,决定推翻盛世才在新疆的统治,代之亲苏政府。会议决定在哈萨克斯坦、乌兹别克斯坦、吉尔吉斯斯坦等地建立基地,培养并向新疆派遣暴动指挥人员和宣传鼓动人员。1944年3月,苏联飞机在新疆轰炸、扫射中国政府军,国民政府驻新疆外交特派员吴泽湘及盛世才先后向蒋介石报告。蒋命外交部向苏联驻华大使提出警告,并命朱绍良调兵防守,同时向美国总统罗斯福通报情况。蒋介石并决定加派4个师增援新疆,但对俄国暂不予

毛泽民、朱旦华夫妇和儿子毛远新

破裂。8月10日,阿山区哈萨克族暴动者与外蒙古军队结合,力量进一步壮大,蒋介石感到苏联必以这个为借口驱逐盛世才,入侵新疆,为不给苏联以借口,同时将在新疆经营多年,势力雄厚,并多次出卖国家利益、企图加盟苏联的盛世才调离新疆,决定立即改组新疆省政府,调盛世才到重庆任职。蒋介石并将这一消息告诉苏联方面,希望中俄外交今后勿再生隔阂。盛世才虽不想离开新疆,但此时国民党在新疆的军事力量已远大于他,故不得不致函重庆请求辞职。蒋介石即命朱绍良暂代新疆省政府主席,9月23日盛世才在重庆就任农林部长职。

第二节 伊宁事变前后

长期以来,不管是本国统治者,还是外国入侵者,新疆人民都处于他们沉重的压迫之下。每当新疆人民不堪压迫起来反抗时,统治者总是以武力戡平,戡平之后,又继之以高压剥削。高压剥削过度了,人民又起来反抗。如此循环不已,构成新疆民族压迫和反民族压迫的历史,也种下民族间的仇恨。

新疆的省情相对于内陆省份,具有三大特点,一是地域辽阔,土地资源及矿产资源极为丰富,但在中央政权相对弱势的情况下,天高皇帝远,很容易出现抗命不遵的割据之势;二是民族众多,宗教、文化具有复杂性、多样性与丰富性,故在民族关系处理不当的情况下,很容易将一般社会矛盾上升为民族矛盾,加剧社会动荡;三是边境线漫长,与各国人民交往较为频繁,开放性较强,因此很容易受外国势力影响,甚至产生分裂主义倾向。加之旁边还有一个长期实行民族扩张主义和民族利己主义的大国沙俄,这就更增加了新疆局势的多变性和复杂性。自清朝以来,新疆问题无不令封建帝王及封疆大吏为之伤透脑筋。伊宁事件的背景十分复杂,但总的来说也是这几大

第八章 和共亲苏 安定新疆

问题的集中反映。其直接原因则是盛世才长期在新疆实行军阀暴政,残酷屠杀、囚禁各族人民。

1944年8月,盛世才被迫交出新疆政权,经朱绍良短暂代理省政,国民党内著名"老好人"、蒙藏委员会委员长吴忠信到新疆执掌省府。吴是安徽合肥人,为国民党元老,深得蒋介石的宠信,多年主持蒙藏委员会工作,安抚边疆,和睦蒙藏,有一定的少数民族边远地区工作经验。在来新疆前,是最值得书写一笔,也是最为艰辛的使命,莫过于挫败英国殖民者和少数地方分裂分子的阴谋。10月5日,国民政府宣布改组新疆省政府,10日,吴忠信宣誓就职。吴忠信就任省府主席后,为割除盛氏弊政,提出增进宗族互信、保护宗教自由,安定地方以乐民居、维持币信以利民生,以及"无苛政,无酷吏,无凶仇"等主张。他迅速平反盛世才时期的冤狱,释放被捕的包尔汉、赵丹等两千余人,同时,禁止刊登反苏反共文字,着手改善和苏联的关系,成立宣抚委员会,安抚地方,宣布在全省免去一切苛捐杂税,停止征兵、征

吴忠信

马、征骆驼。应当说,吴忠信矫正盛世才的弊政没有错,但在政策的制定及运用方面则有些操之过急,从盛氏的高压一变而为吴氏的宽松,在缺乏必要缓冲过渡的情况下,多年来积累的各种社会矛盾瞬间释放出来,以至闹出惊天大事件,这就是著名的"伊宁事变"。

伊宁是我国西北边陲重镇,伊犁区首府,东距新疆省会迪化500余公里,为新疆西北部政治经济文化中心。伊宁事变发生的源头可追溯到20世纪初。早在清末,奥斯曼帝国已与新疆有联系,住在伊犁的土耳其人即有42户89人,到20世纪初,以奥斯曼帝国为中心的泛伊斯兰主义、泛突厥主义思潮,开始渗透新疆,并逐步形成了以麦斯武德·沙比尔、穆罕默德·伊敏、沙比提大毛拉为首的少数以"双泛"为旗帜的分裂势力。"双泛"思想的渗透

和传播引起新疆省政府的重视和警觉,省长杨增新明确指出,"大一回教主义"(即泛伊斯兰主义)鼓吹建设大同盟国是别有用意的,对地方稳定和新疆统一危害甚大。20世纪30年代,新疆各类社会矛盾激化,各地不断爆发反抗军阀金树仁黑暗统治的斗争。一些"双泛"秘密分裂组织,乘机篡夺了起义的领导权,将被压迫民族的起义引向分裂运动。这其中以分裂组织"民族革命委员会"和"青年喀什噶尔党"为主,前者的宗旨即是反共、反东干(指回族)、反汉,在新疆建立伊斯兰教权国家,他们在伊敏、沙比提大毛拉的领导下,大肆鼓吹对"异教徒的圣战",煽动分裂。1933年11月12日,大毛拉沙比提、伊敏于喀什成立"东突厥斯坦伊斯兰共和国"(历史上又称之为东突厥斯坦第一共和国)。哈密暴动头目和加尼牙孜被邀出任"总统",实权掌握在自任总理的大毛拉沙比提手中,分裂组织"民族革命委员会"的成员担任各部部长等要职,而"民族革命委员会"的领导权则由伊敏牢牢掌控。"东突厥斯坦伊斯兰共和国"成立后,率先向英国势力求助,与刚刚抵任的英国驻喀什总领事汤姆森·格洛费上校联系,汤姆森向英国政府建议给以"实际的同情和提供援助"。另一方面,向英印派出正式"使团",请求各项支持。鉴于此时日本已侵占中国东北三省,美英等国为维护在华利益,不承认日本在九一八事变中所造成的任何事实的合法性,即"不承认主义政策"。维护和加强与中国政府的关系,成为这一时期英国远东政策的重要组成部分。支持分裂,承认"东突厥斯坦伊斯兰共和国",势必损害与中国政府的关系。此外,出于近代以来英、俄争夺中亚和新疆的考虑,英印政府对和加尼牙孜与苏联的接触也十分警惕。因此英国政府的拟定政策是,现阶段只承认中国南京政府对新疆的主权,告诫"东突厥斯坦伊斯兰共和国"妥善处理与新疆当局的冲突。"东突厥斯坦伊斯兰共和国"出笼后,没有一个国家政府承认这个分裂政权,只有动乱中上台的阿富汗政府首脑查希尔·沙表示了同情和支持,但拒绝正式承认。纳粹德国驻阿富汗使馆以及日本,与这个分裂政权进行了密谈,但尚未勾结得逞,这个短命的分裂政权就夭折了。

"东突厥斯坦伊斯兰共和国"的分裂活动及与法西斯势力的勾结,引起

第八章 和共亲苏 安定新疆

苏联方面的警惕,苏联不能容忍法西斯军国主义势力染指他的软腹部中亚及周边地区。1934年初,苏联支持盛世才统一新疆的行动在南疆展开,矛头直指"东突厥斯坦伊斯兰共和国"。然而,受新疆省政府和苏联红军联合追击的马仲英部却捷足先登,2月6日,马仲英部攻下喀什噶尔回城疏附,"东突厥斯坦伊斯兰共和国"瓦解。盛世才执政新疆后,曾向苏联要求将新疆作为一个自治区或加盟共和国并入苏联,条件是苏联出兵帮助他击退马仲英部对迪化的进攻,苏联遂派兵支持盛世才打垮马仲英,但鉴于国际反响和当时的形势,未答应新疆"加盟"苏联。在盛世才掉头转向国民政府以后,苏联为继续维持其在新疆的存在,曾专门召开政治局会议讨论新疆局势,指出"必须采取措施,以便能使盛世才失去在新疆的权势",决定筹建革命组织和培养新疆的革命力量,在与新疆相邻的哈萨克斯坦、乌兹别克斯坦、吉尔吉斯斯坦建立数所学校,专门培养反国民政府反盛世才的军事人员和宣传鼓动员,名之曰"民族独立小组"或"民族解放小组",帮助他们组织武装暴动,供给他们武器弹药,并仿照苏军建制帮助组建"民族军"。但新疆不是殖民地,苏联当局最终将新疆人民反对军阀统治和专制制度的斗争,引向了反对汉族的民族独立运动,形成了分裂政权。

而新疆政权的交替间隙,盛世才和吴忠信一紧一松的执政风格,为苏联继续插手新疆,以及农牧民反抗当局的武装暴动提供了历史契机。1944年10月,原籍苏联的塔塔尔族牧民法哈提在尼勒克策动哈萨克牧民武装暴动,占据县城。同时,苏联驻伊宁领事馆支持伊犁农牧民武装反抗新疆当局的"献马运动"。11月7日,伊宁地区即发生暴动,艾力汗·吐烈为首的封建宗教上层势力把持了领导权,暴动分子残杀汉族军民,奸淫汉族妇女。暴动发生后,苏联迅即在军事、政治等方面给予暴动者大力支持。苏联间谍列斯肯带领苏联特种部队进入迪伊公路,切断国军对伊宁守军的增援;苏联军官彼得·罗曼诺维奇·阿列克山德洛夫率领另一支苏军越界潜入伊犁,帮助暴动武装作战,致使伊宁等地先后失陷。11月12日,与南疆分裂政权出笼的同月同日,暴动者"伊犁解放组织"在伊宁成立"东突厥斯坦共和国"临时政府,定国旗为绿底、中镶黄色星月("东突厥斯坦伊斯兰共和国"的国旗为蓝底白色星月旗)。"临时政府"的16名委员中,封建或宗教上层人士占10人,并占据主席、副主席、秘书长等重要职位,苏联侨民占2人,以阿巴索夫为首的进步知识分子所占比例很小。其中以艾力汗·吐烈为"临时政府"主席,以苏联军官阿列克山德洛夫为"临时政府"游击军司令。1945年1月5日,"临时政府"通过由苏联领事馆"协助"起草的政府宣言,全文共9条,其中第一条即规定"在东突厥斯坦领土上,彻底根除中国的专制统治",第二条规定"在东突厥斯坦境内各民族一律平等的基础上,建立一个真正自由独立的国家",第六条规定与"东突厥斯坦的邻邦苏联政府建立友好关系"。这个宣言鼓吹独立、分裂,是破坏中国统一的历史倒退,严重违背了中国各族人民的根本利益。在其后公布的"施政纲领"中,又将"根除汉人各种虐政"列为首款,则进一步加剧了民族对立。"东突厥斯坦共和国"是新疆现代史上出现的又一个分裂政权,从实质上讲,这个分裂政权是"东突厥斯坦伊斯兰共和国"的延续。

其实,早在伊宁暴动的准备阶段,苏联就成立了以内务人民委员部特务司司长叶格纳洛夫和该部第一局第四处处长兰格番格为首的特别行动小组,该小组司令部设在阿拉木图以及边界小城霍尔果斯。同时在乌兹别克斯坦、吉尔吉斯斯坦也有内务人民委员部的行动小组,在开展活动。他们在组织、物资、武器装备、军事技术上给暴动者巨大支持。俄罗斯学者认为,苏联领导在组织暴动方面起着决定性作用。伊宁暴动成功后,苏联于11月27日在伊宁设立以符拉基米尔·格兹洛夫为首和以符拉基米尔·斯特潘诺维奇为首的两个顾问团(代号分别为一号和二号房子)。"临时政府"成立后,叶格纳洛夫担任主要军事顾问。"东突厥斯坦共和国"既得到了苏联的巨大支持,又受制于苏联,没有苏联的同意,无论军事行动上,还是三区建设上,都不能采取任何步骤。

至1945年2月,整个伊犁地区几乎为暴动武装所占领。苏联不仅提供暴动武装枪支弹药以及大炮、汽车等武器装备,在关键时刻甚至还派苏联红

第八章 和共亲苏 安定新疆

军化装越界,以飞机、重炮和装甲车等重武器直接参加对国民党驻军的作战。驻守伊犁地区的国民党军几乎全部战死。4月,暴动向塔城、阿山地区扩展,暴动武装正式组成"民族军"。6月,联共(布)中央政治局通过决议,向新疆派遣500名苏军军官,2000名军士和列兵,以及大批武器装备,与"民族军"并肩战斗。一些文件证明,"东突厥斯坦共和国军队的胜利乃是由苏联部队保证的"。7月,"民族军"攻占塔城;9月,攻占阿山。尽管8月14日《中苏友好同盟条约》已经签订,但在9月"民族军"进攻北疆承化、乌苏、精河等地时,苏联仍出动飞机助战,猛烈轰炸乌苏。承化城破时,国军守将高伯玉率守军和百姓3000余人北撤,希望能进入蒙古避难,但在中蒙边境遭到蒙方阻拦,"民族军"赶到,在"民族军"和蒙军前后夹击下,高伯玉以下官兵1130人被杀害。蒋介石对苏联的背约行为,十分愤怒,他在日记中写道:"俄国不仅违反最近之盟约,而且失信于世界,诚不能列于国际之林矣。"至此,"民族军"几乎占领北疆伊、塔、阿三区全境,因此习惯上将"临时政府"控制的区域称之为"三区","临时政府"则又被称之为"三区政府"。大批参加暴动的极端民族主义者以杀回灭汉为口号,四处残杀汉族和回族同胞,甚至连伊宁救济院内的汉族残疾人及小学生都被杀害。

此后,"民族军"在苏联红军的支援和参战下,兵分两路,一路东出,向迪化进发,并迅速推进到玛纳斯河西岸,距迪化仅有140余公里,不到两天的行军路程;一路南下,越过天山,向南疆进发,进攻库车,在阿克苏一带和国军展开拉锯战。

当时迪化守军只有6个营,朱绍良、吴忠信迭电蒋介石报急,告知"内乏可用之兵,外无一旅之援,事态严重,前途不测,只有一死殉国"。蒋介石此时已在快速调集大批部队,"死守大迪化"。并命第五战区副司令长官郭寄峤转任第八战区副司令长官兼参谋长,立即飞抵迪化,协助朱绍良指挥军事。郭寄峤将第四十六师部署在绥来并成立前线指挥部,"民族军"和国军在玛纳斯河沿岸对峙;谢义锋的新二军军部由绥来迁移到景化(今呼图壁)为第二道防线;暂三师调防焉耆;第四十三军杨德亮加强伊吾、哈密的防守;

新四十五师一部防守七角井。另派西北马家军劲旅、骑兵第五军疾驰新疆,进驻迪化、景化,防止新疆局势一发不可收拾。与此同时,中方代表王世杰与苏联代表莫洛托夫在伦敦就"新疆伊犁事件"进行磋商,苏方表示"这个事件是临时现象,不久就可以平息"。在得到苏联的保证后,蒋介石开始在公开场合表示"愿意和平地解决新疆问题"。派谁去新疆主持和谈,解决新疆问题呢?蒋介石思考良久,决定让一向主张联共亲苏的张治中暂时退出正在进行的国共和谈,去新疆迪化"振奋士气,安定人心"。

第三节　调查伊宁事变

1945年9月13日,身负重任的张治中由重庆飞抵新疆。

张治中的到来,让新任新疆省政府主席吴忠信大喜。张、吴同为皖中人士,吴的政治风格是"兼容并包",并常以此自勉勉人,这与张治中的政治风格颇多相通之处,二人又都是蒋介石所新任的近臣,所以成为政坛知己也是顺理成章的事情。张治中自长沙大火后的处境极为艰难,吴忠信见人即为张治中说辞解脱;张治中的胞弟张本舜长期在吴的身边工作,吴忠信任安徽省政府主席时,委任张本舜为安徽省公安局局长;吴掌新疆,则任命张本舜为新疆财政监察委员会主任,所任皆为要职,得吴关照甚多。张治中代表国民政府到新疆调查事变原委,正合吴忠信的心意。

此时新疆的局势就摆在那里,苏联武装的"民族军"前锋已在玛纳斯河对岸,距离迪化不到两天路程,随时可能向迪化发动攻击,而守备迪化的兵力,包含中央军校第九分校的学生营在内也就仅6个营,从各地调防的军队,限于运力及路途遥远,短期内无法赶到,移动迅速的骑兵第五军最快也要在8至10天之后才能陆续到达。现在迪化城内粮食、弹药奇缺,依靠从甘肃运送,在交通畅通的情况下,一天保一天用,但交通随时可能被破坏;城内物价飞涨,汉族回族人民惊恐万分,随时准备逃难。针对这种情况,张治中经过深入思考,结合当时的国内外形势,认为新疆距内地路途遥远,从兰州到迪化,坐飞机要七八个小时,乘汽车更半个月,不但增兵不易,补给更是困难,在目前这种情况下,不可能以武力解决。其次,伊宁事变的背后,不仅是长期积累的民族矛盾爆发的结果,更是苏联欲图分裂新疆,再次控制新疆,直接给以组织武装甚至参战的结果,考虑到民族关系和中苏关系,也不能动武,即使动用武力,短时间也不一定打得赢。另外,此时国民党的战略重点是与中共争夺华北、东北等要点腹地,对于西北边陲已无力顾及。经过与吴忠信、朱绍良、郭寄峤等商量,众人达成一致意见:新疆问题,除通过和平谈判,谋取政治解决之外,目前形势下别无选择。谁来充当和平谈判的中间人呢?苏联驻迪化代总领事叶谢也夫当是最佳人选。

张治中与民族军部分军官合影

早在从重庆出发来新疆前,蒋介石已授权张治中,对于新疆问题,听凭张治中处理,"如能确保迪化,新局暂得苟安,以便专取东北,尚不失既决之策略也"。为试探苏方的态度,张治中请外交特派员刘泽荣约见叶谢也夫。此时,苏方的态度也在发生变化。早在 1945 年 2 月,苏联、美国、英国举行雅尔塔会议,秘密讨论苏联对日作战和战后世界安排等问题。苏联方面提出,对日作战的条件之一是维持中国外蒙古"独立"现状。在美、苏压力下,蒋介石被迫同意苏联这一要求,但要求苏联保证中国对新疆领土和行政主权的完整,不再对"新疆变乱"(伊宁暴动)作任何支援,以作为交换条件。斯大林当即表示,无论延安、新疆均须服从蒋委员长的领导,可以根据中国政府的要求发表声明。就这样,"斯大林停止支持东突厥斯坦共和国的存在",确认新疆是中国的领土。并在8月14日签订的《中苏友好同盟条约》里,重申"无干涉中国内政之意"。同时,苏联当局考虑到苏联也是个多民族国家,领土达2240多万平方公里,地跨欧亚大陆,其中亚地区和新疆临近,存在着和新疆同样的民族问题。在"东突厥斯坦共和国"建立后,苏联当局担心会在其中亚地区引起连锁反应,也决定改变策略,准备收起这个"共和国"旗号,将重点放在实际控制方面。这就为中苏双方找到了合作的切入点。

9月14日,张治中和叶谢也夫见面,双方就新疆目前的局势深入交换意见。叶谢也夫的态度很是审慎,他表示新疆问题是中国内部的事务,苏联不便干涉中国内政。不过,就他个人的看法,这件事最好是设法和平解决。张治中表示同意他的看法,并请他从中疏通,要求伊宁方面停止军事行动,双方派代表商谈,和平解决问题。叶谢也夫表示个人愿意从中斡旋,答应把张治中的意见转达莫斯科,但在没有得到政府指示前,他不能有所行动。叶谢也夫并建议,最好通过外交途径,由中国政府向苏联政府提出,这样较为有效。

摸到苏方的底牌后,张治中急电重庆,向蒋介石提出建议:此间情况十分紧迫,除非伊宁军队中止前进,迪化殊无把握确保,目前只有通过外交一途和平解决,否则迪化一失,则局势全非,今后即能恢复,亦须费极大力量与极长时间。夜长梦多,变化难测,恐影响中央威信太大,应请当机立断,不要拘于外交常轨,可否即电驻苏大使傅秉常,向苏联政府提出和平解决新疆局势并今后中苏在新疆经济合作意见,请苏联方面出来调停。

9月15日,张治中继续向各方了解新疆情况,并会见部分民族领袖,摸清各方态度。至此,各方情势已经清楚,张治中认为没有再留在迪化的必要了,即于16日飞回重庆,面见蒋介石,再作详细的汇报。

第四节 新疆谈判

张治中回到重庆继续参与国共和平谈判,并等待苏联方面的答复。很快,苏联驻华大使彼得罗夫便向给中国政府外交部提交了一份备忘录,声

第八章　和共亲苏　安定新疆

明:"据苏联驻伊宁领事转报苏联政府称:有维民数人,自称新疆暴动之人民代表,向该领事申请,并暗示希望俄人出面为中间人,担任调停彼等与中国当局所发生之冲突;并声称:暴动人民原无意脱离中国,其宗旨在使维民在新疆占多数各地如:伊宁、塔尔巴哈台(即塔城)、阿尔泰、喀什各区,达到自治之目的。该代表并列述过去新省当局对彼等之种种压迫。苏联政府因关切其与新疆接壤地区之安宁与秩序,如中国政府愿意,则准备委派驻伊宁领事,试对中国政府提供可能之协助,以便调停新疆已经造成之局势。"

外交部政务次长甘乃光经向蒋介石请示后,对苏联政府做出如下答复:关于新疆回民暴动之事,苏联政府愿意协助,我政府表示甚为感谢;关于边疆人民待遇之改善,蒋主席早曾宣示,政府对新疆人民甚为关切,此次事变,我政府已派张部长治中赴新调查实情,即为改良待遇之张本;我政府希望此次事变分子派代表到迪化,向张部长陈述意见,以便商洽解决,政府必根据既定政策,使新疆全体人民在政治经济上,与内地人民获得同等待遇;苏联驻伊宁领事愿意协助,即请代为通知并介绍彼等到迪化晋谒张部长,商洽进行和平解决办法。至该代表等之安全,我将力为保障。

形势的变化和苏联方面政策的变化都来得太突然,在"临时政府"内部引起强烈反响,以艾力汗·吐烈为首的封建宗教上层势力坚持走分裂的道路,反对同汉人政府进行任何谈判,要求继续军事行动。而阿合买提江、阿巴索夫、伊斯哈克别克等"临时政府"内的革命派领导人,则在苏联的支持下,反对独立,积极支持与国民政府进行谈判。9月初,"临时政府"通过决议,决定与中央政府进行谈判,但提出必须以一个独立国家的名义与中国政府进行谈判,并要求苏联充当"两国"谈判的中间人。

此时,张治中结束国共和谈,并护送毛泽东返回延安后,来不及歇息放松,即于10月14日率熟悉新疆情况的孙科系梁寒操(国防最高委员会副秘书长,1942年曾随朱绍良入疆解决盛世才问题)、CC系彭昭贤(国民党中央组织部副部长,1934年曾任新疆省政府委员兼民政厅长)、中苏文化协会秘书长屈武(曾任新疆省政府委员兼迪化市市长、军委会苏联顾问处处长等职,在苏联学习生活十多年,对新疆问题及苏联情况十分熟悉)、复兴社的邓文仪(军委会政治部第一厅厅长,1935年曾任中国驻苏联大使馆武官)、中国回教协会理事长王曾善(白崇禧推荐),以及政治密友张静愚、刘孟纯等组成的顾问班子,再次飞赴迪化进行谈判。此后的谈判证明,这个包含国民党各派系,且熟悉了解新疆的顾问班子发挥了巨大作用。

在飞赴新疆前,张治中与他的顾问班子就新疆问题进行深入研究,一致认为新疆问题不仅仅是民族问题,更是一个外交大问题,解决新疆问题的关键,一是民族平等,要切实改变过去新疆当局的民族压迫和剥削政策,本着民族平等的原则,给新疆人民以政治上、经济上的平等权利,尤其是政治上要平等;二是中苏亲善,新疆和苏联历史渊源深厚,是无法割断的,苏联绝不会容忍新疆出现反苏局面,一定要保持和苏联的亲善关系。但这两点在秉持"亲美反苏"和大汉族主义的重庆政府内部,都很难得到支持,"特别是亲苏一节,阻力更大"。这是张治中当时最感困难和踌躇的所在。为此,张治中在行前面见蒋介石,就解决新疆问题的要点所在,以及面临的困难和阻力向蒋做了呈报。蒋介石听了张治中的汇报,给以肯定回答:"新疆问题你可以全权处理,有什么问题你随时可以打电报来!"谈判的艰难过程,证明这个"尚方宝剑"对张治中代表国民政府与三区政府代表谈判取得成功,是一个能量巨大的保障。

伊宁方面派出赖希木江·沙比里、阿布都哈依尔·吐烈、阿合买提江·哈斯木、赛福鼎·艾则孜等人组成代表团,抵达迪化与国民政府代表张治中等进行谈判。然谈判未始,便出现重大波折。张治中接伊宁代表驻地迪化三角地招待所负责人报告,伊宁代表都佩戴有"东突厥斯坦共和国"徽章,并说他们是代表东突厥斯坦共和国,来和中国政府代表进行谈判的。张治中闻此消息,当即约请苏联驻迪化代总领事叶谢也夫见面,说明苏联驻华大使彼得罗夫给中国政府的备忘录,只说是新疆暴动人民代表请苏联方面出面调停,并明确表示没有脱离中国的意图,因此我只能以中央政府代表的身份接见"伊宁事变"代表,不能接见所谓的东突厥斯坦共和国代表,这是根本性的原则问题,请贵领事把我的意思转告伊宁方面。经叶谢也夫劝告,伊宁方面不再坚持自己的要求,答应按苏联方面和张治中的意见进行谈判。10月17日,张治中接见伊宁方面代表,双方代表开始和谈。

张治中与伊方代表阿合买提江合影

谈判伊始,针对因新疆当局长期施行民族压迫政策,造成伊宁方面代表在谈判之初存有戒心和疑虑的状况,张治中首先发表了题为《恢复弟兄间的和气与家庭间的团结》的讲话,他说:"中华民国是汉、满、蒙、回、藏五大民族和若干少数民族所构成的一个国家。这几个民族都是很亲爱的,如同兄弟手足,处于平等的地位。""我们各民族都是亲爱的兄弟,由这些兄弟构成了中华民国这个大家庭。今天这次会面,等于一家人坐在一起,心里当然感到无限的愉快。""不过,我们并不否认,同在一个家庭的弟兄,对于有些问题,大家意见不一致,甚至因此吵吵闹闹也是难免的……但都是一时的,偶然的,不会影响到弟兄间的和气与家庭间的团结。本人这次代表中央政府到这里来,为的就是恢复弟兄间的和气与家庭间的团结。"他声称:"今天和大家见面,听取各位的意见,以便商量一个解决办法。"并鲜明指出:"我们并不否认,在过去省府当局有些措施,颇有对不起全省同胞的地方……中央今后必然本着培植新疆、爱护同胞的精神,来改善全省人民的生活。"张治中的讲话是一个基调,也是一个原则,全国各族人民是弟兄关系,又都生活在中华民国这个大家庭里,不存在主权问题,更不存在脱离中央政府领导的问题。在这个根本原则下,一切矛盾都可以讨论协商。张治中的真诚大度,以及给予伊宁方面的希望,让谈判双方的对立情绪在慢慢消融,伊宁方面的代表态度由最初的严肃紧张变得和缓轻松一些。

根据伊宁方面代表的要求,张治中提出了《中央对解决新疆局部事变之提示案》。《提示案》的主导思想为"遵循国父遗教与蒋主席之宣示,以扶植边疆人民自治、解除其痛苦、促进其发展,为解决事变之方针"。在《提示案》中,张治中重申三民主义之民族主义所昭示的原则,"中国各民族一律平等",制定的商谈方针也体现了"民族平等"的精神,如"扶助新疆人民政治、经济、文化之平衡发展,俾与内地人民获得同等待遇";尊重各民族之宗教信仰,对教堂寺院加以保护;尊重各民族固有之文化与风俗、习惯、语言、文字;保障各族人民之身体、财产、言论、行动、居住、出版、集会、结社之自由;实施地方自治;减轻赋税;普及教育等等。

10月20日,张治中再次接见伊宁方面代表,将《提示案》交给他们。伊宁方面代表提出需将该案带回伊宁认真研究之后,才能给以答复。张治中接受他们的要求,并诚恳指出,历代统治者对待新疆各族人民的高压政策是完全错误的,是惨痛教训的根源,今后绝对不容许历史的悲剧重演,中央政府将在维护国家统一的原则下,采取种种合理合法的措施,让新疆人民享受自由幸福的生活。张治中对伊宁方面代表说,责任在你们的肩膀上,现在就请你们切实担负起来,检讨过去历代统治者对新疆的错误政策时,申明今后中央对新疆的态度,向他们提出保证,保证中央今后绝对不会采取和过去反动统治同样的错误政策,绝对不会再有什么征服、高压与歧视,一定要遵循着三民主义,为新疆人民谋幸福。听了张治中的这番话,伊宁方面代表感动地说,他们在到迪化之前,鉴于过去新疆当局的凶暴态度,心里很是惶恐,现在明白中央政府的意旨之后,才明白不但和过去不一样,而且对新疆的政策正符合新疆人民的愿望。伊宁方面代表在谈话中再三使用了"中华民国"和"中央政府"字眼,态度较上之前大为不同。并表示他们将尽最大努力说服伊宁临时政府和群众采取和平方式,解决这次事变。他们少则十天多则两周就会回到迪化来给张治中答复。21日,张治中派人护送伊宁方面代表通

第八章 和共亲苏 安定新疆

过两军对垒的玛纳斯河前线,安全返回伊宁。

11月13日,伊宁方面代表返回迪化,带回关于《提示案》的书面答复——《伊宁方面对中央提示案之意见及所提要求》。次日张治中即接见伊宁方面代表,就书面答复所提意见建议举行谈判,双方最大分歧表现在选举各级行政官吏、施行地方自治和建立民族军队等问题上。这是一场马拉松式的谈判,从11月14日至1946年1月2日,除伊宁方面代表回去请示谈判事项的时间外,在迪化期间,几乎每一两天双方就谈判一次。每次少则三四个小时,长则五六个小时,张治中被弄得舌燥唇干,精疲力竭,简直难于支撑。双方本着和平的诚意,在激烈的争论中,立场一步步地拉近,分歧一步步地缩小,也得力于叶谢也夫的疏解,终于搁置争议,形成《中央政府代表与新疆暴动区域人民代表之间以和平方式解决武装冲突之条款》(以下简称《和平条款》),有关省政府组织和军队改编问题分别作为《和平条款》附件(一)、附件(二)存在。

1946年1月2日,新疆省政府办公大楼,中央政府代表张治中与伊宁方面代表正式签署《和平条款》及其附件(一),并即时生效。附件(二)留待日后协商妥当再签字生效。《和平条款》及其附件(一)全文如下:

中央政府代表与新疆暴动区域人民代表之间
以和平方式解决武装冲突之条款

一、政府给予新疆人民选举彼等相信之当地人士为行政官吏之选举权。为实行此种权利,其程序规定如左(原文竖写左起):

事件解决后三个月内,由各县人民选举县参议员,成立县参议会;由县参议会选举县长。副县长及县政府科长以上人员,则由县长委用。尚未实施上项选举以前,事变区域内,区及县之现有行政官吏予以保留。

区行政督察专员及副专员,由当地人民保荐,呈请省政府核定。专员公署职员由专员任用。

各县参议会成立以后,依法选举省参议员,成立省参议会。代表人民之公意,监督并协助省政府。

在宪法未颁布,普选未确定以前,省政府之改组办法,如第九条所定。

二、政府取缔对于宗教之歧视,并予人民以信仰宗教之完全自由。

三、国家行政机关与司法机关之文书,国文与维文并用。

人民上呈政府机关之文书,准予单独使用其本族文字。

四、在小学与中学,用其本族文字施教,但中学应以国文为必修科,大学则依照教学需要,并用国文与维文施教。

五、政府确定民族文化与艺术之自由发展。

六、政府确定出版、集会、言论之自由。

七、政府按照人民实际之生产力,并视其力量,规定税率。

人民经明了对于政府经济上所负之义务,自当负担,但此项负担之数额,应以不妨碍人民生活与经济发展为标准。

八、政府给予商民以国内外贸易之自由,但对外贸易商民,应遵照中央政府与外国所订商约之规定。

九、新疆省政府之组织,应由中央予以扩充,委员名额为二十五人。二十五名省府委员中,十名由中央直接派定,其余十五名由各区人民代表保荐中央任命之。

中央直接派定之十名委员中,包括主席、秘书长、民政厅长、财政厅长、社会处长、教育厅副厅长、建设厅副厅长、卫生处副处长,及专任委员二人。

由各区人民代表保荐中央任命之十五名委员中,包括副主席二人、副秘书长二人、教育厅长、建设厅长、卫生处长、民政厅副厅长、财政厅副厅长、社会处副处长各一人,及专任委员五人。

余见附文(一)。

十、准许组织民族军队,此项人员之补充,应以回教徒人民为

第八章 和共亲苏 安定新疆

原则。

此项军队由参加此次事变之军队,参照国军编制,重新改编。

此项军队之数额及驻地,另行讨论,作成附文(二),俟签订后,始发生效力。

此项军队之教练及命令,以用维、哈语文为原则。此次军队之各级军官,用维、哈语文为原则。

此次军队之各级军官,以保留原级职之方式,分期调送军官学校,补习其应受之军官教育。

此项军队应由政府派遣教练人员协助训练。

驻新中央军队,不与此项军队同驻一处,并应相互间保持友好关系,不得有互相仇视情事。

余见附文(二)。

十一、事变迄至现在,双方拘捕之人士,于事件解决十天以内,相互开释;并保证今后不得以任何借口加以歧视。

中央政府代表:张治中

人民代表:赖希木江·沙比里

阿布都哈依尔·吐烈

阿合买提江·哈斯木

中华民国三十五年一月二日于迪化

附文(一)

关于中央政府代表与新疆暴动区域人民代表所签订"以和平方式解决武装冲突之条款"第九条规定新疆省政府组织办法一节,经双方同意,补充规定如左(原文竖写左起):

一、在各区人民代表保荐中央任命之省府委员十五人中,事变区内之三区,可保荐委员六人。

二、上项之委员六人中,包括副主席一人、副秘书长一人、教育厅长或建设厅长一人,民政厅副厅长或财政厅副厅长一人,卫生处长或社会处副处长一人,及专任委员一人。

三、其他七区共保荐委员九人,包括副主席一人,及除中央直接派定与上述三区所保荐以外之其余厅长、处长或副处长、副秘书长、副厅长各一人,及专任委员四人。

中央政府代表:张治中

人民代表:赖希木江·沙比里

阿布都哈依尔·吐烈

阿合买提江·哈斯木

中华民国三十五年一月二日于迪化①

《和平条款》的签署,是二战后国际国内一致向往和平、厌恶战争的结果,是张治中贯彻蒋介石解中央西顾之忧、安定西北之指示,"以最大的容忍精神,作尽可能的最大让步"的结果,也是伊宁方面受中苏友好及国共和谈大格局制约的结果,让新疆"全省的400万同胞,不分宗教,不分性别,谁不奔走欢呼?"《新疆日报》刊文称赞"由于张氏诚挚开明态度之感动,与其负责及非常之忍耐心,使此一困难问题终于获得解决"。

1月3日,张治中中止新疆谈判,奉蒋介石的特急电飞回重庆,参加国共"停战协定"和军事整编等的谈判工作,并与周恩来、马歇尔分别代表国民党、共产党和美国组成最高三人军事调处小组。在飞离迪化前,张治中和伊宁方面代表再作恳谈,他充满感情地说:"在取得世界反法西斯战争和抗日战争的伟大胜利后,中国已经成为世界五大国之一,我们有四亿五千万同胞,有五千年的文化,有丰富的物产资源,我们将要开始伟大的建国工程,我们一定可以赶上美、英、苏,建成团结统一、富强民主的中国,你们作为中国人民的一分子,是光荣的,相信你们一定会站在中国人民的立场拥护祖国,这是时代给你们的责任。"张治中的话语让伊方代表深深感动,他们诚挚地说:"我们是中国人民,我们一定拥护祖国,请张部长回去之后把我们的意思

---

① 参见《张治中回忆录》,华文出版社2007年版。

第八章 和共亲苏 安定新疆

向中央报告,并向中央领导人致以崇高的敬意。"这是伊宁方面代表第一次明确表达"我们是中国人民",这一刻这句话代表了他们的心声,这句话让张治中切实看到了新疆问题和平解决的曙光!

1946年1月6日,张治中回到重庆,向蒋介石汇报新疆谈判的详细情况,并将《和平条款》及其附件(一)呈蒋介石阅示,蒋介石看后表示同意。第二天,蒋介石又特别约宴党政高级人员,对张治中的新疆之行表示慰劳。不过,蒋介石心里还是觉得张治中在谈判中让步过多,对签订的条款并不完全满意,他在日记中感叹说:"条文如此,则新疆已非我国所有矣。""为适应环境与事实需要,即使名存实亡,以为将来收复便利起见,不得不有此一举,只看吾自身能否愤悱自强耳,能不为之戒惧!"

回到重庆的张治中,随即投身国共军队整编和军事冲突调停之中,代表国民党与周恩来、马歇尔奔波全国各地。期间,在1946年3月1日开幕的国民党六届二中全会上,张治中作《关于新疆问题的报告》。报告中,张治中首先将新疆谈谈判的曲折过程作了简要叙述,然后强调在谈判中始终掌握的两个原则,一是坚持三民主义,尤其是扶助弱小民族的精神;二是坚决不损害国家统一和主权。张治中指出,《和平条款》及其附件(一)就是在这两大原则之下签订的,目的是求得新疆问题的和平解决。

张治中认为,新疆人民在历史上备受统治者高压,高压的结果,人民必然起来反抗。要想解决新疆问题,就要给新疆人民以实际的权利,除国防、外交、币制、交通和司法由中央统一办理,其他一切皆可扶植各族人民自己办理。苏联是个多民族国家,新疆许多民族苏联都有,两国边界犬牙交错、关系密切,在新疆必须和苏联友好相处,才能稳定局势。他还纠正了"新疆民族落后"的错误说法,说明新疆各民族是中华民族的优秀分子,他们的文化落后是统治者造成的,不是他们的责任。新疆突出的问题是水利和交通,希望中央不要在财政上打小算盘,应该大力投资兴修水利、开发矿藏和迅速修建兰新铁路。最后,张治中强调,只要以健全修明的政治力量来安定新疆,新疆一定得到安定;以充分的经济力量来建设新疆,新疆一定可以建设成功。只要能够这样做,新疆当然永远是中国的领土,新疆的各族人民当然永远是中国的人民。张治中的报告博得与会者的高度评价,只是部分与会者对报告中关于中苏友好相处的内容,不以为然。

就在张治中与周恩来、马歇尔视察各地国共军队实行"停战协定"状况、落实军队整编方案,欲实现国内和平,最终建立联合政府之际,途经北平的张治中接到外交部急电,说苏联驻华大使馆接到驻伊宁苏联领事报告,伊宁人民代表甚盼张部长速回迪化,商谈未能得成协议的军事部分。并明确表示,如最近期间不能来迪化,他们将认为谈判已陷破裂,所有已签字的条款一概无效。从此电看,伊方发急了。为什么发急呢?这是因为从1945年11月至1946年3月,国民党3个军约6万军队陆续开进新疆,进入预定战略要点,完成作战部署。与伊宁方面的兵力相较,国军已占优势,这让伊宁方面深感忧惧,急切希望张治中返回迪化,签订军事协议。

1946年3月29日,国民政府发布命令,新疆省政府主席吴忠信另有任用,以张治中任国民政府主席西北行营主任(辖甘肃、宁夏、青海、新疆四省)兼理新疆省主席。张治中不得不停下正在进行的国共军事调停及军队整编工作,再次飞赴新疆。行前,张治中向蒋介石辞行,谈军事、党务、政治以及治理新疆方针,蒋介石很满意,日记云:"一般见解甚得吾心也。"其实,在抗战胜利后蒋介石原定张治中任东北行营主任,当时国内和平是民众希冀,东北则是国共两党、中苏两国问题的一个症结所在,张治中赴任东北,既可以立足东北,又能兼顾全局,向来亲苏亲共的张治中自是愿意,甚至连行营各部门人选部署都作了初步考虑,这一任命终因伊宁事变而改变。现在又让他兼理新疆省政府主席,新疆情况的复杂与凶险,张治中比谁都清楚,自是不愿意,他向蒋介石推荐邵力子和蒋经国二人中选择一个。但蒋没有同意,他不得不同意兼理。4月4日,张治中在满是踌躇中第三次飞抵迪化,进行伊宁事变第二阶段的谈判。这一次,他的身份不仅是国民政府的代表,还是地方最高军政长官。

此时是国民党政府威望最高时期,对外抗战取得胜利,位居中、美、苏、英

第八章 和共亲苏 安定新疆

四大国之列;对内国共和谈成功,"停战协定"签订,政协会议召开,联合政府即将建立。这个时候解决新疆问题当为最有利之时机。4月5日,张治中在迪化同伊宁方面代表继续谈判。伊宁方面代表再提"撤走为应付1944年事变而调来新疆的国民党军队"等3条要求,对此张治中坚决拒绝,并恳切给以说明,这事关国家主权和中央政府的权威,希望伊宁方面代表不要为这3条而影响整个谈判。在张治中的坚持下,伊宁方面代表同意撤回这3条要求。

张治中(后排右四)与三区领导人合影

4月7日,张治中与伊宁方面代表开始商谈军事整编问题。由于民族隔阂很深,许多具体问题又牵涉国内国外等方方面面,很复杂,所以这个谈判是一个非常艰苦的过程。二次谈判开始,伊宁方面代表提出"民族军"要编为10个骑兵团、3个步兵团,并分驻于伊宁、塔城、阿山、喀什、阿克苏、库车、焉耆、迪化等8个专区,这和最初商拟的2个骑兵团、3个保安大队之数相差太大,且驻扎区也扩大到事变区域之外,这让谈判简直无法进行下去,再次陷入僵局。经过苏联驻迪化代总领事叶谢也夫和新到任的总领事萨维列也夫的疏通调解,才又重新会谈。

第二阶段新疆谈判的艰难,对张治中来说,是未曾经历过的。谈判历时两个月,正式会谈就达9次,非正式交谈更是不计其数。期间陆续发生许多新问题,真是波澜迭起,枝节丛生,屡次濒临破裂。在谈判过程中,张治中曾多次返回重庆向蒋介石请示汇报,伊宁方面代表也两次返回伊宁作认真研究商讨。谈判中,双方争执激烈,甚至一字一句都发生争论,耗费口舌无数,而且双方语言不通,需要通过翻译转述,转述过程中,由于语言习惯不同,又会产生误解误读,需要反复解疑释惑,所以每次谈判都在6小时以上,还常陷入僵局。张治中尽管被弄得唇干舌燥,疲惫不堪,但仍然耐心地动之以情晓之以理,做出解释。在又一次争执不下的时候,张治中对伊宁方面最年轻的谈判代表、也是实际负责者阿合买提江说:"我是快60岁的人了,和你的年龄比起来,几乎相差一倍,如再这样长期争论下去,很不适宜。我想建议中央另派年轻的人来和你谈吧。我是负了和平使命来的,自信对和平已尽了最大的努力,负责到最大限度,如果和平不能获得,我只有引咎辞职,离开迪化了。"阿合买提江说:"我们伊宁人民对张部长是充分拥护,但是人民的要求如果得不到相当的满足,问题也不容易解决。"在和平这一共同向往的目标下,在张治中和伊宁方面代表的共同努力下,在苏联方面的居间调停下,最终双方都作了重大让步,达成全部协议。1946年6月6日,国民政府代表与伊宁方面代表在有关军事整编的《和平条款》附文(二)上签字,伊宁事变获得和平解决。附文(二)具体内容如下:

附文(二)

中央政府代表与新疆局部事变人民代表依据本年一月二日所签订之《以和平方式解决武装冲突之条款》第十条关于事变区域内之参加部队重新改编问题,双方商得同意,补充规定如左(原文竖写左起):

一、参加事变之各族部队,参照国军编制,编成骑兵三个团、步兵三个团,总人数以一万一千名至一万二千名为限。此六个团中,两个骑兵团、一个步兵团为国军,两个步兵团、一个骑兵团为本省保安部队。

第八章 和共亲苏 安定新疆

二、政府准伊宁方面就当地回教徒中保荐一人派为伊宁、塔城、阿山三区部队指挥官,指挥节制以上六个团。该指挥官应遵照西北行辕核定之编制,组织指挥。该指挥官应服从新疆警备总司令及全省保安司令之命令,并由政府派该指挥官兼任全省保安副司令。

三、以上六个团之驻扎地点,以伊宁、塔城、阿山三区为限。该三区之治安由政府责成只准由该指挥官所辖之六个团负责维持。国境之守备,由中央担任边防之军队负责,其办法参照事变以前之办法办理。

四、该指挥官派定之后,政府准其协商会同迅将阿克苏、喀什两区之保安部队改编。其补充办法均由当地回教徒人民补充之。

五、该六个团之待遇、供应及其将来之武器装备,其三个国军团,准其按照驻新疆国军之规章及标准办理,由中央补给之;其三个保安团,按照本省保安部队之规章标准办理,由省政府拨交保安司令部补给之。

六、参加事变之各民族部队之改编事宜,由该指挥官对政府负责办理。此项部队编成六个团以后之驻扎地点,应分别呈请新疆警备总司令及全省保安司令核定之。该六个团之人马武器实数分别呈报警备总司令及全省保安司令备查。

中央政府代表:张治中

人民代表:赖希木江·沙比里

阿布都哈依尔·吐烈

阿合买提江·哈斯木

中华民国三十五年六六月六日于迪化①

这次新疆和平谈判意义深远,奠定了张治中在新疆各族人民心目中的崇高威望,甚至为1949年新疆的和平解放打下了基础。国民政府监察院院

---

① 参见《张治中回忆录》,华文出版社2007年版。

长于右任在新疆和谈成功,建立联合省政府时飞赴新疆,在飞临天山上空时,填《浣溪沙》词一首:"我与天山共白头,白头相映亦风流,羡他雪水灌田畴。风雨忧愁成往事,山川憔悴几经秋,暮云收卷见芳洲。"热情讴歌伊宁事变的和平解决。

第五节　建立联合省政府

在中央政府的主导下,在"临时政府"内部革命派的斗争下,在三区乃至新疆各族人民的共同努力下,在苏联的大力支持和协调下,新疆谈判至此完成,伊宁事变和平解决,张治中将此次谈判的详细经过,以及新疆建立联合政府的人事安排、治理新疆的思考等,写成翔实报告,交民航班机带回重庆,送交蒋介石,请蒋示下。

这次进疆,张治中一是体会到了新疆斗争的残酷性。历史上,有人说新疆是十年一大乱,五年一小乱,几乎每次动乱都是汉族和突厥语系民族互相残杀,民族仇恨甚深,这次伊宁事变也不例外,三区汉人很多被杀害。伊宁事变爆发后,部分国民党守军在被"民族军"围困、突围无望后,首先枪杀了自己的老婆孩子,然后自杀。这样的民族仇恨与恐惧令人心悸。另一方面,新疆各族人民也备受历代统治者的剥削和压迫,盛世才统治下的新疆就如同一座大监狱。二是体会到了新疆政治的复杂性。从外部看,列强的插手使得新疆四分五裂,特别是苏联在新疆影响力极大,中央政府在新疆属于"弱势部门"。从内部看,新疆政治势力多元,包括泛突厥主义派、哈萨克族势力以及紧跟苏联军队实力派,甚至中央政府里也分为主战派和主和派,缺乏核心。三是体会到了新疆经济的脆弱性。虽然新疆资源丰富,但开发不足,与内地交通不便,农村破产,工商凋敝,很少的日常用品都来自苏联,人民生活困苦已极。同时"各级官吏多存五日京兆之心,贪污风气,变本加厉"。张治中的秘书陶天白曾回忆他初到乌鲁木齐的景象:"下了飞机到迪化城,就有一种不满的情绪。迪化简直不像个城市的样子,楼房就两座,一座是新大楼,另外一座是大银行。其他地方要么是平房,要么是台铺子上面

第八章 和共亲苏 安定新疆

砌上一面墙的假楼房。全迪化市当时才12万人,破破烂烂,荒凉得很。"

鉴于这种体会,张治中在给蒋介石的报告中提出,解决新疆问题,在外交方面要和苏联保持友好关系,有关经济问题要采取合作的方式,在当前有利时机下迅速商谈解决。这是一。在内政方面,要修明政治,收拾人心,彻底扭转新疆官吏的贪污腐败之风气,否则,民众望治之心恐转为思乱之心,事变随时随地可能再爆发。这是二。新疆物资匮乏,物价高涨,长期依赖苏联终不是长远之计,中央政府要加大投入,改善新疆交通,保障新疆的物资供应,收揽人心向内。这是三。此外,在文化、教育、民族、宗教等工作上,无不要认真检讨,彻底整顿。蒋介石在研阅张治中的报告后,复电说:"报告悉,深感欣慰,已交有关部门注意研究优先办理。"

1946年6月18日,国民政府行政院发布新疆省政府组成人员名单:

  西北行营主任兼委员兼主席　张治中

  委员兼副主席　阿合买提江

    包尔汉

  委员兼民政厅厅长　王曾善

  委员兼民政厅副厅长　赖希木江

  委员兼财政厅厅长　卢郁文

  委员兼财政厅副厅长　马廷骧

  委员兼教育厅厅长　赛福鼎

  委员兼教育厅副厅长　蔡宗贤

  委员兼建设厅厅长　穆罕默德·伊敏

  委员兼建设厅副厅长　顾谦吉

  委员兼秘书长　刘孟纯

  委员兼副秘书长　阿巴索夫

    萨力士

  委员兼社会处长　赵剑峰

  委员兼社会处副处长　尔德尼

委员兼卫生处长　达列力汗

委员　屈武、管泽良（未到任）、伊力汗·吐烈、乌斯满、阿布都克日木汗·买合苏木、伊斯哈克拜克、艾沙、钟棣华①

根据《和平条款》规定，新疆省政府委员为25人，其中中央派定10人，七区保荐9人，三区保荐6人。但据新疆省政府实际组成情况来看，中央派定9人，喀什、阿克苏、哈密、和田、库车、焉耆、迪化7区保荐8人，伊宁、塔城、阿山3区保荐8人。其中，汉族8人，维吾尔族9人、哈萨克族3人、回族2人、蒙古族1人、柯尔克孜族1人、锡伯族1人。这种包含各民族代表人物，包括激进的、保守的、中间分子在内的省级政权机构，彻底改变了新疆历史上的政权人事组成，是一个大胆的创新举措，张治中就是想通过这种民主方式产生的省政府，共同建设一个崭新的新疆。

6月中旬，苏联将艾力汗·吐烈、阿合买提阿吉、热依木江、玉山卡里等为首的一批泛伊斯兰主义，泛突厥主义分子，以及代号为"一号房子"、"二号房子"的苏联顾问团等苏方人员秘密撤回。6月27日，"东突厥斯坦共和国"解散。

张治中携女儿素久在迪化机场迎接于右任

7月1日，新疆和平广场3万多人集会，隆重举行联合省政府成立大会，中央政府委派监察院院长于右任到会监督。联合政府主席、副主席、委员宣誓就职，表示忠于祖国、忠于人民，认真贯彻"和平、统一、民主、团结"的治理新疆总方针，齐心协力建设一个美丽富饶的新疆。成立大会上，张治中发表了热情洋溢的讲话，他强调，和平在我们共同的努力下已经实现了，我们必须很好保持它、爱护它、发

---

① 参见《中华民国国民政府军政职官人物志》，刘国铭主编，春秋出版社1989年版。

第八章 和共亲苏 安定新疆

展它,我们必须通过增进中苏友谊、拥护国家统一、实行民主政治、加强民族团结,使和平成为全面的永久的和平。

联合省政府的成立,使得新疆的紧张形势缓和下来,这为建设发展新疆奠定了坚实的基础。建设新的新疆,必须有新的精神基础,早在一个多月前,张治中在迪化市"五五"纪念日(1921年5月5日孙中山在广州就任非常大总统,领导二次护法运动)上就发表题为《建立三民主义新新疆的精神基础》的讲话,主要内容就是建设新新疆要坚持和平、统一、民主、团结,戒除贪污、赌博、鸦片。他指出,世界反法西斯战争胜利后,世界需要和平,中国更需要和平,作为中国的一个省份,新疆当然需要和平,新疆人民更希望和平;要建立强大的国家,全国就要统一于中央政府,作为一个省,新疆就要统一于省政府,只有统一才能使力量集中,才能促进建设和进步;要实行政治民主,一切让人民做主,一切措施都要符合人民的公意;各民族意要互相尊重,互相亲善,互相帮助,大家要精诚团结。张治中特别强调,作为一个汉人,他从来没有民族优越感,他感觉各族同胞都和兄弟姊妹一样,个个又强健又俊秀,很令他欢喜。张治中说,这就是建设新疆的精神基础,凡是违背这个基础的事情就不能做不能说,凡是合乎这个基础的事情就可以大力宣传。大家有了这个共识,就具备建设新新疆的精神基础了。

联合省政府成立后,连续召开5次全体委员会议,通过包括政治、民族、外交、经济、财政、交通、教育、文化、卫生等内容的9章86条《施政纲领》,以"保障全省和平,拥护国家统一,实行民主政治,加强民族团结……共同努力三民主义新新疆之建设"。其"政治"部分首列"实行民主政治,使人民有充分参与政治之权利",禁止任何机关及宗教团体对人民施以体罚;"民族"部分规定"各民族在政治上、经济上、法律上、教育上一律平等","促进各民族互相尊重,互相亲善,互相扶助,实现精诚团结";"外交"部分规定"切实增进中苏亲善","促进中苏经济合作";"经济"部分则规定"扶植自耕农,保护佃权,防止土地集中,以期达到耕者有其田之目的";"财政"部分规定,"发展经济,提高生产,以达到财政自给自足之目的","各项赋税之征收,应符合中央法令,并以不妨碍人民之生活与经济发展为原则";"交通"部分规定,"发展省内外交通,促进本省经济文化之发达",请中央迅速按照标准整理修筑新疆境内之国道;"教育"部分规定,"培养具有国家观念、民族意识、人格健全之国民";"文化"部分规定,"保障学术自由,奖励科学研究",发扬各民族固有之文化;"卫生"部分规定,"加强保健措施,提倡国民体育,注重儿童保育",大量培养医药人才。9月1日,通过选举法,各县参议会相继成立,县长陆续选出。民选县参议员中,维吾尔族占59.31%,县长全部是本地民族人士。

为落实《施政纲领》各项政策,张治中还采取了一些具体的重要施政措施。一是释放全部政治犯。盛世才统治新疆时期,制造了大量冤假错案,以各种罪名逮捕和关押大批各族各界人士,吴忠信主政新疆期间曾释放了一批,如包尔汉、阿合买提江等人,但仍关押有380余名。1946年7月19日,张治中命令各专员、县长、警察局局长"一律查明具报",凡属政治犯立即释放。二是清查发还被没收的人民财产。盛世才曾制造各种案件,残害人民,借机没收被害者的财产以自肥。吴忠信主政新疆期间,曾做了一些清查工

阿合买提江(左二)、阿巴索夫(左五)与孙科(左三)在南京合影

第八章 和共亲苏 安定新疆

作,发还了一小部分。张治中决定给予彻底清理,为此成立清产委员会,专门负责此项工作,要求半年完成.并发布《发还前督办公署没收人民不动产办法》等文件。三是免除全省捐税。1946 年 6 月 1 日,张治中电令各专署、县政府和征收局,从 7 月 1 日起全省一律免除所有税收半年,农牧税则免除一年,同时撤销全省各地征收局,所有人员调至迪化参加财政、税务、会计班受训。为解决因无税收而紧张的新疆财政,他一方面向中央政府要求给予财政补助,另一方面从内地运进大量粮食、茶、糖、布匹和日用品予以解决。四是撤除玛纳斯河警戒线。为执行和平条款,省政府成立军事小组,在玛纳斯河两岸监督撤军,拆除工事,中央军撤至绥来城外,"民族军"撤至石河子,恢复了迪化与伊犁之间的交通贸易。五是坚持亲苏政策,恢复迪化中苏文化协会,延长中苏航空条约,协助苏联运回存放在星星峡和哈密的物资,加强中苏在新疆的贸易和经济合作。除此之外,张治中还撤销了盛世才时期成立的特务机构警务处;聘请专家学者,成立新疆建设技术辅导团,研究制定新疆建设规划纲要,修建了红雁池水库及和平渠;由中央政府拨给 50 亿元(法币),成立西北民生实业公司,在兰州、上海、南京等地设立分公司,有内地运进民生日用必需品,以成本价出售,然后新疆土产运销内地;罗致国内文化名士,成立西北文化建设协会。同时,还对贪污、吸食鸦片、赌博等犯罪行为采取严厉打击措施,当众在迪化广场焚毁数十万两鸦片,使其在一个时期内有所收敛。

1946 年 11 月,阿合买提江等新疆代表到南京出席国民大会,阿合买提江并当选为主席团成员。12 月 8 日下午,蒋介石约阿合买提江谈话,宣示"新疆各民族平等自由之实施办法",要求他特别注重"新疆与中央间之情感与互信,以建立团结之基础"。28 日,新疆代表向蒋介石献旗,蒋介石借机训示阿合买提江,"明告其政府对新疆除保卫国土、保卫人民利益之外,绝无其他企图与所求也"。阿合买提江回到新疆后,心情愉快,见人即告知他们这次到内地去很受欢迎,受到中央的重视,得到蒋介石的接见,礼遇有加。

这些重要的政策措施,使得新疆渐趋稳定,经济渐有发展,也为日后和平解放新疆奠定了基础。

第六节　万里护送共产党人

1946年3月,张治中出任西北行营主任兼新疆省政府主席,在他离开重庆飞往新疆前夕,黄埔时期就结下深厚友谊的周恩来和邓颖超到桂园为他送行,嘱托他到新疆后,将1942年8月就被盛世才关押在监狱里的一批共产党员释放出来,并护送到延安去。周恩来说,这里头就有你认识的杨之华(瞿秋白的夫人、张治中的同学,瞿又是张的老师),你到迪化时可和她联系了解一下情况。周恩来并叮嘱随行的好友屈武(国民党元老于右任的女婿),张治中到新疆肩负和平谈判的重要使命,工作一定会很忙,请你记得提醒他,帮助处理这一重大问题。

同年6月,迪化市市长屈武奉张治中之命到狱中向中共在押人员宣布,关于送你们回延安的事,张治中主任正在向重庆方面请示,再作出安排。从现在起改善大家的伙食,发放报纸,准许在狱中自由行动,允许配偶会见。此时,因释放这批共产党人出狱回延安的权限在重庆,张治中命令秘书余湛邦多次给蒋介石发电报,说明盛世才在1942年至1943年逮捕了一批共产党员,其主要人员陈潭秋、毛泽民、林基路已在1943年9月被盛世才杀害,剩下的都是普通人员,且多为老弱妇幼病残。在重庆和谈时,毛泽东曾向你要求释放这批政治犯,你已同意,并写进《双十协定》和政治决议,中外周知,不能不执行,否则我们将失信于天下,对于解决当前面临的种种矛盾将极为不利。蒋介石开始并未答应,只是要求张治中报送被关押

"六大政策监狱"外景

第八章 和共亲苏 安定新疆

人员名单给他。张治中在报送名单时，再次重申上述理由，并特别强调，如不按国共协定释放政治犯，首先就很难取信新疆民众，新疆和谈的任务恐亦难以完成。但若干天后，蒋介石仍不表态。张治中再次发报，报告新疆和谈进程，请蒋对释放中共政治犯"早日裁核"。几经电报往返，加之中共被捕人员大多使用的化名，从名单上根本弄不清杨之华、马明方、张子意、方志纯这些中共重要人物的真实身份，蒋介石最后勉强同意了张治中的要求。

接到蒋介石的同意释放回电，为防再生变节，张治中立即命令他的机要秘书余湛邦和西北行营驻迪化办公厅第二组组长党必刚前往监狱，向被关押的中共人员宣布，从现在起你们被无条件释放了，等一切准备妥当，即送你们回延安。鉴于和国民党长期的斗争经验，狱中有人怀疑国民党以释放为名，将大家转移别处，另有阴谋。且大家长期被关押，遭受酷刑和虐待，身体极为虚弱，经不起长途跋涉。为稳妥起见，狱中党组织经研究向张治中提出几点要求，大意是我们长期遭受监禁摧残，不堪长途劳顿，尚需休养时日，恢复身体，恳请展期回延安；我们无辜受迫害4年之久，请在报纸上为我们伸张正义，恢复作为公民的一切权利、自由；希望张主任派人护送我们回延安，统筹安排途中一切事宜，如老弱病残之扶持、医药用品之准备；启程前查明陈潭秋、毛泽民、林基路等人下落。张治中接信后，判断他们是怕上国民党的当，在途中遭到杀害，为解除他们的疑虑，决定请中共在押人员派代表到他的住处面谈，并招待吃饭。狱中党组织派杨之华（当时化名杜宁）及其女儿、吉合（当时化名吉国兴）、朱旦华等6人前往张治中处。因为杨之华是张治中的同学，方便了解真相，并且杨之华母女是张治中指定要见的；吉合是陈潭秋的助手，朱旦华是毛泽民的妻子，他们前去利于查询陈、毛等人的下落。会面时，张治中温言相慰，开诚布公地说，你们信上提出的意见我基本同意，但陈潭秋、毛泽民、林基路等人已被盛世才秘密杀害。招待吃饭时，张治中针对大家对释放的疑虑，反复解释说，释放和派专人护送大家回延安是真的。恩来先生从大革命起就是我的好朋友，这次我来新疆前，他们夫妇亲自到我家再三嘱托此事。眼下国共和谈前途并不乐观，时局不稳，为防夜长梦多,你们要赶快走,不能等,不能停留,更不能先见报,否则你们会有危险的!张治中的真诚相待,终于打消了中共被关押人员的疑虑,积极准备即将开始的长途跋涉。

张治中深知这次护送事关重大,情况复杂,必须挑选绝对可靠的人员负责。经再三思考,并同新疆警备总司令陶峙岳商定,派警备司令部交通处处长刘亚哲少将负责护送。因为刘对沿途交通情况和路线较为熟悉,既是沿途交通站的顶头上司,又具有少将军衔,遇到一般问题可以就地解决。新疆距延安数千公里,沿途地形复杂,险情众多,稍有不慎,就会车毁人亡。为此,刘亚哲到有关部门反复摸排,拟订详细的护送计划,安排 10 辆 10 轮大卡车,配备军医、军需、电讯人员,配备一个警卫排随队护卫。该计划报经张治中审阅后实施。6 月 10 日车队启程,9 日张治中亲自找来刘亚哲反复交代,这是一个重要的政治任务,你要全力完成。要特别注意安全,将他们照顾好,多与当地驻军联系,必要时请求协助。每到一地,要给我来电报告情况,遇到困难随时向我报告。你送到兰州就回来,由兰州方面另派人继续往前送。刘亚哲问张治中:"是护送还是押送?"张答:"当然是护送。"刘亚哲又问:"旅费怎么办?"张答:"实报实销,回来拿给我批。"并强调只要是按我的指示办的,一切由我负责。

出发前,张治中分别给甘肃省政府主席谷正伦、驻陕西的第一战区司令长官胡宗南、陕西省政府主席祝绍周以及沿途重要军警宪特单位去电,说明这是按蒋介石的指示释放的一批中共人员,由西北行营派人送回西安,请沿途放行,并妥善接待。同时,将此事的简要情况及动身日期电告周恩来。6 月 10 日凌晨,131 名中共人员分乘 10 辆大卡车驶离迪化,在空旷的戈壁荒漠上奔驰。行前,张治中派屈武作为代表,赶来为大家送行,祝大家早日平安回到延安。

车队由迪化出发,当天晚在吐鲁番宿营。再由吐鲁番到第二个宿营地七角井,这段路程最为艰险困难,一片焦红的不毛之地,两侧是连绵的山岭,公路在山谷中穿行,若是从两侧山上崩落一块石头,也会把人砸死。而且这

第八章 和共亲苏 安定新疆

一带经常有土匪出没,拦截汽车过客。更使刘亚哲担心的是特务机关不同意张治中释放这批共产党人,如果他们派出武装化装成土匪在途中截击,虽有一个排的护送兵力也无济于事。为安全起见,刘亚哲连夜去找自己认识的当地驻军负责人,请求对方派一个连的兵力沿途布岗。第二天出发时,又派出两辆装甲车前后保护。从而保证了这一段路的安全。

6月中旬的火焰山、戈壁滩,骄阳似火,酷热难忍,白天的气温高达摄氏50度。车上的一个女孩子

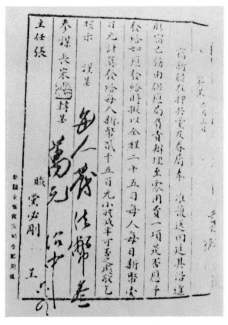

张治中签批的护送中共党员回延安之经费批文

被热死了。鉴于此,并考虑到这批共产党人在监狱里被关4年之久,受尽酷刑虐待,体质很差,且还有不少人是长征时期受伤残废了的,如谢良只有一条腿、罗云章一条腿都没有,上下车都需要人背。在到达第二个宿营地七角井后,刘亚哲决定召开会议,专门研究安排生活问题。会上,刘亚哲宣布提高伙食标准:每餐四菜一汤,两荤两素,6个人一桌,每天早上每人发两个鸡蛋。刘亚哲并请共产党人杨之华、吉合和高登榜参加会议,监督伙食标准的落实情况,随时向他报告。因为这批人中有23个孩子,有的才四五岁,普遍营养不良,差不多都有病,特别是张文秋的三个女儿——松林、绍华、绍林,每天都要打针吃药,所以会议还规定,以后在途中休息和晚上宿营时,医务人员要给病号检查身体。路上杨之华也告诉刘亚哲,她是从苏联回延安去,经过迪化被盛世才关起来的,在监狱多年,一身都是病,得了肺结核。

由于刘亚哲的悉心安排,经吐鲁番、七角井、哈密、星星峡、安西、酒泉、高台、张掖、威武、古浪、永登到兰州,原计划12天,结果9天就到达了。在

兰州,刘亚哲向大家说明他的护送任务已完成,从兰州开始由行营谭高参继续护送他们前往延安。但大家坚决不同意换人,遂全体联名打电报给张治中,要求继续由刘亚哲护送大家回延安。张治中收到电报。5天后,张治中回电到达兰州,同意派刘亚哲继续护送大家到延安。

在新疆监狱关押的孩子们回到延安后合影

6月25日拂晓,护送车队离开兰州,当晚宿营华家岭。第二天继续前进,宿营地是六盘山下的静宁县。在距离县城十几里的地方,有一条数丈宽的小河,无雨则河无水,一下雨河水就猛涨。车队行至此地时,突遇倾盆大雨。第一辆汽车渡河时,车到河心,因水位过高熄火了。正在着急之际,阵阵洪水的吼叫声已隐隐传来,山洪就要下来了,山洪一到,河里的汽车将会被冲走,车上所有人的性命也将付诸洪水。刘亚哲急中生智,立即命令停在岸边的汽车开下河去,同河心的熄火汽车接上,一辆接一辆搭成汽车桥,让河心这辆车上的人踏着汽车跑上岸来。果然,河心的那辆汽车被迅猛而下的山洪冲得一时不见踪影。刘亚哲赶紧询问车上的人都出来没有,答曰还缺一个。山洪过去,那辆车在几百米外出现了,但车上空空如也,只能寄希望那个没出来的人会游泳了。车队进入静宁县城,已是深夜。那个被洪水冲走的人果然回来了。原来他真的会游泳,这让大家非常高兴。

第八章　和共亲苏　安定新疆

　　从静宁出发，下一个宿营地是平凉，这里已经进入胡宗南的势力范围。尚未进城，就来了一大帮特务，声言要进行检查。刘亚哲问检查什么，特务们说要检查行李。刘亚哲严肃地说："不是货车，不是商车，车上都是共产党，人不犯私，行李犯什么私！不能检查。"特务们看刘亚哲是个少将，也不敢再轻举妄动，就乖乖离去了。进城宿营后，刘亚哲考虑到这批特务可能会再找麻烦，就去找了平凉驻军军长、老熟人钟松，请他通知特务检查站别再来找麻烦。从平凉出发，经过邠县（邠县），再过去就是西安了。夜宿邠县，刘亚哲突然接到胡宗南的电报，要求刘亚哲带领车队不要去西安了，直接去咸阳，那里有"招待所"接待他们。咸阳是胡宗南关押进步人士、杀害共产党人的地狱，这是人所共知的事情。刘亚哲在胡宗南部下工作多年，知道他对共产党人的态度，如果把这批人送到咸阳落到他的手里，这批人的性命就难保了。胡宗南之所以直接给刘亚哲打电报，是认为刘曾是他的旧部，一定会听从他的命令。

　　刘亚哲经过考虑，将这个消息告诉了中共人员，大家一致反对去咸阳，并要求连夜赶到西安。杨之华并提醒，车上有一个病号，发烧40多度，患的是回归热，很危险，要赶紧抢救。经缜密思考，刘亚哲决定以抢救病号这个理由夜行军闯进西安城，进了西安城，就把这批人送到八路军办事处，再由办事处把这个消息公布于众，使国内外都知道这件事。这样胡宗南就不再敢轻举妄动，他的阴谋也就被粉碎了。而把这批人交给八路军办事处，就是交给了共产党，自己的任务也算完成了。开始行动前，刘亚哲特意给胡宗南回电"遵办"，从而把胡宗南稳住。午夜1时许车过咸阳，因特务检查站的人都睡了，没遇到阻力。午夜2点，车队到达西安城，一切都按计划办妥。第二天上午刘亚哲去见胡宗南。胡宗南听说这批人都交到了八路军办事处，气得半天不吭声。刘问胡宗南什么时候让这批人去延安，他很生气地说，听通知！回到旅馆，刘亚哲急忙给张治中打电报，告知这批人已送到八路军办事处。

　　第二天西安各家报纸果然发表了这批共产党人到达西安的消息，说张治中在新疆释放共产党，由少将交通处长刘亚哲护送去延安，昨夜抵达西安,下榻八路军办事处云云。刘亚哲在等候胡宗南通知的同时,每天一次或两次打电报给张治中,电文只是四个字"尚未出发"。一直等到第六天,胡宗南的机要秘书熊向晖(中共地下党员)通知刘亚哲去见胡宗南。胡宗南板着面孔说,这批人不能走,政治部有意见,要审查。刘亚哲说,新疆张治中主任已经审查过了,都是共产党人。胡又问,这批人中有没有杨之华?刘答曰,有。胡宗南说,听说她很漂亮,是瞿秋白的太太,你领她来见见我。刘说,已经交到八路军办事处了。胡明白刘的意思,遂没有再说下去。这是胡宗南的第二个政治阴谋,所谓的审查就扣留。他要等到蒋介石发动全面内战的时候,再把这批人拉出去杀掉。

刘亚哲从胡宗南那出来,先赶到八路军办事处,安慰大家说,请大家放心,现正在解决手续问题,很快就可以再出发了。回到旅馆,刘亚哲赶紧给张治中发了一份电报,告知这批人被阻拦迟迟不能出发去延安。张治中得之后,多次打电报蒋介石,说明如果把这批人扣留在西安,国内外都将产生极坏影响,让人感觉国民党根本没有和平的诚意。同时,在南京的周恩来也不断同蒋介石进行当面交涉,强烈要求放行;朱德总司令也直接给蒋介石打电报,要求将这批人放行去延安。7月7日,胡宗南将刘亚哲找去,对他说:"这批人可以走啦,你到参谋处去拿手续吧,但不要去延安。"刘亚哲到参谋处,拿到胡宗南给他的代电,内容是:"奉侍字00号,准派刘处长亚哲护送新疆释放的共产党人到边区鸡加村,克日出发。胡宗南章。"这是蒋介石给胡宗南下的命令,"侍"字是蒋介石侍从室的代号。

从西安到延安南边的鸡加村,500里路,早晨出发,需要晚上才能够到达。但车队在洛川县城却停留了3天。洛川县城离解放区只有几里路了,为什么要在洛川停留三天呢?因为当天晚上在洛川宿营,准备第二天进解放区时,特务机关派来的混在护送人员里的十来个人向刘亚哲报告,说他们不能去解放区。问为什么,他们回答是害怕。刘亚哲意识到过解放区封锁线时,也许会有特务埋伏袭击,他们害怕生命没有保障。刘亚哲当即回答,不行,要一起去。但特务们不肯,刘亚哲遂打电报给张治中请示。在等待复

第八章 和共亲苏 安定新疆

电的时间里,刘亚哲在洛川县城大造声势,请熟识的洛川专员、县长为这批被释放的共产党人开联欢会,欢送共产党人过境。从而对有可能发生的不测,形成震慑。第三天新疆回电报,要求这十来个特务得听从刘亚哲指挥,违者纪律制裁。如此,这十来个特务都跟着刘亚哲进了解放区。

经过一个月数千公里的长途跋涉,护送车队终于达到鸡加村。远远就看见彩旗招展,听到锣鼓喧天,欢迎仪式非常隆重,这里就是交接地点。刘亚哲将这批人的花名册交给杨之华,在杨之华的引荐下与朱德总司令派来的接收人见面,花名册即交给接收人。刘亚哲在这里受到热情接待,朱德亲笔写信向张治中表示感谢,信上并有周恩来的签名,还给张治中准备了皮筒、毛毯、毛线等礼物。当刘亚哲动身返程时,他护送回来的孩子们排成一列高喊再见。

在新疆监狱关押的中共党员及其家属回到延安后合影

这批久经考验的革命者,回到延安稍作休整即奔赴全国各战场,为推翻国民党反动统治、迎接共和国诞生而浴血奋战。新中国成立后,这批从新疆归来人员中,有20多人担任省部级领导干部,如马明方历任陕西省委书记、西北局书记、中央财贸部长、东北局书记;张子意长期担任中央宣传部常务副部长;杨之华任全国妇联副主席、中央监察委员会委员;方志纯任江西省省长;高登榜任国务院副秘书长;吉合历任内蒙古军区参谋长、总参训练总监部军事科学和条令部副部长,而其中的新疆航空队队员,更是占据各大军区空军司令员、副司令员等要职。这批释放归来人员为民族解放、国家富强作出了巨大贡献,是党和国家的栋梁之才。

第九章
北平和谈　唯张是赖

1946年11月15日,蒋介石不顾中共和第三方面的激烈反对,悍然单方面宣布召开国民代表大会。至此,国共两党自1936年以来断断续续进行了10年之久的谈判就此画上句号,一切和平的努力完全化为乌有,剩下的只能是战场上相见。次年3月,随着在南京、上海、重庆等地中共留守处的共产党谈判代表被驱逐,国共两党彻底摆脱所有束缚,放手大打。但谈判桌上蒋介石没有得到的东西,在战场上仍是得不到,无论是谈判桌上,还是在战场上,蒋介石都不是毛泽东的对手。经过一年多的战场较量,国民党军队从开始的全面进攻逐渐转变为重点防守,中共军队则从内战爆发之初的守势逐渐转向全面战略反攻。到1948年底,中共军队已成破竹之势,不仅全歼国民党东北守军47万人,占领全东北,而且几乎在同一时间成功发起察绥战役、济南战役、荔北战役及郑州战役,夺取包头、郑州、开封和几乎整个山东。并开始大规模发动淮海战役和平津战役,大约120万人的国民党军团分布在北平、天津、张家口和以徐州为中心的陇海、津浦两条铁路线上,很快陷入覆灭的深渊而无法自拔。这从根本上动摇了南京国民党政府的统治,本来就矛盾重重的国民党各派势力之间也迅速发生内讧,求和之声日盛一日。在这种情势下,在国民党集团以联苏和共闻名的张治中,众望所归,再次走上历史的前台,担负起国共北平和谈的重任。

第一节　直谏蒋介石"联苏和共"

联苏和共是张治中一贯的政治主张。从 1946 年 6 月开始至 1947 年 3 月,蒋介石悍然撕毁政协决议,单方面召开制宪国民代表大会,在全国范围内发动内战,国共谈判的大门彻底关上,这使得张治中痛心疾首,他不顾个人艰难危境,多次向蒋介石口头或书面提出建议,几乎跨越整个解放战争时期,反对内战,直谏蒋介石走联苏和共的正确道路。

由于新疆联合政府刚成立,伊宁事变刚平息下去,工作千头万绪,从 1946 年 3 月 29 日飞赴迪化,直到 1947 年 1 月,张治中才抽出时间回南京一次。只是这 9 个月间,国内的环境已经发生巨变,国共两党的关系已经到了无法挽回的境地,到处是战火硝烟。在南京,张治中与马歇尔见面,二人对当前的局势,除了担心,就是失望,相对两无言。此后马歇尔卸任驻华大使,返回美国任国务卿。在与蒋介石见面时,蒋希望张治中再到延安走一趟,但这时张治中已经是意兴阑珊,相当消极,提出请邵力子、张群同去,蒋介石坚持张治中一个人先去,张治中无奈只得同意,托美国驻华大使司徒雷登通知中共,终因中共要求国民党政府取消非法制定的宪法和恢复 1946 年 1 月国共两军的军事位置,不被蒋介石接受而作罢。在南京的张治中,和既不能成行,战又非自己所愿,只得在主战派的冷嘲热讽中黯然离开,飞返新疆。

行前,1947 年 2 月 24 日张治中给蒋介石写去一封长信。他在信中条分缕析,指出国民党政府威信低落、党政军的种种弱点,希望蒋务必改变领导作风,检讨各项政策,特别是对苏联政策与对中共政策的改弦更张。张治中坚决主张对外联苏、对内和共,"觅取各种有效途径,把握时机,争取主动,一心追求和平统一的鹄的"。我国的外交政策,要以独立自主的精神,发展平衡外交,既要巩固中美关系,更要增进中苏关系,以中苏、中美关系来促进美苏关系的发展。张治中并尖锐地提出,请反思我们现在的一边倒亲美外交政策,是否符合我们国家的利益,是否能解决国内的诸多难题!蒋介石对张治中这封直率且激烈的建议信未予理睬,却在 2 月 27 日、28 日以国民政府

第九章 北平和谈 唯张是赖

名义先后通知中共驻南京、上海、重庆等地担任谈判联络工作的代表全部撤退,宣布国共谈判完全破裂。7月5日,国民党政府发布《戡平"共匪"叛乱总动员令》。这些事件深深地震撼着张治中的心灵。他在回忆录中写道:"内地的悲剧一幕又一幕地继续演出,使我在边疆看了不禁惊心动魄!"而此时新疆由于所任非人,局势再度恶化,伊宁方面人员开始从迪化撤离,双方陷入僵局,张治中感觉已无留在迪化的必要,他想回到内地,对改善中苏关系、恢复国内和平再一份力量。

1947年9月11日,征得蒋介石的同意,张治中再次回到南京。回到南京的第二天,蒋介石即召见张治中,询问他目前局势的意见,张治中重申2月意见,蒋这次听了是连连点头,要求张治中"你去做做看"。在南京,行政院院长张群请他吃饭。7个月前张治中回新疆时,刚担任行政院院长的张群曾到张治中家里,就当前局势深入交换意见,张治中建议:"一定要把握两项方针,一是对外的,改善中苏关系;一是对内的,力谋恢复和平。这两大政策实现了,那么你就成功了,你领导的行政院在历史上也是空前的,否则必失败无疑!"孰料张群不但没有实行这两项方针,而且对内下达"戡乱"令,对外中苏关系越弄越僵。这次再见面,张治中对张群说:"你失败了!我建议你两大政策,你不但没有做,而且更坏,当然失败了。"张群说:"我有什么办法?党内空气这样,蒋先生和大家的意见又是这样,我有什么办法?"张治中说:"你应该不干这个院长。"张群答曰:"辞不掉啊!"

这次回南京,张治中前后居留达5个月之久,为排解内心的烦恼,他曾到苏州、杭州、上海,甚至是台湾旅行了一回。在台湾,他前去看望了软禁在新竹温泉的张学良。这是自西安事变张学良被软禁后,张治中第三次前去探望,第一次是张学良在事变后送蒋介石回南京,软禁在鸡鸣寺宋

张群(右)与周恩来

子文家里，张治中前去探望；第二次是张治中治湘时，探望软禁在湖南沅陵的张学良。张学良再次托张治中向蒋介石、宋美龄提出两点要求，一是希望恢复他的人身自由，不一定要做事，"蒋先生住在哪里，我就住在哪里"；二是不想与护卫（监视）他的刘乙光一家同住，希望刘一家搬出去，以保持一定的自由和距离。回到南京后，张治中向蒋介石报告了他在台湾看望张学良的情况，并转达张学良的两点请求，"希望总统予以体恤"。但蒋介石并不接话，对张学良的请求不置一词。张治中又去找宋美龄。宋美龄认为两点要求中，第一点不容易做到，第二点可以帮忙解决。后来，宋美龄就跟蒋介石商量，将官升少将的刘乙光调走。其实，蒋介石对张治中去看望张学良很不满意，很快就下达手谕，要求以后任何人未经他的允许，都不准去见张学良。

旅途中，张治中想起正在激烈进行的内战，想起人民和国家的灾难，尤其是自己毕生追求的国内和平已成泡影，不禁万感交集。11月回到南京，经过缜密思考，张治中于12月18日写了一个机密建议呈给蒋介石。该机密建议指出，过去一面倒（亲美）的外交政策，根本丧失独立自主之精神，不符合国家的现实利益，建议排除"美国吃醋"的顾虑，径向苏联提出派遣特使赴苏，以谋打开中苏僵局，并觅取解决国内问题的途径。此时蒋介石亦有打开中苏僵局的念头，遂表示可以从侧面作一些试探。但终因蒋介石一心想着依靠美援，用武力消灭中共，致使外交政策左右摇摆不定，未能实现。

张治中赴台探望张学良（左）

久住南京的张治中，想"和共"既说不上话，想"联苏"又办不到，感觉自己已是毫无用处，苦闷万状，遂于1948年1月飞回兰州西北行营。此时，西北的战事也渐渐紧张起来，不愿卷入内战的张治中，将军事完全交给陶峙岳（后来是郭寄峤）负责，自己住到离兰州60多公里的兴隆山去，对时局进行深入思考，详尽分析，缜密研究，最后得出自己的结论：

蒋介石一定失败,他所领导的政权也一定随之同归于尽。他眼看国共两党问题、国民党内部问题都无法解决,情不自禁地说出许多忿慨的话。甚至说:"我们的病根在哪里?一句话,病根就在国民党本身,就在国民党离开了三民主义,丧失了革命主张!我们是革命的政党,但是取得政权之后就不革命了,三民主义的党取得政权之后就不要三民主义了。真是咎由自取,罪有应得!"

1948年3月陕西宜川战役后,国民党二十九军被全歼,军长刘戡战死,胡宗南的精锐部队大部分被消灭,西北战局整个逆转。蒋介石接连数封手启电报要求张治中去西安指挥西北5省军事,被张治中以种种理由(诸如胡宗南剽悍的个性、部队的历史)坚决婉拒了。

蒋介石、李宗仁就职总统、副总统典礼

3月29日,国民党政府在南京召开行宪国民代表大会,经过各派系的艰难角逐,尤其是围绕副总统职位的反复争夺,5月1日,蒋介石、李宗仁分别当选为中华民国总统、副总统。张治中仍然和制宪国大召开时一样,没有参加,只是上次在迪化,这次在兰州。5月5日,张治中根据这段时间在兴隆山的思考研究,给蒋介石写去一封长信。信中指出,当前大局已经到了最严重的阶段,士气不振,人心不附,军队不能打仗,政治毫无效能,江河日下,局面全非。他明确提出,只有执行亲苏和共政策;执行农民政策,改革土地制度;执行社会政策,改革经济制度,急起直追,或可有一线希望。蒋介石对这封信很重视,12日即回电说:"来函与意见书今始详阅,应再加研究后另行电告。"但之后,再没有下文。蒋介石由国民政府主席改任中华民国总统后,要求将各地的国民政府主席行营公署,一律改为绥靖公署,"西北行营公署"也要改名为"西北绥靖公署"。"绥靖"者,"剿共"的别名,张治中对此坚决反对,提出辞职。最终,蒋介石迁就张治中,同意将"西北行营公署"改称"西北军政长官公署",仍由张治中任主任,这在全国是唯一的。

6月,蒋介石飞赴西安召开军事会议,电召张治中前去会谈。会谈中,张治中再次重申联苏和共主张,指出:"美国现在对我们的态度并不太好,他们最近扶植日本是从一种不好的心理出发的。他们本来最初想利用我们在东方对付苏联,以后看我们力量不行了,不能制服共产党;而且恐怕中国反被共产党控制,所以转而想利用日本来控制中国,对付苏联。"蒋介石亦回答,马歇尔完全持一种反蒋倒蒋的态度,完全是意气用事。他对于调处工作的失败,使他的声望和事业受到打击,遂归咎于我们,怀恨在心了。

1948年11月2日,蒋介石来电要张治中回南京,并明确"行动要保持机密"。4日到达南京,当天下午参加蒋介石召开的军事会议。5日,蒋介石约张治中去谈话。蒋问:"你看现在的局势怎样,有什么意见?"张答:"已经比我们6月在西安谈话时差得太多,这个仗绝不能再打下去了!"蒋问:"不打怎么办?"张答:"还是由总统来倡导和平。"接着,他从军事、外交、民心、士气等方面加以分析,认为现在应该马上放弃"戡乱"的主张,恢复和谈。蒋正色道:"我现在不能讲和,要和我就得下野;但是现在不是我下野的时候。"张再逼一句:"现在如果不讲和,将来我们一定失败!"蒋倔强地说:"革命党人是不怕失败的!"张接着说:"革命党人固然不怕失败,但是我们纵然失败,也要对国家对历史有所交代。"蒋说:"你以后不要再提和平的话!"张答:"那么,你这次要我来有什么吩咐?"蒋反问一句:"你愿否担任行政院长?"张毫不犹豫道:"如果戡乱政策不变更,在目前情形下,我绝对没法担任!"蒋再道:"那么,你先当副院长兼国防部长好了。"张还是坚决回答:"我绝不能担当这个任务!如果你愿意和平,我愿当一个参军供奔走。"蒋脸色严峻地说:"你要好好地考虑一下!"

11月8日,蒋介石在总理纪念周的讲话中,严厉申斥主和者抹杀国家利益,"响应'共匪'的谣言攻势,而主张向'共匪'投降",这是要贻害我们整个中华民族。"国军戡乱'剿匪'方针早已确定,必须全力贯彻到底"。张治中从国家和民族的前途命运着想,多次直谏蒋介石实行联苏和共的正确政策,但仍不为蒋介石所容。正如张治中在回忆录中所说:"他的态度是尤其显明了"。

第二节　桂系的反蒋与和共

至1948年底,国民党军队特别是蒋介石的嫡系部队大量被歼灭,蒋介石的实力遭到严重削弱,蒋在国民党内的长期反对派桂系及其领导人李宗仁、白崇禧等抓住时机,立即开展反蒋和共活动,以李济深为首的国民党革命委员会亦积极加以推动和配合。

1948年12月25日,白崇禧率先发难,带领所属两湖军政领导人致电蒋介石,要求停止军事行动,"将真正谋和诚意转知美国,请美、英、苏出面调处",恢复和平谈判。并派亲信刘仲容赴上海同中共方面接洽。时居香港的民革中央主席李济深亦致信白崇禧,明确号召全国化干戈为玉帛,"召开新政治协商会议,组织联合政府"。同一天,中共中央公开宣布蒋介石等43人战犯名单,之后毛泽东亲自起草的新年献词《将革命进行到底》发表。"新年献词"明确表示反对一切所谓"和平"的主张,表达中共彻底推翻国民党统治、解放全中国的决心,宣布即将召集没有"反动分子"参加的新政治协商会议,宣告成立中共领导下的有各党派代表参加的民主联合政府。这使得蒋介石不得不开始考虑下野的问题。12月29日,他召见张群、张治中、吴忠信等,要他们去见李宗仁商谈应付办法,并一探李宗仁的底牌。孰料却商定三条,即蒋介石下野;由李宗仁代总统宣布和平方针;计划实现和平的具体步骤。内外交困中,蒋介石不得不于1949年元旦发表新年文告,表示"只要共党一有和平的诚意,能做确切的表示,政府必开诚相见,愿与商讨停止战事,恢复和平的具体方法""个人的进退出处,绝不萦怀,而一惟国民的公意是从"。但他为约束李宗仁等可能采取的和平行动,在文告中就和平谈判设置5个前提条件。这就是无害于国家的独立完整;有助于人民的休养生息;宪法不由我而违反,宪政不因此而受破坏,中华民国的国体能够保存,法统不致中断;军队有确实的保障;人民能够维持自由生活方式与目前最低生活水准。

蒋介石(第一排左一)、李宗仁(第二排左一)等人步出就职会场

1月9日,苏联政府收到正积极准备接任代总统一职的李宗仁通过外交部递交的政府备忘录。该备忘录直接要求苏、美、英等国政府充当中国内战的调停人,支持国共进行和平谈判。次日,斯大林致电毛泽东,转达李宗仁的外交备忘录。11日,毛泽东明确告诉斯大林,中国革命已经胜利在握,不必再用迂回战术。对此,斯大林表示完全同意,强调应当把和平的旗帜抓在自己手里,在政治上赢得主动。这就要提出对方不可能接受的条件,使国民党无法从谈判中获得希望。中共中央接受斯大林的建议,于1月14日发出《中共中央毛泽东主席关于时局的声明》,提出根本否定国民党统治合法性的8项条件,即惩办战争罪犯;废除伪宪法;废除伪法统;依据民主原则改编一切反动军队;没收官僚资本;改革土地制度;废除卖国条约;召开没有反动分子参加的政治协商会议,成立民主联合政府,接收南京国民党反动政府及

第九章　北平和谈　唯张是赖

其所属各级政府的一切权力。

此时淮海战役已经结束，国民党55.5万精锐部队被歼灭，人民解放军已进抵长江北岸，国民党首都南京及金融中心上海暴露在共产党军队的攻击之下。桂系集团更加急切地寻求与共产党联系，白崇禧竟先后派出刘仲容、黄绍竑、黄启汉、李书城、刘仲华等多人，分别前往上海、香港等地寻找中共关系，力图借机与共产党联手彻底打倒蒋介石。同时，李宗仁在见到毛泽东《关于时局的声明》之后，也通过刘仲华转告中共方面，他已要求白崇禧将武汉让给中共，并联合湖南程潜共同行动。

1月21日，蒋介石将国民党中常委请到家里，正式宣布下野，将总统职务交给李宗仁代理。此时国民党内的谷正纲、毛森等死硬派对张治中等主和派进行大肆攻击，甚至人身威胁，邵力子竟吓得常常不敢回家。张治中向蒋介石要求返回西北，但被蒋介石拒绝了。蒋对张治中说："我既然决定下野，以后就要和谈，你怎么能走？"李宗仁代理总统后，和谈空气更是浓厚，他向中共提出"和缓攻势，开始和谈"，中共中央则指出"蒋仍在暗中指挥，企图以李宗仁、孙科、邵力子、张治中等进行和平攻势，掩护他重整第二阵容，并准备在李宗仁和谈不成或倾向投诚时，蒋好再起"，幻想搞"划江而治"，保存自己的军事实力。潘汉年在上海与黄绍竑见面时，更是直接说明李宗仁如能效法傅作义，"先具体接受八条为先决条件，然后好谈和平解决方案"，否则一切空谈均于事无补。李济深也根据中共的意愿，函告李宗仁，"吾兄如真有和平诚意即全部接受"中共八项条件，"方有和谈之可言"。

与此同时，李宗仁亦积极推动民间和谈力量给中共施加影响和压力。2月6日，中共在北平接待"南京人民和平代表团"，该代表团由"中国人民和平策进会"会员组成，成员有邱致中、吴裕後、曾贤生、邓季雨、宋国福等。首席代表为邱致中。叶剑英代表中共与代表团进行长谈，并回答了代表们诸如国民党政府已经接受八项条件为和谈基础，中共为何对和谈仍旧反应消极？为何迟迟不指派和谈代表及地点？为何不考虑战争给人民给国家带来的痛苦？经叶剑英详细解释说明后，代表团开始相信中共确有和平诚意，认识到和平的真正障碍仍在南京,对李宗仁上台后未能采取区别于蒋介石的政治措施表示不满。2月14日,"上海和平代表团"也来到北平,成员是颜惠庆、邵力子、章士钊、江庸,均为社会名流和国民党上层人士,且年事已高。中共中央颇为重视,决定由北平的军政负责人林彪、罗荣桓、董必武、聂荣臻均应接见,会谈则以叶剑英为主进行,要求"招待要周到,谈话要恳切"。22日上午,颜惠庆等前往西柏坡,与毛泽东等人见面。双方进行了两次深入交谈,毛泽东表示可以与李宗仁代表的南京政府谈判,但必须"速议速决",一切以八项条件为基础,谈得成解放军立即过江,谈不成解放军也得立即过江。

此时,中共开始对利用桂系力量解放江南和孤立蒋介石寄予希望,催促李宗仁、白崇禧的重要代表,与共产党也有着秘密联系的刘仲容尽快前来北方与中共中央会面。李宗仁要求刘仲容转告中共,他决意走和平之路,并为此拒绝美国准备运往中国的大批军火,打算在蒋介石敢于破坏和谈时,公开与中共携手抗蒋。他希望中共给以时间,让他逼迫蒋介石出国,将反对和平的行政院长孙科弄下台。尽管中共清楚地了解李宗仁还有自己的小算盘,但还是对争取李、白寄予某种期望。中共密电李宗仁,速以可靠部队守卫总统府,严防蒋系人马暗算;速将正式谈判代表名单电告;不要惧怕解放军渡江;告诉白崇禧不要占据、破坏平汉路;李本人必要时可与中共中央直接商谈。李对此一一承诺同意,唯对解放军过江一事避而不答,反要求正向麻城、罗田、英山、望江、安庆、无为、巢县一线推进的解放军停止前进,不要再向长江靠近,"以利和谈,免生枝节,而顺民意"。中共这时相信李、白对联合反蒋计划"已有初步认识",决定联合李、白反蒋,对李宗仁所提要求,部分予以同意。

第三节 溪口之行

早在1949年1月底,为谢绝李宗仁邀请组阁,出任国民党政府行政院院长的要求,张治中就返回兰州,考虑保全西北,求得和平解决。行前,张治中对李宗仁说,如能将孙夫人(宋庆龄)请出来出任行政院院长、李济深出山负责党务,则形势定可以改观,定会令人耳目一新。但这只能是张治中的主观幻想罢了。

在兰州的张治中也是难得安定,一方面西北事务繁杂;另一方面李宗仁电话电报不断,要求张治中回南京,担起和谈重任。诸多好友也来电大义相劝,说不管和谈成与不成,既然你一贯主和,现在双方都愿意和谈,你是不能规避责任的。无奈之下,张治中于2月20日乘李宗仁的座机从兰州飞返南京,何应钦、白崇禧、李汉魂等军政要人去机场迎接。那一天,南京的天气异常恶劣,云层极低,又有蒙蒙细雨,能见度只有200米。飞机盘旋了很久才得以降落。白崇禧说:"我听到半空飞机盘旋了半小时之久,尚在替你祷告平安哩!"张治中则一语双关地说:"南京的气候如此恶劣,每走一步,都会冒很大风险。"

按照国共约定,4月1日在北平进行和平谈判。长期身处国民党的高层,张治中清楚知道,蒋介石表面下野,事实是在浙江奉化溪口遥控指挥一切,没有蒋介石的点头同意,李宗仁这个代总统什么都做不成,他这个即将莅任的首席谈判代表什么也谈不成。为此,张治中决定谈判前先去溪口会晤蒋介石。一是摸底;二是借蒋震慑南京、上海一带的极端顽固分子,他们常常放出不利于张治中等主和派的谣言;三是劝蒋出国,放手李宗仁主持和谈。

3月3日,张治中与总统府资政吴忠信到达溪口。一见到张、吴,蒋介石劈头盖脸就是一句:"你们的来意,是要劝我出国吧?"张治中不觉一怔,刚要说什么,蒋介石又说道:"昨天的报纸已经登出来了。"蒋介石旋即气愤地说:"他们逼我下野是可以的,要逼

退职后的蒋介石,在家乡的妙高台上小憩

我亡命就不行!下野后我就是个普通国民,哪里都可以自由居住,何况是在我的家乡!"深知蒋介石个性的张治中在此境遇下,只得先从别的说起,再慢慢引入了。在溪口,张、吴盘桓8天,与蒋介石起居吃饭都在一起,无所不谈,对即将开始的和谈更是谈得深入细致。

关于和谈限度及代表人选问题。张、吴请蒋表示意见。蒋则反问他们的意见。张治中说,中共所提八项的第一项,是不能接受的。关于军队改编一项,我们认为应先决定全国军队数额。然后研究双方军队所保持的比例,各自编成,并且在三年内分期逐步把全国的军队缩减至适应国防需要的最低限额,确实完成军队国家化的目标。在政治上,希望能够确保长江以南若干省份的完整,由国民党领导。必要时,国民党可让步到湖北、江西、安徽、江苏4省和汉口、南京、上海三市联合管理。关于联合政府问题,过去中共曾搞过"三三制",最近还有人提出"六六制"建议,不外乎使双方在未来的政府里,保持平等地位。对于双方管辖及共同管理的地区,将来也要分期实现政治民主化,使国家真正趋于统一。至于其他各项,都可以考虑。蒋听了之后表示首肯,不过认为湖北、江西、安徽、江苏、汉口、南京、上海7省市共管一事,不必由南京方面主动提出,中共方面恐怕还不是这样看法。

关于和谈代表人选问题,报上有增请张群、吴忠信两人参加的传闻。吴忠信在蒋面前表示坚决不干。蒋说:"不干也好。"张治中也表示不愿参加,蒋说:"这是值得考虑的。"转而又说:"你恐怕是摆脱不了的。"因彭昭贤、钟天心请辞和谈代表,蒋又说,和谈代表"在北方籍的立监委员中遴选最好"。

关于党务问题,蒋介石对张、吴忠信承认,国民党党务确实不振,以后当邀集有关同志对如何健全党组织作详细研究。对于外交政策问题,张、吴认为必须做到平时美苏并重,战时善意中立,并设法打开中苏僵局,国内才能够团结安定,蒋认可这种意见。张、吴并对蒋建议,今后对国民党领导的方针,应放弃和中共作军事斗争的企图,移作政治方面的努力,在保有的若干省份彻底实行三民主义,争取人民对国民党的同情,恢复人民对国民党政府的信任。至于今后国家的体制,应当是实行多党政治,国民党可能是一时执

第九章 北平和谈 唯张是赖

政,一时在野,不能再存有国民党为主体永久执政的观念。实行政治民主化,实行多党民主政治,才是今后中国政治的正确走向。蒋听了频频点头,却又说在我们保有的若干省份彻底实行三民主义,"共产党是不愿意我们这样的,同时我们也不容易做到"。

为了让李宗仁安心,蒋介石还表示,李宗仁现在负的责任就是我的责任,他的成败也是我的成败。我一定竭力支持他。我愿意终老家乡,绝不再度执政。

根据蒋介石所定基调,3月15日李宗仁与新上任的行政院院长何应钦正式组织南京政府和谈代表团。26日,中共中央拟定中共方面参加和平谈判的代表团成员名单,即周恩来、林伯渠、林彪、叶剑英、李维汉(后又增加聂荣臻、李立三)。同日,李宗仁告知中共南京方面的正式谈判代表和顾问名单,代表是张治中、邵力子、章士钊、黄绍竑、李蒸、刘斐,顾问是刘仲华、屈武、李俊龙、金山、于振瀛(实际未参加),秘书长是卢郁文。国共两方面的首席谈判代表仍为周恩来、张治中。与此同时,南京政府接连召开会议,研究谈判方案。会议征得蒋介石的同意,决定成立由李宗仁、何应钦、于右任、居正、童冠贤、吴铁城、朱家骅、顾祝同、张群、徐永昌、孙科等组成的和谈指导委员会。会议并有针对性地制订了一个最后退让的"原则性限度"腹案,作为代表团谈判时的参考。腹稿全文如下:

一、双方既确认和平商谈解决国是为全国人民之要求,则双方所应商谈者,端在国家元气之如何保存,人民痛苦之如何解除,国家政策之如何拟订,及政治制度之如何建立,以谋长治久安,是以关于战争责任问题,不应再提。

二、同意重订新宪法,此新宪法之起草,我方应有相当比例之人数参加。

三、关于法统问题,与前项有连带关系,可合并商讨。

四、双方军队应分期分年各就驻在区域自行整编,并应树立健全之军事制度,俾达成军队国家化之目的,至分期整编时双方应保留之军队数字,另作商讨。

五、"没收官僚资本"一节,原则同意,但须另行商订施行条例办理。

六、"改革土地制度"一节,原则同意,但须另行商订施行条例办理。

七、关于"废除卖国条约"一事,将来由政府根据国家独立自主之精神,平等互惠之原则,就过去签订之条约加以审查,如有损害国家领土主权者,应予修改或废止。

八、同意召开政治协商会议,并由该会产生联合政府,唯在该会议与联合政府中,我方与共方应以同等名额参加,其属于第三方面之名额,亦于双方区域中各占其半。

九、代表团抵平后,即向中共提出双方应于正式商谈开始之前,就地停战,并参酌国防部所拟停战意见(附后)进行商谈。

以上九项仅系商谈之预定腹案,并不书面提出。又其内容亦仅为我方可能让步之原则性限度,商谈时仍应逐条力争,不得已时方渐次让步。如共方要求超过以上各项限度,应由代表团随时电报中央请求核夺。

国防部对于国共停战协定最低限度之要求:

一、青岛及长江流域连接鄂西、陕西、绥远地区双方第一线部队,应即停止一切战斗行动,各守原防,停止前进,并不得向空隙发展。

二、共军立即解除对新乡、安阳、太原、大同、榆林之包围封锁,准许国军采购粮食及生活必需品。

三、国军海空军立即停止海上与空中之攻击行动,但空军之侦察及空中之输送补给,海军之江海巡逻及对各海港之输送补给,不受限制。又国军为防卫长江及海上之袭击,如发现共军集结渡江材料及运兵船队时,得采取自卫行动。

四、双方立即停止一切敌意宣传。

五、双方对于间谍之防范及维护后方秩序之一切行动,不受限制。

六、为免除误会与冲突,除另有协议者外,双方第一线交通通信之恢复,应俟另行协议,在停战期间暂不开放。

七、关于双方俘虏之交换,另行协议。①

这个腹稿与中共八项条件几无相容之处,与上海和平代表团与中共中央所商定的条件也是风马牛不相及。在此腹案指导下进行的国共和谈,注定不会成功。

3月29日,张治中在屈武陪同下,第二次来到溪口面见蒋介石,把研究和谈的经过向蒋作了概要汇报,将预定的腹稿呈蒋介石审阅。蒋介石表示他没有什么意见,告诉张治中,"你这次负担的是一件最艰苦的任务,一定要当心!"30日临别前,蒋介石陪着张治中从蒋母墓庐沿山径走下来,一直送到溪口。张治中、屈武离开溪口,由蒋经国送到笕桥机场。途中,蒋经国与屈武同车。分手时,蒋经国对屈武说:"文白先生也太天真了!现在还讲和平,共产党愿意和平吗?我看他会死无葬身之地的!"在飞机上,屈武把蒋经国的话告诉张治中,张治中生气地说:"你为什么当时不告诉我?我是要当面教训他的!"老蒋叫张治中"一定要当心",小蒋则说他"死无葬身之地"。这或许反映了蒋氏父子真实的内心世界。

第四节　北平和谈

1949年4月1日上午,以张治中为首的国民党政府和谈代表团一行20余人,乘飞机抵达北平。在机场,张治中发现来接机的只有中共和谈代表团秘书长齐燕铭、北平市政府秘书长薛子正和一些工作人员,中共和谈代表一个也没来。回想1945年8月,张治中前往延安迎接毛泽东赴重庆谈判,中

---

① 参见《张治中回忆录》,华文出版社2007年版。

共一些重要领导人均在机场欢迎的情景,张治中一阵"无可奈何花落去"的悲凉。张治中一行被送到下榻的北京六国饭店(即后来的国际饭店),抬头就看到一幅大标语:"欢迎真和平,反对假和平!"张治中颇有感触地对屈武说,看来中共对我们的和谈诚意是持怀疑态度的!

国民党和谈代表团赴北平谈判,登机前合影

当晚,周恩来在六国饭店宴请南京政府和谈代表团。宴会结束后,周恩来、林伯渠邀张治中、邵力子谈话。周恩来开口即质问张治中,你是代总统李宗仁指派的首席和谈代表,蒋介石早已宣布下野,你飞赴北平和谈前为什么还要去溪口见蒋呢?猝不及防的张治中,被问得一愣,赶忙解释道,我之所以去溪口,一则是李宗仁只是名义上的代总统,实权仍握在蒋介石手里,为了和谈成功,我不能不去摸个底。二则是蒋介石是国民党总裁,我是国民党员,党员行动总得让总裁知道吧。三则是近来京沪一些人纷纷发表主张,给和谈制造障碍,我去溪口,就是为了借蒋介石威慑这些人。周恩来仍大为不满,指责说,你这种做法完全是为了加强蒋介石的地位,混淆视听,证明蒋介石仍有力量操纵谈判。对于这种由蒋介石导演的假和平,我们是坚决不能接受的!张治中做了解释,周恩来仍不谅解,这让张治中也动了感情,双方遂起了争执。随着和谈的深入,到了谈判后期,张治中赴溪口的理由才为中共所接受。

4月2日至7日,南京代表团成员一方面与李济深、沈钧儒、黄炎培、谭平山、傅作义、邓宝珊等第三方领导人或国民党起义将领接触,一方面与中共代表团就八项条件所涉及的各种问题个别交换意见,其中张治中同周恩来谈,叶剑英同黄绍竑谈,林伯渠同章士钊谈,李维汉同邵力子谈,林彪同刘斐谈,聂荣臻同李蒸谈,核心议题是"战犯""渡江",南京方面代表表示不能

第九章 北平和谈 唯张是赖

接受"惩办战争罪犯"这一条,并一再要求解放军不能过长江,而中共方面早就宣布,无论如何长江是一定要过的。

为给南京政府泼点儿冷水,给南京代表团指明谈判道路,4月4日毛泽东亲笔撰写的《南京政府向何处去》一文在《人民日报》上发表。文章明确指出,现在有两条路摆在南京国民党政府及其军政人员面前,一条是向蒋介石战犯集团及其主人美帝国主义靠拢,继续与人民为敌,在人民解放战争中和蒋介石战犯集团同归于尽;一条是向人民靠拢,与蒋介石战犯集团和美帝国主义决裂,在人民解放战争中立功赎罪,以求得人民的宽恕和谅解;第三条路是没有的……你们签订接受八项条件的协定也好,不签订这个协定也好,人民解放军总是要前进的!这篇文章击碎了南京方面"划江而治"的迷梦,但李宗仁仍不死心,4月7日他通过南京代表团致电毛泽东:"自宗仁主政以来,排除万难,决心谋和,悱恻之忱,谅贵党及各位民主人士所共亮察。今届和谈伊始,政府代表既已遵邀莅平,协商问题亦已采纳贵方所提八条为基础。宗仁懔于战祸之残酷,苍生之憔悴,更鉴于人类历史演成之错误,因以虑及和谈困难之焦点,愿秉己饥己溺之怀,更作进一步之表示:凡所谓历史错误足以妨碍和平如所谓战犯也者,纵有汤镬之刑,宗仁一身欣然受之而不辞。至立国大计,决遵孙总理之不朽遗嘱,与贵党携手,并与各民主人士共负努力建设新中国之使命。况复世界风云日益诡谲,国共合作尤为迫切。如彼此同守此义,其他问题便可迎刃而解。宗仁何求,今日所冀,唯化干戈为玉帛,登斯民于衽席。耿耿此心,有如白水。特电布悃,诸希亮察。"李宗仁的电报"悱恻"之情溢于言表,但对"所谓战犯也者,一身欣然受之而不辞",真意仍是不接受"惩办战争罪犯"此项条件。对此,毛泽东复电曰:"贵方既然同意以八项条件为谈判基础,则根据此八项原则以求具体实现,自不难获得正确之解决。战犯问题,亦是如此。"毛泽东的文章及给李宗仁的复电,推动了和谈的进行。

4月8日,毛泽东在北平香山双清别墅会见张治中。毛泽东亲自出门迎接,热情地握着张治中的手说:"谢谢你,1945年到重庆,承你热情接待,全家他迁,将桂园让给我们使用,又举行了盛大的欢迎欢送会!别来你的身体和家人都好吗?"

毛泽东的言行让张治中的忐忑的心安定下来，两人长谈4个小时。张治中根据南京方面的和谈腹案以及溪口蒋介石谈话指示的要点，向毛泽东提出一些问题和意见。

国民党和谈代表团抵达北平

关于战犯问题，张治中坦率地说："蒋介石已下野，一切交李宗仁主持，他愿意终老是乡，终身不担任国家职务。为便利和谈，希望战犯问题不要列入条文。"毛泽东表示可以考虑宽大处理，不在双方协定中列举战犯名单，但仍要有追究责任的字样。

关于联合政府问题，张治中提出可按重庆政协的政治民主化和达成的协议办理，国民政府当将权力交给新政府。毛泽东认为，联合政府的成立尚需有一段时间，甚至要四五个月之久。在此期间，南京政府仍可维持现状，行使职权，以免使社会秩序陷入紊乱。

关于今后建设，张治中说，国民党执政20多年，没能遵守孙中山先生的遗教进行建设，愧对国家和人民，今后是你们执政了。你们怎么做，责任是重大的。毛泽东说，今后我们大家来做，是大家合作的。当前最重要的是共同一致来结束战争，恢复和平，以利在全国范围内开始伟大的生产建设，使国家和人民进入富强康乐的境地。

同时，毛泽东指出，国共签订和约时李宗仁、何应钦等必须到北平参加。改编军队可以缓谈，但中共军队必须过江，时间可在签字后实行，或经过若干时日后再过江。毛泽东的谈话让张治中及其代表团成员顿感"柳暗花明"，甚至开始相信"和谈是可以成功的，因为从今天谈话看，双方距离不大，甚至没有距离。"当晚，张治中即向南京报告称"除渡江一点，毛似都有所让步"。4月9至11日，毛泽东又分别会见了邵力子、章士钊、黄绍竑、刘斐、李蒸、卢郁文等南京代表团其他成员，大家对谈话深表满意。一时间，代表团

第九章　北平和谈　唯张是赖

内气氛大变,几乎人人称赞共产党有办法,感到和谈大有成功希望。

然而,正当中共和南京代表团耗尽心血寻找共同点,不断磨合,满怀希望地争取和平时,南京方面的反应却令和平再次蒙上阴影。李宗仁、白崇禧不但根本做不了蒋介石的主,而且对中共坚持渡江也不以为然。4月6日,蒋介石向已经迁到广州的国民党中央党部提出,和谈必须先订停战协定;中共何日渡江,则和谈何日停止,其破坏责任应由中共负责。7日,国民党中常会通过蒋介石拟定的和谈方针,坚决反对中共渡江。12日,南京代表团接到何应钦来电,转达南京政府和谈指导委员会做出的五项决议。即战争责任问题,可依据代表团所谈原则处理;所邀南京参加签字各位,届时再作决定;签约后驻军,第一期最好各驻原地;新政协及联合政府事,等中共提出方案后再行研究;渡江问题应严加拒绝。这实际上已将南京方面的和谈底牌完全亮了出来。在这期间,国民党内的顽固派还不断利用"立法委员""国大"代表以及"群众团体"的名义,拍电报、发宣言,制造战争氛围,对南京和谈代表团施加压力。

张治中在溪口时劝蒋介石出国未成,到北平以后更加感到蒋介石留在国内是和平之大碍,鉴于此,在黄绍竑、屈武携带和平方案回南京请示时,张治中又给蒋介石呈上一信。信中指出:"默察大局前途,审慎判断,深觉吾人自身之政治经济腐败至于此极;尤其军队本身之内腐外溃,军心不固,士气不振,纪律不严,可谓已濒于总崩溃之前夕。同时在平10日以来所闻所见,共方蓬勃气象之盛,新兴力量之厚,莫不异口同声,无可否认。假如共方别无顾虑之因素,则殊无与我谈和之必要,而具有充分力量以彻底消灭我方。凡欲重整旗鼓为作最后之挣扎者,皆为缺乏自知不合现实之一种幻想!此非怯懦自卑之言,实由我方党政军内腐外溃之情形,积渐所至,由来已久,大势所趋,大错铸成。尤其既失之民心,今已不可复得。纵以钧座英明,亦万难将此腐朽集团重新提振有所作为也。倘吾人知彼知己,即以我党北伐时期北洋军阀腐溃失败之经过事实而益可证明。职是之故,惟有钧座痛下决心,放下一切,毅然决然放下一切。能如是,则腐朽集团经受剧变之深刻刺激,唤起淘汰作用,产生新机,将来尚有重新提起之一日。而不然者,将使失败之中遭受更大更惨之失败,而无复再振再起之可言。此实从任何方面冷静观察,皆为必然之情势与现实,摆在吾人之面前,显而易见,决非张大其词,危言耸听之意也!前与吴礼卿(吴忠信)先生到溪口时,曾就两个月来大局演变情形加以研究判断结果,认为无论和战,大局恐难免相当时期之混乱,而钧座虽引退故乡,仍难避免造成混乱之责任,此最大吃亏处,亦最大失策处,惟有断然暂时出国,摆脱一切牵挂为最有利。当时亦曾面陈钧座,未蒙示可,谨再将其厉害列述如下……"张治中在信中摆出蒋介石出洋有利之处:不作反对者之攻击对象;对人民表示赞成和平;避免负和谈失败之责任;避免再负战争之责任;对党政军干部以刺激,唤起他们的觉悟;可广益见闻,结交国际朋友。然后又陈述了出国的三条不利之处,如安全问题要严加防范;军队要托付有力之人;要组成干部会议,维护党的领导。最后张治中指出:"根据以上各项分析而言,钧座倘能毅然出国,将有百利而无一害,盖甚显然,甚愿钧座再作一切周详之考虑而及时采取行动,且愈早愈好愈有利。抑更有陈者,此次到平以来,所受刺激之大,非可言喻,真是万感交集。倘使三年以前,甚至去年六月在西安时钧座采纳职之建议,则绝不至有今日如是之惨败,职也可免今日在北平写此一篇忍辱受气一言难尽之痛史也……今请再将往者一切失败经过作一检讨,昔日一切建议献策者孰是孰非,无不晓然,目前之情势,岂非铁的事实证明乎?"

此信托吴忠信转交蒋介石,蒋阅后作何感想,张治中不知,但蒋介石对劝其出国的态度是一贯的、明了的。

中共得知南京方面的态度后,决定摊牌。4月13日一大早毛泽东即告知周恩来:"今日下午双方代表团应举行一次正式会议。在此会议上,宣布从今(十三)日起,结束非正式谈判阶段,进入正式谈判阶段,其时间为十三日至十七日,共5天。在此会议上,大略解释协定草案的要点,并征求他们的意见。如他们提出任何异议,不论是内容上的或文字上的,均不要允许修改,只把他们的意见记录下来,以便考虑。""另向张治中表示,四月十七日必须决定问题。十八日以后,不论谈判成败,人民解放军必须渡江。他们派回南京的人,十四日上午去,十五日下午必须回来。南京四要员(李、于、居、童,不要张群)如愿来平,十五日至迟十六日必须到达,十七日必须举行签字式。"随后,周恩来根据毛泽东要求,将已拟好的《国内和平协定草案》提交张治中,通知当晚9时开始正式会谈。

《协定草案》是根据毛泽东起草的中共八条,具体提出实现八条的二十四款办法。根据毛泽东与张治中的谈话精神,《协定草案》没有提及战犯名单,没有规定国民党军队整编人数和期限,同意南京政府在联合政府成立前继续存在并暂行职权,同意吸收南京政府中若干爱国分子参加新政协和联合政府,但在前言中却历数南京国民政府违背三民主义立场,违背孙中山的联俄、联共、扶助农工等项正确政策,自1946年起在美国帮助下破坏停战协定和政协决议,违背人民意志,发动全面内战,致使国家遭受极大损失,人民蒙受极大灾难,要求南京政府必须对此承担全部责任。正文八条二十四款内容充满对南京政府的命令之词,甚至明确规定南京政府在联合政府成立前应对中国人民革命军事委员会负责并接受其领导。

谈判桌前,周恩来代表中共发言

南京代表团收到《协定草案》后认真研读,情绪顿时沮丧至极,尚存的最后一丝幻想都破灭了。据张治中回忆:"我的第一个感觉是全篇充满了降书和罪状的语气,第二个感觉是:'完了!和是不可能的!'实在说,这个草案在国民党顽固分子看来,不啻是'招降书'、'判决状',和他们那种'划江而治'、'平等的和平'的主观幻想固然相差十万八千里,即就我想象中的条款来说,也实在觉得'苛刻'些。"不过,事已至此,一个失败者哪有资格去争取利益呢?南京代表团只得硬着头皮去进行谈判,提出修改意见。

1949年4月13日晚9点,国共双方代表团在中南海勤政殿进行正式的和平谈判。一条长桌,国共和谈代表分坐两侧。长桌两边后侧各有3张小条桌,是双方记录和列席人员的座位。会场气氛严肃得近乎凝固。在双方首席代表同意后,会议开始。首先,由中共首席谈判代表周恩来提出《国内和平协定草案》,并作概括说明。在明确战争的历史责任问题上,周恩来指出:"战争的全部责任,应该由南京政府担负。因为这是一个历史性的协定,是保证今后国内和平的一个文件,所以必须在条款的前文明确这个责任。"关于惩办战争罪犯这个国民党统治集团最敏感的问题,周恩来说,这一条分两款,第一款是规定在这次战争中主要的战犯必须惩办。在惩办原则之下,凡"认清是非,幡然悔悟",用行动推进人民解放事业的,给予宽大待遇。第二条是关于日本战犯。南京政府放走日本侵华战争最大的战犯冈村宁次及其以下260多名的日本战犯,"对于这种措施,全国人民异常震怒。所以我们一定要求在签订协定以后,由政府要回来重办"。

周恩来发言后,南京方面首席代表张治中发言。他首先表示,"对于自己的错误,我们今日诚意承认;对于我们的失败,也有勇气来承认",决不做任何掩饰。然后,他对《协定草案》中不能接受的条款进行了陈述。主要分三个部分阐述:一是《协定草案》的"前文里有若干过于刺激的字句,我们希望在精神和内容上能酌加删节"。二是第四条关于军队改编机构整编委员会的问题。张治中认为,中共提出整编委员会要在人民革命军事委员会领导下成立,值得商榷。在联合政府成立前,国民党军队的整理应由南京政府

第九章 北平和谈 唯张是赖

负责,由与中共合作成立的机构监督实施。联合政府成立后,应由联合政府来办理分区改编军队工作,联合政府下自然有军事机构来掌管这一事项。而人民革命军事委员会本来是中共的军事机构,这点实应考虑。三是在第十九款中规定民主联合政府成立前,南京国民政府要"向人民革命军事委员会负责,并接受其领导",在这期间,国民党在江南还管辖着许多省份,处理诸多政务,若是按十九款执行,岂不是人民革命军事委员会变成了南京的太上政府?这点我认为不相宜,请中共代表团再加考虑。发言最后,张治中十分感慨地说:"我今天固然代表我们政府和中共商谈和平,同时个人一向也是中国共产党的朋友,至少不是中国共产党的反对者。这次中共在战争中胜利,可说已到了一个圆满的地步,如果现在这个明智的和平政策能贯彻下去,那么,中共就不仅是军事的胜利者,而且是政治上的大大的成功者……今后国家的责任,是落到了你们的肩膀上……我们以至诚至敬之心,希望中共能从此领导国家,达到独立、自由和民主的目标,并建设国家,臻于富强康乐之境。这就是我们代表团同人向中共代表团同人所想表示的一点小小意见和希望。"

在研读、讨论《国内和平协定草案》的过程中,南京政府代表团提出了40余条意见,形成一个修正案。其实,南京代表团很清楚,对于这样一种最后通牒式的《和平协定》,无论文字上怎样修饰,也不能让南京方面感到满意。鉴于此,刘斐悲观地表示,过去我们是南京政府的代表团,与中共交涉,今后我们是中共的代表团了,要去说服南京了。只怕是这样做"毫无希望"。张治中至此终于意识到国民党大势已去,应该宣告自己的结束,让中共来干了。他直截了当地表示,中共的条件恐怕只能接受了。连日之所以争论不休,实在因为两种东西在束缚自己,一是作为代表,我们一切须听命于政府,个人的意见受政府权力的束缚;二是国民党不行,集一切坏事之大成,可惜我们未脱党,今日的政府又是国民党的政府,因此我们的意见又受国民党的束缚。在此双重的束缚下,自然甚为矛盾与苦闷。邵力子对此不以为然,说:"今日已是所谓宪政时期,我们是代表政府,代表人民,不是代表国民党;

清党以来,国民党越弄越不像样,连民族主义都不许讲,而要讲宗族主义了,将总理遗训抛得一干二净。今日之下,要我代表国民党,这点我不能承认。"至此,南京政府的和谈代表团已经与国民党离心离德,准备向自己的谈判对手靠拢了。

4月14日晚,张治中将修正案面交周恩来,并就内容要点再度交换意见。4月15日晚7时,中共代表团将《国内和平协定》(最后修正案)送达南京政府代表团。当晚9时,在国共双方代表团中南海勤政殿举行第二次正式会议,也是这次和谈的最后一次会议。先由周恩来把《国内和平协定》最后修正的要点,也就是南京代表团所提修正之点加以说明,指出协定不仅吸收了各位代表的意见,而且也采纳了沈钧儒、马叙伦、黄炎培、谭平山、彭泽民、蔡廷锴等各民主党派负责人的建设性意见,最后由中共代表团定案,是不可变动的定稿。周恩来并郑重宣布,谈判以4月20日为限期,如果"到那时还不能获得协定签字,那我们就只有渡江,不能再拖延到20日以后了"。周恩来并特别说明,中共对于反动好战分子,不相信有什么办法能够感动他们,他们对《和平协定》的破坏与阻挠是必然的,无论协定成败与否,中共都不能不考虑如何对付他们和打击他们的阴谋。中共之所以必须过江,也就是为了这样的目的。协定不成,解放军立即以武力过江;协定达成,解放军也要过江占据长江下游十个县的地区,以使任何敢于破坏《和平协定》的国民党顽固派不能不有所顾忌。

其后,张治中也作了较长的发言。他说,周恩来先生交给我《国内和平协定》,并表示这是最后一个文件。我问恩来先生"所谓最后文件,是不是解释为最后通牒?是不是只许我们说一个对或者不对",恩来先生表示这是最后的态度。这样也好,干脆!"在我们代表团的立场来说,这个《国内和平协定》既然是最后的文件,我们对它如果认为是完全对的,就答应签字;认为不能签字,就不签字。不是说还有商量,还有字斟句酌的余地。只是同意签字,不同意就拉倒。如果'最后文件'是照这样解释的话,那么我们代表团同人现在就没有再发表意见的理由,也没有发表意见的必要了。当然,我们的政府正等待着我们代表团的报告,这次会议之后,我们还是继续研究,准备把我们的意见报告政府,请示它作最后的决定,然后再来答复中共代表团"。

接着,张治中说,对于协定问题我无话可说了,不过想略微提出一点个人的感想。他说:"国共两党之争,好比兄弟之争,我们同是中国人,同是一个民族,俗话说'便宜不出外',今天谁吃了亏,谁讨了便宜,不必太认真。国共两党等于兄弟一样,大哥管家管不好,让给弟弟管,没有关系,'便宜不出外'。做大哥的人,不但对于弟弟的能干,有这个能耐来担当重大责任,表示敬重,表示高兴,而且要格外的帮助他,使他做得好……今天的中国,是不是一个独立的国家?我们的总理(孙中山)说:'余致力国民革命,凡四十年,其目的在求中国之自由平等',但是总理去世24年了,我们还没有把中国弄成自由、平等、独立的国家;我们的同胞,在国外受到人家的鄙视轻视,我们实在不知从哪里说起的惭愧与羞辱!我们今天有这个情绪。我们在同一个民族里,在兄弟手足里,出来很好的兄弟,能够有这一个能耐,有这一个魄力,来把家当好,使全国人民得到解放,使国家得到独立自由,使邻家看得起我们,这是一家子的光荣,也是做哥哥的光荣。过去做哥哥的虽有错误,自己感到惭愧,但是自己的弟弟能够担当起来,把家当好,自己也实在感到光

和谈期间,张治中(右二)与邵力子(右一)等在北平中山公园

荣……我们应该把眼光放大些,胸襟开阔些,重新合作,这才是国家民族之福!在国民党方面,今后应该有这个眼光,有这个胸襟,有这个态度,这是我个人在自我反省之余的一点感想,愿意提出来请大家指教……我们国民党虽然失败了,但是今后它还有新生和改造的机会;我们还是愿意重新团结合作,来共同担负复兴中华民族的历史的责任……以上只是我个人的意见与感想,假使有不对的地方,希望恩来先生和诸位代表先生们加以原谅。"

张治中发言时,周恩来认真倾听。周、张不仅是初交,还是多年的挚友。周恩来对张治中公正厚道、刚直不阿的性格和为国家民族而奋斗、为祖国的和平而奔走的精神,是熟知的、也是非常尊敬的。但即便如此,在大是大非的原则问题上,周恩来不回避谈出自己的意见。针对张治中的发言以及"个人感想",周恩来说:"刚才文白先生说的几句话,我不能不辩白一下。就是对于'兄弟'的比喻。假使文白先生说双方的关系等于兄弟一样,是指两个代表团的立场,那么我们都是为和平而努力的,我们很愿意接受。过去大家虽有不对,今后大家仍可以一道合作。但是如果拿过去国民党 20 多年来,尤其最近两年又九个半月的蒋介石的朝廷来说,这就不是兄弟之争,而是革命与反革命之争!孙中山先生当年革命的时候,对清那拉氏进行的斗争,就不是兄弟之争;对袁世凯的讨伐,就不是兄弟之争;对曹、吴的声讨,就不是兄弟之争,而都是革命与反革命之争。如果说是兄弟之争,孙中山先生是不会同意的。对于这一点,中国共产党不能不表示它的严肃性。说是兄弟之争,如果把蒋介石朝廷和一切死硬派也包括进去,就失掉了它的严肃性。孙中山先生过去领导的多次革命的失败,这也是教训之一,等到国共合作后,才补救过来了,但是以后蒋介石叛变了。我们今天愿意与一切可能合作的人合作,愿意与一切可能团结的人团结在一起;中国现在占全人口 90% 以上的人是劳动人民,这是最广大的基础,其他如地主阶级的开明分子也可以合作,中、小资产阶级也可以合作,至于知识分子,当然更可以合作。这是最广大的合作,我们可以可以概括到这个程度,但是对于蒋介石的小朝廷,小到四大家族,就不可以包括在一起。这一点,我们是必须加以说明的。"

和谈会议于12点20分结束,南京代表团回到住处经过研究、讨论,认为这个定稿已经接受他们所提修正意见40余处的多半数,尽管条件过高些,如果"能了然于'战败求和''天下为公'的道理,不囿于一派一系之私利,以国家元气、人民生命财产为重,那么就只有毅然接受,以诚心承认错误,以勇气接受失败,则对国家、对人民、对国民党保全者实多,总比顽固到底、失败到底的好"。于是南京代表团决定次日即派黄绍竑、屈武带《国内和平协定》回南京,劝告李宗仁、何应钦接受。行前,周恩来与黄绍竑见面,鼓励黄尽力完成这项艰巨的任务。黄绍竑则表示:"依我看至多是50对50的希望,或者还要少一点。"

第五节　南京政府拒绝和平

4月16日,黄绍竑、屈武带着《国内和平协定》由北平飞抵南京机场,即被接到李宗仁官邸汇报北平和谈的具体情况,匆匆被召集来参加会议的人不多,只有李宗仁、白崇禧、何应钦、黄旭初等数人。黄绍竑取出《和平协定》交给李宗仁,并说明这是中共提交的最后修正案,不可变更,签字日期限在4月20日,如政府同意就签字。但是,无论南京政府签字与否,他们都要渡江。中共方面希望李宗仁、何应钦、于右任、居正、童冠贤前去北平参加签字仪式,张治中和诸位代表希望早日签订《和平协定》。当黄绍竑介绍这些情况时,《和平协定》以最快的速度从一个人手中传到另一个人手中,这些要员看完后都阴沉着脸不说话,会场空气极为沉闷。白崇禧看完《和平协定》,即怒气冲冲地指着黄绍竑说:"亏难你,像这样的文件也带得回来!"说罢拂袖而去。其他人也是无话可说,会议不欢而散。

白崇禧此时已改变反蒋的立场,在历史转折的关键时刻,又和蒋介石站在了一起。前不久,他在给第三兵团司令官张淦的密电中称:"吾人今日为爱护五千年历史文化,为保证人民自由的生活方式,应在三民主义共同信仰基础下,不分领域,不商党派,团结一致,作殊死斗争。尤当支持中枢作有效之决策。否则人自为谋,分散力量,古今多少失败惨痛的历史教训,转瞬落到吾人头上矣!"黄绍竑对白崇禧的出尔反尔非常不满,他冷眼望着白崇禧扬长而去,寄希望于李宗仁。但李宗仁只是苦笑,他这个代总统有其名无其实,处处受人制约,像签订《和平协定》这样大事,没有蒋介石的认可,即便他签字了也还是一张废纸。何况,他如果断然签字不仅意味着与蒋介石彻底决裂,也意味着桂系集团的分裂,他不敢冒这个风险。而且就他个人而言,也觉得中共所开列的和平条件殊难忍受。但是因为同意毛泽东的八项原则在先,现在不便公然反对,既然无力最后负责,索性一推了之。黄绍竑在劝说李宗仁无效后,专门打电话告诉代表团,他已被迫辞去和谈代表职务,远避香港。他知道南京方面绝不会批准《和平协定》,和平谈判事实上已完全破裂。

4月17日,征得李宗仁、白崇禧同意,何应钦即派张群携带《国内和平协定》飞赴溪口向蒋介石请示,共谋对策。蒋介石看罢,拍案大骂:"文白无能,丧权辱国!"并在日记中写道:"'共匪'对政府代表所提修正条件二十四条款,真是无条件的投降处分之条件。其前文叙述战争责任问题数条,更不堪言状矣。黄绍竑、邵力子等居然接受转达,是诚无耻至极者之所为,可痛!

1949年4月21日,《人民日报》出版号外"南京国民党政府拒绝国内和平协定毛主席朱总司令命令全军坚决彻底干净全部消灭敌人"

第九章　北平和谈　唯张是赖

余主张一方面速提对案交'共匪',一方面拒绝其条件,同时全文宣布,以明是非与战争责任之所在。"由于李宗仁、白崇禧对《和平协定》不敢也不愿接受,蒋介石的意见自然成为主导一切的关键。在蒋的示意下,4月19、20日逃到广州的国民党中常会和中央政治会议包括所谓和谈指导小组成员,连续举行两天的会议,通过了对中共《国内和平协定》绝不能接受的声明,指示李宗仁、何应钦照办。

这段时间,在北平的南京代表团与中共仍保持接触,并不断去电南京催询。直到20日深夜,张治中才接到李宗仁、何应钦的复电,不仅对《国内和平协定》完全拒绝接受,而且要求代表团向中共建议先订立临时停战协定。电文称:"综观中共所提之协定全文,其基本精神所在,不啻为征服者对被征服者之处置,以解除兄弟阋墙之争端者,竟甚于敌国受降之形式,且复限期答复,形同最后通牒,则又视和谈之开端,为战争之前夕。"电文列举各条款所不能接受的"理由"时称:"该项协定全文均充满以中共武力控制全国之意味,一则曰'人民解放军'开进,再则曰'人民解放军'接收。所谓和平协定,实际为欲政府承认中共以武力征服全中国。政府之军队,固等于全部缴械投降。"南京代表团接到电报之后,略加讨论,便抄录一份交给中共代表团,请他们再加考虑。

1949年4月21日上午9点,红日升腾,阳光普照,北平街头巷尾都在叫喊"号外!号外!"南京代表团买来报纸一看,方知当南京政府拒绝在《国内和平协定》上签字的时候,中国人民解放军二野、三野的百万雄师,遵照毛泽东、朱德的命令,于21日凌晨发起渡江战役,在西起湖口、东至江阴,长达500余公里的战线上,强渡长江,一举摧毁国民党苦心经营3个多月的长江防线,国民党"划江而治"的梦想彻底化为泡影。

第六节　留居北平

在解放军已经挥师过江,李宗仁的南京政府已经近乎土崩瓦解的情况下,无论主观上还是客观上,李宗仁再也没有资格主持与共产党的谈判了。

285

22日,蒋介石再度出来收拾残局。在他召集的有李宗仁、何应钦、白崇禧等人参加的杭州会议上,决定政治上立即宣告和谈破裂,政府今后唯有继续作战,党内不许再倡和议;军事上则由行政院长何应钦兼任国防部长,统一陆海空军的指挥权力。总统府和行政院则必须立即迁往广州。一心想取蒋而代之的李宗仁彻底被架空。23日,人民解放军占领南京。

至此,自抗战爆发以来国共两党通过谈判的方式来解决两党关系和中国政治前途的种种尝试和努力,彻底宣告结束。颇具戏剧性的是,尽管李宗仁、何应钦此后曾数度打电话和写信给张治中,要求和谈代表团立即撤回,而代表团竟因担心回去会受到国民党顽固派的迫害,在中共的诚挚挽留下,几乎全部留在北平,站到共产党的一边,从而演绎了国共两党谈判史上空前绝后的一幕。

对于中共的诚恳挽留,张治中思想斗争很激烈,他说:"代表团是南京政府派来和谈的,和谈既然决裂,理应回去复命。大家行动完全可以自由决定,但我是首席代表,不能不回去复命。"所以他曾要求秘书复电南京,要求

张治中全家福

第九章 北平和谈 唯张是赖

23日派飞机来北平接他回去。周恩来得知后,又一次代表毛泽东来到六国饭店会见张治中。周恩来非常恳切地对张治中说:"你无论是回南京、上海或广州,国民党的特务都不会放过你。西安事变时我们已经对不起一位姓张的朋友了,今天再不能对不起你这位姓张的朋友了!我看,你这个人还是封建,你为什么只对某些人存幻想,而不为中国革命、中国人民着想呢?你留下来,对尚未解放地区的起义,特别是新疆的和平解放是有作用的。至于嫂夫人和家里人,由我安排,尽管放心!"在毛泽东和周恩来的真诚挽留下,张治中最终放弃回南京复命的想法,决定留在北平。

而早在张治中赴北平和谈后,中共南京地下负责人沈世猷就找到张治中的弟弟张文心,要求他设法将张治中的家眷及他本人的家属一并送到上海。张文心与沈世猷是多年好友,沈打入汤恩伯的司令部,即是张文心推荐的。事有凑巧,1949年4月19日,蒋纬国通知张治中夫人洪希厚立即乘他的飞机去上海,并说若和谈失败,南京即将失手,在北平的和谈代表团将直飞上海。抵达上海后,洪希厚带着孩子们住在张治中的侄儿家。随后,在沈世猷的帮助下,张文心夫人郑淑华及几个孩子也分批到沪。

4月24日夜,中共上海地下组织派人秘密来到洪希厚的住处,与她商谈次日清晨乘接和谈代表团的飞机去北平的安排。洪希厚了解张治中在北平的情况后,便毫不犹豫地答应去北平。25日清晨,洪希厚、郑淑华起身叫醒孩子,由侄媳亲自开车将她们送到机场。中航公司业务经理、中共地下党员邓士章夫妇迅速把两位夫人和孩子送上去北平的飞机,并且命飞机立刻起飞。飞机上除了张家的人,没有别人。飞机经青岛加油后,于当日中午平安抵达北平西苑机场。

其实,当洪希厚一行出现在机场的时候,即引起国民党特务的警觉,情报处长毛森立即向京沪杭警备司令汤恩伯报告这一情报。汤恩伯怀疑地说:"不会吧,去查查!"经查实,确有此事。但此时飞机已经起飞,连派出的军机也未能截住洪希厚一行。汤恩伯气得大发雷霆,命令一定要查出是谁放走了洪希厚一行。对于此事,有人说是国民党"后知后觉",棋差一招;也有人说是汤恩伯暗中放行,有意延误阻挠和追截的最佳时机。因为张治中曾有恩于汤恩伯,汤恩伯历来对张治中非常尊重,尊称洪希厚为伯母。

这天中午,周恩来又来到张治中在北平的住处,请他一起去机场接几位上海来的客人。去机场的途中,张治中心想,这个时候南京政府的人都已经跑得差不多了,谁还会来到北平呢?在飞机场,一架飞机缓缓降落在停机坪。张治中抬头一看,从飞机上走下来的竟是夫人洪希厚、弟媳郑淑华和两家的孩子们。张治中十分惊异,不知道该说什么好。孩子们一见到父亲,立刻飞跑着扑过来,张治中环抱着孩子们,激动不已。原来,早在张治中决定留在北平时,周恩来就紧急通知有关部门,责令中共上海地下组织要想尽一切办法将张治中夫人及孩子们安全送到北平。

1949年6月15日,国民党中央社发出电讯《张治中在平被扣详情》。20、22日又先后发出两个电讯,说张治中在中共唆使下,离开北平,策反国民党军,行踪不明,以混淆视听,并对张治中进行人身攻击。为澄清事实,张治中于6月26日发表《对时局的声明》一文,表明自己的政治立场。《声明》中写道:"我居留北平已80多天了,以我所见所闻的,觉得处处显露出一种新的转变,新的趋向,象征着我们国家民族的前途已显露出新的希望。就是中

1949年8月,毛泽东、周恩来与张治中在北平火车站

第九章　北平和谈　唯张是赖

共以 20 多年来的奋斗经验,深得服务人民建设国家的要领,并且具有严格的批评制度,学习精神,和切实、刻苦、稳健的作风……我们中国人毕竟还有能力把国家危机挽转过来,还可希望把国家搞好,断不是一个没有出息的民族,已可得到证明。"《声明》最后表示:"目前大局已演变到此,我觉得各地同志们应该惩前毖后,当机立断,毅然决然表示与中共精诚合作,为孙先生的革命三民主义,亦即为中共新民主主义的实现而共同努力。至于我们国民党,早就应彻底改造,促进新生,才能适应时代,创造时代,达成我们革命党人应负的历史使命。在目前,我们如果把眼光放远些,心胸放大些,一切为国家民族利益着想,一切为子孙万代幸福着想,我们不但没有悲观的必要,而且还有乐观的理由。国家要求新生,也正在新生;人民要求新生,也正在新生;为什么我们国民党和个人独甘落后,不能新生呢?"张治中的《声明》受到全国人民的欢迎,在海内外产生深刻影响。同一天,新华社以《评张治中声明》为题发表社评,指出张治中的《声明》"表示他对于目前中国形势的看法",实际上"也可以看作是南京国民政府和谈代表的共同意见"。"这个声明是值得欢迎的。其中对于国民党内爱国分子的劝告,是向他们指出唯一的光明出路"。

此时,新政协会议正在酝酿筹备中。毛泽东多次与张治中谈话,邀请张治中参加新政协并在中央人民政府担任职务,对此张治中说:"过去这一阶段的政权是我们负责的,今已失败,成为过去了,我这个人也应成为过去了。"毛泽东笑着说:"过去的阶段从你发表了《声明》,等于过了年三十,今后还应从大年初一做起!""你的《声明》说,'国家要求新生,也正在新生;人民要求新生,也正在新生;为什么我们国民党和个人独甘落后,不能新生呢?'它适应时代潮流,符合人民的愿望和要求,我们欢迎"。

张治中曾回忆说:"从此,我又开始了新的历程。"

附录：

国内和平协定（最后修正案）

中华民国三十五年，南京国民政府在美国政府帮助之下，违背人民意志，破坏停战协定及政治协商会议的决议，在反对中国共产党的名义之下，向中国人民及中国人民解放军发动全国规模的国内战争。此项战争，至今已达两年又九个半月之久。全国人民，因此蒙受了极大的灾难。国家财力物力遭受了极大的损失，国家主权亦遭受了新的损害。全国人民，对于南京国民政府违背孙中山先生的革命三民主义的立场，违背孙中山先生的联俄、联共及扶助农工等项正确的政策，以及违背孙中山先生的革命的临终遗嘱，历来表示不满。全国人民对于南京国民政府发动此次空前规模的国内战争以及由此而采取的政治、军事、财政、经济、文化、外交等项错误的政策及措施，尤其表示反对。南京国民政府在全国人民中业已完全丧失信任。而在此次国内战争中，南京国民政府的军队，业已为中国共产党所领导、为中国人民革命军事委员会所指挥的人民解放军所战败。基于上述情况，南京国民政府曾于中华民国三十八年一月一日向中国共产党提议举行停止国内战争恢复和平状态的谈判。中国共产党曾于同年一月十四日发表声明，同意南京国民政府上项提议，并提议以惩办战争罪犯，废除伪宪法，废除伪法统，依据民主原则改编一切反动军队，没收官僚资本，实行土地改革，废除卖国条约，召集没有反动分子参加的新的政治协商会议成立民主联合政府，接收南京国民党反动政府及其所属各级政府的一切权力等八项条件为双方举行和平谈判的基础，此八项基础条件已为南京国民政府所同意。因此，中国共产党方面和南京国民政府方面派遣自己的代表团，授以举行谈判和签订协定的全权。双方代表于北平集会，首先确认南京国民政府应对于此次国内战争及其各项错误政策担负全部责任，并同意成立本协定。

第九章　北平和谈　唯张是赖

第一条

第一款　为着分清是非，判明责任，中国共产党代表团与南京国民政府代表团双方（以下简称双方）确认，对于发动及执行此次国内战争应负责任的南京国民政府方面的战争罪犯，原则上必须予以惩办，但得依照下列情形分别处理：

第一项　一切战犯，不问何人，如能认清是非，幡然悔悟，出于真心实意，确有事实表现，因而有利于中国人民解放事业之推进，有利于用和平方法解决国内问题者，准予取消战犯罪名，给以宽大待遇。

第二项　一切战犯，不问何人，凡属怙恶不悛，阻碍人民解放事业之推进，不利于用和平方法解决国内问题，或竟策动叛乱者，应予从严惩办。其率队叛乱者，应由中国人民革命军事委员会负责予以讨平。

第二款　双方确认，南京国民政府于中华民国三十八年一月二十六日将日本侵华战争罪犯冈村宁次大将宣告无罪释放，复于同年一月三十一日允许其他日本战犯二百六十名送返日本等项处置，是错误的。此项日本战犯，一俟中国民主联合政府即代表全中国人民的新的中央政府成立，即应从新处理。

第二条

第三款　双方确认，南京国民政府于中华民国三十五年十一月召开的"国民代表大会"所通过的《中华民国宪法》，应予废除。

第四款　《中华民国宪法》废除后，中国国家及人民所当遵循的根本法，应依新的政治协商会议及民主联合政府的决议处理之。

第三条

第五款　双方确认，南京国民政府的一切法统，应予废除。

第六款　在人民解放军到达和接收的地区及在民主联合政府成立以后，应即建立人民的民主的法统，并废止一切反动法令。

第四条

第七款　双方确认，南京国民政府所属的一切武装力量（一切陆军、海军、空军、宪兵部队、交通警察部队、地方部队，一切军事机关、学校、工厂及后方勤务机构等），均应依照民主原则实行改编为人民解放军。在国内和平协定签字之后，应立即成立一个全国性的整编委员会，负责此项改编工作。整编委员会委员为七人至九人，由人民革命军事委员会派出四人至五人，南京国民政府派出三人至四人，以人民革命军事委员会派出之委员一人为主任，南京国民政府派出之委员一人为副主任。在人民解放军到达和接收的地区，得依需要，设立区域性的整编委员会分会。此项分会双方人数的比例及主任副主任的分担，同于全国性的整编委员会。海军及空军的改编，应各设一个整编委员会。人民解放军向南京国民政府现时所辖地区开进和接收的一切事宜，由中国人民革命军事委员会以命令规定之。人民解放军开进时，南京国民政府所属武装部队不得抵抗。

第八款 双方同意每一区域的改编计划，分为两个阶段进行：

第一项 第一阶段，为集中整理阶段。

第一点：凡南京国民政府所属的一切武装部队（陆军、海军、空军、宪兵、交通警察总队及地方部队等）均应集中整理。整理原则，应由整编委员会根据各区实况，在人民解放军到达和接收的地区，按照其原番号，原编制，原人数，命令其分区，分期，开赴指定地点，集中整理。

第二点：南京国民政府所属一切武装部队，在其驻在的大小城市，交通要道，河流海港及乡村，当人民解放军尚未到达和接收前，应负责维持当地秩序，防止任何破坏事件发生。

第三点：在上述地区，当人民解放军到达和接收时，南京国民政府所属武装部队，应根据整编委员会及其分会的命令，实行和平移交，开赴指定地点。在开赴指定地点的行进中及到达后，南京国民政府所属武装部队应严格遵守纪律，不得破坏地方秩序。

第九章　北平和谈　唯张是赖

第四点：在南京国民政府所属武装部队遵照整编委员会及其分会的命令离开原驻地时，原在当地驻守的地方警察或保安部队不得撤走，并应负责维持地方治安，接受人民解放军的指挥和命令。

第五点：南京国民政府所属一切武装部队，在开动与集中期间，其粮秣被服及其他军需供给，统由整编委员会及其分会和地方政府负责解决。

第六点：南京国民政府所属一切军事机关（从国防部直到联合后方勤务总司令部所属的机关、学校、工厂、仓库等），一切军事设备（军港、要塞、空军基地等）及一切军用物资，应由整编委员会及其分会根据各区实况，命令其分区分期移交给人民解放军及其各地军事管制委员会接收。

第二项　第二阶段，为分区改编阶段。

第一点：南京国民政府所属陆军部队（步兵部队，骑兵部队，特种兵部队，宪兵部队，交通警察部队及地方部队），在分区分期开赴指定地点集中整理后，整编委员会应根据各区实况，制出分区改编计划，定期实施。改编原则，应依照人民解放军的民主制度和正规编制，将经过集中整理的上述全部陆军部队编成人民解放军的正规部队。其士兵中老弱残废，经查验属实，确须退伍，并自愿退伍者，其官佐中自愿退役或转业者，均由整编委员会及其分会负责处理，给以回家的便利和生活的安置，务使各得其所，不致生活无着，发生不良行为。

第二点：南京国民政府所属海军空军，在分区分期开赴指定地点集中整理后，即按原番号，原编制，原人数，由海军空军整编委员会依照人民解放军的民主制度，加以改编。

第三点：南京国民政府所属一切武装部队，在改编为人民解放军后，应严格遵守人民解放军的三大纪律，八项注意，忠实执行人民解放军的军事政治制度，不得违犯。

第四点：在改编后，退伍官兵应尊重当地人民政府，遵守人民政府法令。地方人民政府及当地人民，亦应对退伍官兵给以照顾，不得歧视。

第九款　南京国民政府所属一切武装力量，于国内和平协定签字之后，不得再行征募兵员。对其所有武器、弹药及一切装备，一切军事机关设备及一切军用物资，均须负责保护，不得有任何破坏、藏匿、转移或出卖的行为。

第十款　在国内和平协定签字之后，南京国民政府所属任何武装力量，如有对改编计划抗不执行者，南京国民政府应协助人民解放军强制执行，以保证改编计划的彻底实施。

第五条

第十一款　双方同意，凡属南京国民政府统治时期依仗政治特权及豪门势力而获得或侵占的官僚资本企业（包括银行、工厂、矿山、船舶、公司、商店等）及财产，应没收为国家所有。

第十二款　在人民解放军尚未到达和接收的地区，南京国民政府应负责监督第十一款所述官僚资本的企业和财产不许逃匿，或破坏，或转移户头，暗中出卖。其已经迁移者，应命其就地冻结，不许继续迁移，或逃往国外，或加以破坏。官僚资本的企业及财产在国外者，应宣布为国家所有。

第十三款　在人民解放军已经到达和接收的地区，第十一款所指的官僚资本企业和财产，即应由当地的军事管制委员会或民主联合政府委任的机构实行没收。其中，如有私人股份，应加清理，经证实确为私人股份并非由官僚资本暗中转移者，应予承认，并许其有留股或退股之自由。

第十四款　凡官僚资本属于南京国民政府统治时期以前及属于南京国民政府统治时期而为不大的企业且与国计民生无害者，不予没收。但其中若干人物，由于犯罪行为，例如罪大恶极的反动

第九章　北平和谈　唯张是赖

分子而为人民告发并审查属实者,仍应没收其企业及财产。

第十五款　在人民解放军尚未到达和接收的城市,南京国民政府所属的省、市、县政府应负责保护当地的人民民主力量及其活动,不得压抑或破坏。

第六条

第十六款　双方确认,全中国农村中的封建的土地所有权制度,应有步骤地实行改革。在人民解放军到达后,一般地先行减租减息,后行分配土地。

第十七款　在人民解放军尚未到达和接收的地区,南京国民政府所属的地方政府应负责保护农民群众的组织及其活动,不得压抑或破坏。

第七条

第十八款　双方同意,在南京国民政府统治时期所订立的一切外交条约、协定及其他公开的或秘密的外交文件及档案,均应由南京国民政府交给民主联合政府,并由民主联合政府予以审查。其中,凡对于中国人民及国家不利,尤其是有出卖国家权利的性质者,应分别情形,予以废除,或修改,或重订。

第八条

第十九款　双方同意,在国内和平协定签字之后,民主联合政府成立之前,南京国民政府及其院、部、会等项机构,应暂行使职权,但必须与中国人民革命军事委员会协商处理,并协助人民解放军办理各地的接收和移交事项。待民主联合政府成立之后,南京国民政府即向民主联合政府移交,并宣告自己的结束。

第二十款　南京国民政府及其各级地方政府与其所属一切机构举行移交时,人民解放军、各地人民政府及中国民主联合政府必须注意吸收其工作人员中一切爱国分子及有用人才,给以民主教育,并任用于适当的工作岗位,不使流离失所。

第二十一款　南京国民政府及其所属各省、市、县地方政府，在人民解放军尚未到达和接收以前，应负责维持当地治安，保管及保护一切政府机关、国家企业（包括银行、工厂、矿山、铁路、邮电、飞机、船舶、公司、仓库及一切交通设备等）及各种属于国家的动产不动产，不许有任何破坏、损失、迁移、藏匿或出卖。其已经迁移或藏匿的图书档案，古物珍宝，金银外钞及一切产业资财，均应立即冻结，听候接收。其已经送往外国或原在外国者，应由南京国民政府负责收回或保管，准备交代。

第二十二款　在人民解放军已经到达和接收的地区，即应经由当地的军事管制委员会及地方人民政府或联合政府委任的机构，接收地方的一切权力及国家产业财富。

第二十三款　在南京国民政府代表团签字于国内和平协定并由南京国民政府付诸实施后，中国共产党代表团愿意负责向新的政治协商会议的筹备委员会提议：南京国民政府得派遣爱国分子若干人为代表，出席新的政治协商会议；在取得新的政治协商会议筹备委员会批准后，南京国民政府的代表即可出席新的政治协商会议。

第二十四款　在南京国民政府业已派遣代表出席新的政治协商会议以后，中国共产党方面愿意负责向新的政治协商会议提议：在民主联合政府中应包括南京国民政府方面的若干爱国分子，以利合作。

双方代表团声明：为着中国人民的解放和中华民族的独立自由，为着早日结束战争，恢复和平，以利在全国范围内开始生产建设的伟大工作，使国家和人民稳步地进入富强康乐之境，我们特负责签订本协定，希望全国人民团结一致，为完满地实现本协定而奋斗。本协定于签字后立即生效。①

---

① 参见《毛泽东选集》第四卷，人民出版社1991年版。

第十章
殚精竭虑　造福西北

新疆的斗争从没有停止过,只是从1946年7月1日新疆省联合政府的成立后,新疆的激进派(以伊宁方面为代表,主体是维族人,倾向新疆脱离中央政府的领导,亲苏)与保守派(汉族人、回族人及亲中央政府的其他少数民族群众,拥护中央政府,具有反苏情绪)由之前的军事斗争转入政府斗争。乌斯满事件,北塔山事件,塔城、额敏事件,二·二五事件,反麦斯武德事件,甚至是吐鲁番、鄯善、托克逊地区暴动,一波接着一波,一事引发一事,联合政府陷入分裂对峙局面。西北军政长官张治中深刻自省其非,"为了保障全省和平,维护国家统一,实行民主政治,加强民族团结的既定政策不被破坏",在征得蒋介石同意后,撤换泛突厥主义分子麦斯武德和强硬派宋希濂的职务,由立场中间偏左的包尔汉担任新疆省政府主席,张治中保定军校同学、立场稳健的陶峙岳担任新疆警备总司令。历史证明,张治中这一重大人事安排,为扭转新疆的分裂局面铺平了道路,为1949年9月新疆的和平解放奠定了基础。

第一节　乌斯满事件

新疆省联合政府成立不久即发生了乌斯满事件,这是出乎张治中意料的。

乌斯满生于阿山区（即今阿勒泰地区）的富蕴县，是哈萨克族毛勒忽部落的首领，反对盛世才的专政，得到阿山区多数哈族人的拥护。1944年乌斯满参加了伊犁事变，新疆联合政府成立后，乌任省政府委员兼阿山区专员，是伊宁方面所提的8为省委委员之一。因此，南京方面一直以为他和伊犁、塔城方面是一个整体。不料联合政府成立未久，乌斯满便于8月派代表来迪化要求见张治中，张治中考虑乌斯满是阿山区专员，是伊宁方面的一个组成部分，如单独接见，恐怕引起阿合买提江等人的猜疑，便邀约阿合买提江、包尔汉两位省府副主席一起接见乌斯满的代表。这位代表当面交出乌斯满的信件，信中首先表示和平条款签订后，阿山区并没有和省政府发生关系，所以派人前来晋谒。其次，要求哈萨克族在迪化有名望的人士如艾林郡王、贾尼木汗、苏来满等回阿山去。其三，希望对和平条款的内容得到充分的解释。其四，地方各项困难，请求救济。最后，也是最重要的一点，说是边防重要，请派军队进驻。而自新疆省政府改组以来，伊宁方面一直拒绝张治中派任何人进入三区，成为双方经常发生争执的问题。乌斯满的代表一来，使张治中看出他们和伊宁方面是大有分歧的，了解到阿合买提江等对三区并不能够完全控制。

集体会见后，乌斯满的代表向张治中派来负责招待他的人表示，另有机密事项要单独向张治中报告，张遂叫省府秘书长刘孟纯和他秘密会谈。主要内容是苏联借口和盛世才签订的条约，派了一批人到富蕴县开采钨矿，乌斯满想用武力将他们赶走；请求迅速以边卡部队名义派部队进入阿山支援，并接济枪械弹药。经过和西北行营副主任陶峙岳、新疆警备司令宋希濂及刘孟纯商讨，张治中指出，苏联派人开采富蕴钨矿问题，我们可以向苏联方面提出，但须在中苏经济合作谈判成功后再提，乌斯满切不可采取武力行动，以免引起意外纠纷；关于边卡部队问题，根据和平条款，是属于三区问题的一部分，须与三区军队改编问题同时解决，边卡部队目前不能派遣。

乌斯满的代表得到答复，并领到一些弹药物资后，于8月28日返回阿山。及至9月3日，乌斯满的第二个代表玉素甫又来了，说是因第一次派来

第十章　殚精竭虑　造福西北

的代表出发后久无消息,所以再派他来,路上也没有遇到回程的代表。玉素甫带来乌斯满的信件,比上次的要求更具体,内容主要是请省府即派军队开入阿山,并接济一二千支枪,派代表和电台常驻阿山,将阿山专区的经费直接拨给等。

乌斯满为什么要接连派代表来见张治中呢?宋希濂曾于1947年冬和他见面详谈。他说,我们在新疆的哈萨克族人,与苏联的哈萨克共和国的哈族本来是同一血统,苏联革命后,对在俄国境内的哈族人残酷镇压,有许多人被杀害了,财产被没收了,宗教信仰被剥夺了,现在新疆的一些哈族部落是由俄国逃过来的,因此我们哈萨克族人非常害怕和仇恨苏联。当1944年伊犁事变发生的时候,我曾和伊犁的哈族首领爱力汗(指艾力汗·吐烈)订过一个密约,即要保持中国的领土完整,反对使新疆脱离中国的任何企图;坚决维护宗教信仰。这两点获得爱力汗的同意后,我才参加伊犁事变。但事变后不久,爱力汗发现事变的一些重要负责人,有的是苏联人,有的加入了苏联籍,例如军事指挥官伊斯哈克江,就是苏联的柯尔克孜族人,是苏军军官,其他好些人或者是长期住在苏联,或者是在苏联求学,大多入了苏联籍。他们受苏联驻伊犁领事馆的指挥,他们发动事变,成立所谓的东突厥斯坦共和国。爱力汗和在伊犁一带的一些哈族首领,不同意他们这样做,大多被他们逮捕了。阿合买提江等人知道我和爱力汗的关系,知道我不同情他们的主张,觉得我不愿意受他们的指挥,就想收拾我,他们拉拢阿山区的另一个哈族头目达里力汗来和我捣乱,想以达里力汗来代替我,所以我要请求中央政府帮助我,我一定要和他们斗争到底。

自乌斯满第二次派代表来后,张治中改变了先前的犹豫态度,决定支持乌斯满。他指示将阿山区的行政经费直接拨付,不再经过伊犁转发,并拨发阿山区一部分粮食、布匹、茶叶及其他日用品。同时,张治中又指示陶峙岳和宋希濂,拨发乌斯满部分枪支弹药,并命军务处(军统局派驻新疆的特务机关)派电台到乌斯满那里去,随时报告那边的情况。限于中央当时在新疆的军事力量不够,尤其补给困难,军队就没有派了。

张治中之所以在乌斯满这个问题的处理上,改变了先前的犹豫态度,主要是他和阿合买提江代表着两个截然不同的政治立场。张治中希望伊方和他通力合作,逐步消除民族间的歧视,大家和睦相处,把新疆建设成"三民主义的新新疆"。并要求伊宁方面的武装力量接受改编,新疆的国防应完全交由中央政府驻军负责。伊宁方面则要求中央政府驻军撤出新疆,成立民族部队,将中央政府的直属机关一律改属省政府……至于取消伊、塔、阿三区特殊化,以及三区武装力量的改编,则根本拒绝。这使张治中不得不利用乌斯满来分化和牵制伊方,这是张治中站在中央政府的立场,建设新新疆,不可避免要采取的措施。

伊方对乌斯满不同意他们的政治主张以及乌斯满为人的跋扈,早已不满,此时则认为非彻底消灭他不可了。1947年2月,伊犁方面调集3个骑兵团,并附以炮兵,归伊斯哈克江指挥,向阿山进击。乌斯满请求张治中派兵支援,考虑到和平局面不能破裂,遂加以拒绝。乌斯满在伊方军事的压迫下,退到温都哈拉附近与伊方周旋了一个时期,4月再退到北塔山附近。

北塔山东西长约30里,南北宽约20里,海拔约1500米,为迪化、阿山、哈密三区间的要隘。乌斯满退到北塔山附近后,由于他在哈萨克族中的号召力,兵力迅速增加到3000多人。这时,伊宁方面撤销了乌斯满的阿山区专员职务,派达列力汗继任。新疆省政府为了解事件真相,曾派包尔汉及保安副司令党必刚等人前去调查。

乌斯满退到北塔山附近后,不断向青河一带游击,威胁阿山地区,伊犁方面对其深怀戒心。当时新疆警备司令部派在北塔山担任戒备的是马希珍骑兵连,马部用石头和木料构筑了坚固阵地。6月2日外蒙的边防军派来两个代表,对马希珍说,马部所驻地方属于蒙古国,要求马连长在48小时内退出。马连长答复,我们这里离蒙古国边界还很远,从没有听说这地方属于你们,我连奉命驻守此地,有守土之责。孰料6月5日黎明,外蒙军队突然向马希珍连发动猛烈攻击,并有涂有红五星标志的飞机5架轰炸扫射我守军阵地,这些飞机还对乌斯满部驻地的大石头、乌龙布拉克一带进行轰炸。马

第十章 殚精竭虑 造福西北

连官兵打退外蒙古军队的数次进攻,守住了阵地。马希珍当晚向其军长马呈祥(骑兵第五军军长)报告外蒙古军队突然袭击的情况,指明那5架飞机是苏联战机,并请求增援。马呈祥于6月6日清晨即向宋希濂报告。宋希濂当即召开军事会议,作出军事部署,并向南京国防部及张治中报告。张治中当即将西北行营副参谋长刘任及刘孟纯等叫来开会,经分析研究认为,这是外蒙古配合伊宁方面开展的军事行动,目的在于消灭乌斯满的势力。或者是先消灭乌斯满部,然后由北塔山南下,袭扰奇台、镇西、七角井一带,截断我中央军通往兰州的交通线,然后从正面玛纳斯河发动攻击,胁迫中央政府答应伊方所提各项条件。

6月7日早晨,外蒙古军队再次发动进攻。乌斯满率部参战,既掩护了马希珍的左翼,又打击了外蒙古军队的侧后。据宋希濂回忆录记载,战斗中乌斯满"率部百余骑与外蒙古军队激战几小时以后,他本人突然单人匹马,风驰电掣般的奔向外蒙古军重机枪阵地,挥刀砍死机枪射手两人,夺得重机枪一挺,又迅速地跑回来了"。激战至黄昏,外蒙古军队被击退。8日上午外蒙古军队又在飞机炮火的掩护下发起进攻,这时中国增援部队骑二团已陆续到达。是日午后,我军开始反攻,外蒙古军队遂撤退。经阵地搜查,外蒙古军遗尸中有军官一人,在其图囊里发现有俄文作战命令。

北塔山事件发生后,国民政府外交部分别向苏联及蒙古国提出严重抗议,苏联政府坚决否认曾参与北塔山事件。蒙古国政府则坚持北塔山在蒙古界内,中国军队入侵蒙古境内,才引发军事冲突。这里应说明两点,一是当时在新疆的中央驻军,都不认识蒙古的国旗式样和飞机标志,看见涂有红五星标志的就认为是苏联的;二是外蒙古独立后,此时与中国的划界尚未定案。

这期间,正是蒋介石军事上节节失利之际,他深恐伊宁方面与外蒙古结合,进军迪化、哈密,那时无力支援,势必丢掉新疆。但他又认为这是一个转移国人视线的好机会,除大力宣传苏联和外蒙古的侵略外,又决定派国防部长白崇禧于6月13日来新疆调查北塔山事件,以争取美国及其他反苏势力的同情和支援。张治中于6月12日深夜得知白崇禧要来新疆视察的消息,在长途电话叫不通之后,立刻发电报给白崇禧,告诉他万不可来,否则对新疆局势极为不利。因为白崇禧向以反苏反共出名,1946年夏天美国军用飞机到迪化已经引起苏方怀疑,现在再来一个反苏反共的国防部长,岂不是火上加油?并同时给蒋介石去电,说明白万不可来新的理由。正在去机场途中的白崇禧,被迫取消新疆之行。北塔山冲突,前前后后共发生战斗20多次,直到1948年9月才完全停止。

北塔山事件最大的受益者是乌斯满,一方面被媒体当作"守土抗战"的英雄广为宣传,另一方面又得到新疆省政府(时新疆联合政府已经破裂,伊宁方面的代表全部撤回三区)的公开支持。乌斯满在得到省府的武器弹药支援后,又一次向阿山发动大规模进攻。短短一个月的时间,阿山几乎全被乌斯满占据。但两个月后,在伊宁"民族军"多路夹击下,乌斯满又被迫东逃北塔山,继而退入奇台、孚远一带,从此再没回到阿山。

第二节　二二五事件

新疆省联合政府成立后,阿合买提江等伊宁方面的领导人担任省府重要领导职务,在新疆各地组织"东突厥斯坦青年团"。并改组维吾尔族文化促进总会,掌握领导权,以此作为公开斗争的场所。同时推荐一批人在省府所属各部门工作,并提经张治中同意和省府会议通过,任命阿布都热合满为吐鲁番县县长。吐鲁番是维吾尔族人聚居地,位于天山之南,为迪化通往哈密及内地的交通咽喉。此后发生的吐鲁番暴动事件,与阿布都热合满有着密切联系。随后,伊方又提出并经省府研究通过以阿布都克日木·买合苏木为喀什地区的行政专员,此人和苏联驻喀什领事馆保持联系。这引起喀什方面保守势力的激烈反对。

利用阿布都克日木·买合苏木充任喀什区行政专员的便利,伊宁方面派了一批人去那里积极进行组织鼓动工作,短短几个月时间,就有几千名青年参加"东突厥斯坦青年团",经常游行示威,喊着:"中央军撤出新疆""成立民族部队""成立东突厥斯坦共和国"等口号,常与中央驻军发生冲突,使得

第十章 殚精竭虑 造福西北

南疆的政治经济文化中心喀什经常处于动荡不安中。

新疆10个行政区中,除伊犁、塔城、阿山为激进派势力所控制,其他7个区掌握在亲中央政府者手里,并与驻军密切结合,使伊宁方面的活动受到限制。如哈密区专员尧乐博斯、和田区专员郝登榜、阿克苏区专员色以提,虽然都是维吾尔族人,但他们坚决反对伊宁方面的暴力活动。至于莎车区专员周芳刚、焉耆区专员左曙萍,则是从内地到新疆去的。但自新疆联合省府成立后,由于伊宁方面势力的渗透,在政治、军事、经济上都处于重要地位的迪化、喀什两个区的形势是比较严峻的。

1946年10月,鉴于张治中要事繁忙,经常要往返南京和兰州、迪化之间,参加国共和谈,调处国共军事整编,处理西北行营及新疆军政事务。同时,也考虑到新疆局势的复杂性、尖锐性,蒋介石决定调整西北行营及新疆军事的领导人,原新疆警备总司令陶峙岳调任西北行营副主任,驻兰州代替张治中处理行营事务;原西北行营参谋长宋希濂接任新疆警备总司令;行营参谋长由副参谋长刘任升任。

这时新疆的局势更加不稳定,伊宁方面的势力不断扩展。早在三区暴动时,塔城区专员平戎等率军警及汉族回族老百姓共1.4万多人退入苏联的阿牙固斯,在《和平条款》签订后,由国民政府外交部通知苏联政府遣送回国,并由新疆联合政府组织一个小组,前往塔城办理接运事宜。但当这些人于1946年9月间分批回国时,在塔城一带备受凌辱殴打,内中有35人遭到有组织有计划的屠杀。其中包括骑三团团长李振声、塔城区警察局局长孙绍康等军政官员。紧随其后,

宋希濂

又发生了额敏惨案。根据《和平条款》和施政纲领,新疆10个行政专区要举行县参议会和县长民主选举,联合政府决定每个区派一个监选小组。但派去阿山专区的监选小组组长涂禹则及省府秘书克斌全(两人均系哈萨克族

人),在1946年10月6日路经塔城区的额敏县时,连同司机均被杀害。这两起事件及惨案调查的负责人都是阿合买提江,张治中曾对其提出严厉质问,但最后仍不了了之。

在迪化,以维吾尔族文化会为中心,经常有大批的维吾尔族青年和部分哈族青年在开会。他们控诉历代汉族统治者对东突厥斯坦的暴虐统治,指责国民政府对新疆人民的虚伪欺骗,指斥麦斯武德、艾沙、贾尼木汗、哈德万等人为民族败类,号召青年起来铲除他们,高喊"中央军撤出新疆""成立东突厥斯坦共和国"等口号,然后蜂拥而至省政府请愿。请愿者们提出的条款虽多,但主要目的是要在喀什、阿克苏等地成立所谓的民族军,撤换亲汉人的维、哈族人士,以及中央军撤离新疆。对于这些条件,张治中当是无法答应的。这些请愿者则围着省府不肯离去,弄得人心惶惶,汉族、回族人以及少数的满族、锡伯族人等尤其感到害怕。随着动荡不安局势的加重,人们对张治中治理新疆的方针政策日益产生怀疑,有人说他太软弱,有人说他过分退让,甚至说新疆会断送在他的手里。连一向稳健沉静的陶峙岳也对张治中感慨地说:"如果就这样把新疆丢了,我们将来是要对历史负任责的啊!"

张治中自然压力巨大,1946年12月,他连续召集党政军负责人开会,参加者有刘任、刘孟纯、宋希濂、马呈祥、王曾善(省府民政厅厅长)、刘亚哲(迪化市警察局局长)、沈静(新疆警备司令部参谋长)、叶成(七十八军军长)、罗恕人(四十六师师长兼迪化警备司令)、陈希豪(国民党新疆省党部主任)、谢永存(国民党新疆省党部书记长)等。与会者一致认为,目前局势严重,应采取有力措施遏制伊方势力的扩展。并推定由刘孟纯、谢永存、刘亚哲等人组织一个小组,研商具体办法,由刘孟纯负责召集。

刘孟纯根据张治中的指示,曾多次召集会议商定办法,决定由国民党新疆省党部、新疆警备总司令部政治部、新疆日报社等单位,大力宣传新疆联合政府的施政纲领,拥护国家统一,加强民族团结,实行民主政治,反对三区特殊化,强调新疆是中国不可分割的领土,坚决反对任何使新疆脱离中国的企图,严正指责所谓的"东突厥斯坦共和国"运动。同时以汉文会、回文会为

第十章　殚精竭虑　造福西北

中心,以及哈文会、蒙文会、满文会等,团结各方力量,号召大家起来反对伊方。通过组织和宣传,各民族也开始行动起来,与伊宁方面所领导的维文会唱对台戏,这是二二五事件发生的根本原因。

1947年2月20日起,维文会组织5000多维族青年举行示威游行,拥至省府请愿,要求罢免省府委员兼财政厅长贾尼木汗,哈密区行政专员尧乐博斯、莎车区行政专员周芳刚、和田区行政专员郝登榜。省府秘书长刘孟纯请示阿合买提江、包尔汉两位副主席(时张治中在南京),答应22日召开省府紧急会议,讨论他们提出的要求。第二天上午省府召开会议,会议由阿合买提江主持,罢免了郝登榜、周芳刚的专员职务。这在汉人中引起极大震动,回族人及平日和汉人比较亲近的一部分维、哈族人等也深感危惧。当日晚,宋希濂、刘任、陈希豪、谢永存、刘孟纯、王曾善等人在一起开会,在刘孟纯汇报当天省府会议的详细情况后,大家认为绝不能使中央政府在7个区的统治权就这样逐步丧失,必须采取坚决对抗的方针。并决定以示威游行对付示威游行,以请愿对付请愿,给伊方势力以反击。

24日上午,迪化市区的回族人和哈萨克族人举行示威游行,高呼"拥护中央政府""中华民国万岁""新疆是十四个民族的新疆,不是维吾尔族的新疆""反对伊、塔、阿三区特殊化"等口号。游行后拥至省府请愿,提出了请愿事项20余条。回族、哈族人的联合示威,给汉族人以极大的兴奋和鼓舞。至25日,参加游行的人数超过1万人,绝大部分是汉族人,也有少数的回族人、哈族人、满族人。游行队伍来到省政府,要求阿合买提江和省府委员们出来答复。当时阿合买提江等人住在南门外的花园,闻讯后,阿合买提江、阿巴索夫等即乘车赶到省政府。游行群众推选10多位代表,向阿合买提江呈递请愿书,要求实行《和平条款》,取消地方特殊化;伊犁、塔城、阿山三区边境应由中央派兵驻防;三区的地方武装应按规定进行改编;严惩伊宁事变时残杀无辜百姓的凶手,优抚被害者家属;反对企图把新疆脱离中国的"东突厥斯坦"运动;加强民族团结,反对煽起民族间的歧视和仇恨;严厉制裁破坏社会秩序者。

由于群众不满意阿合买提江的答复,阿合买提江被轰下演讲台,和一些省府委员退入省政府。此时,包尔汉的司机(维族人)与游行群众发生冲突,开枪射伤两名群众,有人随从附近军统站弄来一颗手榴弹,扔进司机躲藏的省府传达室,司机当场被炸死。躲在省府的阿合买提江、包尔汉及省府委员们在手榴弹的爆炸声和群众的吼叫声,面面相觑,不知如何是好。他们深恐群众冲入省府,命令将省府大门紧闭,并在门口筑起工事,架起两挺轻机枪。此时,维文会的10多个人跑到省府前来窥察情况,与迪化区专员哈德万手下20多名哈萨克族人,发生冲突,一名维族人被当场打死,二三人被打伤两,其余维族人赶紧逃跑了。

请愿的群众见阿合买提江紧闭省府大门,不做答复,胸中更加愤激,遂扛来几根大木头,许多人抬着撞击大门,吼声震天。宋希濂得此消息,立派迪化市警察局局长刘亚哲亲往劝告和制止,并命令迪化警备司令罗恕人立即出动部队戒备。在刘亚哲安抚劝告下,游行群众才渐渐散去。此时全市戒严,所有街道要口均满布岗哨。刘亚哲在群众散去后,派警力护送各位省府委员回家,并亲自护送阿合买提江、包尔汉回到住地。这一天的流血事件,死伤七八人。

事发当晚,宋希濂将详细情况电报蒋介石,并要求批准在迪化实施戒严。2月27日,蒋介石复电祝福宋希濂妥善应对局势,并批准戒严申请。同时,宋希濂催请张治中早日回到迪化。3月16日,张治中从南京回到迪化,25日发表告全省同胞书,明确指出"2月21日激进派所发动的敌视和胁迫政府的行为,25日保守派所发动的游行中发生的惨案,都必须加以纠正的",要求维护全省和平,积极执行《和平条款》与施政纲领。

第三节　反麦斯武德与三县暴动

二二五事件后,为民族团结、和睦,加强相互间的信任,1947年4月16日,张治中在阿合买提江、王曾善、赖希木江、艾沙、屈武以及新疆监察使麦斯武德、外交特派员刘泽荣等人陪同下,视察了南疆阿克苏、喀什、莎车、和田、焉耆 5 个行政专区,历时 23 天。张治中没有想到,他的这次出巡,却将联合政府会议桌上的斗争引向了社会,引发他辞去新疆省政府主席职务,推荐麦斯武德接任,爆发武装冲突,导致新疆省联合政府的破裂。

张治中访问伊犁期间与随行人员合影

在视察的 5 个行政区里,焉耆、阿克苏、和田区、莎车区的专员或为保守派,或为汉人,所以张治中到这 4 个区视察时,平静浪静,大家都表示拥护张治中和省府的施政纲领,张治中感到十分满意。但在喀什,据包尔汉回忆,"联合政府成立之后,张治中还是第一次丢面子"。早在张治中未到喀什之前,新疆警备司令部即已接到驻扎喀什的四十二军军长赵锡光电报,说明喀什维吾尔族青年经常组织游行示威,形势不稳定。张治中等到喀什后,住在老城的专员公署(喀什有两城,老城疏附,大多行政机构驻在此地,居民多为维吾尔族人;新城疏勒,主要为驻军和一部分汉人居住)。在第二天举行的群众欢迎大会上,张治中发表讲话后,几个维吾尔族青年登台痛斥汉族官吏对新疆的残暴统治,要求中央军队撤出新疆,代之以"民族军",并严惩他们眼中的反动人士。张治中说服无效,只是受到围观群众越来越多的责难,只得黯然离去。待到 5 月初张治中从和田返程,途径喀什,仍住专员公署,孰料竟于当晚被五六千群众所包围,要求张治中立即答复所提各项要求。张治中对他们作了长篇讲话,主要阐明拥护国家统一与民族意识的关系,但这些话对群众不起任何作用。僵持到深夜1点多钟,张治中毫无办法,想找阿合买提江出来解围,但阿合买提江已不知到哪里去了。鉴于群众的情绪愈加激烈,随从人员深恐发生暴动,危及张治中的生命,赶紧从侧门溜出,跑到电话局(专署电话已被请愿群众所控制)打电话给驻扎新城的赵锡光军长汇报情况。赵锡光也不敢贸然派兵前来弹压,遂悄悄从后门将张治中接到新城。张治中遭此难堪,十分气愤,决定立即离开喀什。

此时的新疆,内外局势异常复杂。从外部看,列强的插手使新疆长期呈现四分五裂之势,特别是苏联一贯持军事强硬态度,影响力极大。从内部看,政治势力多元,包括以麦斯武德、艾沙为首的泛突厥主义派;以乌斯满、贾尼木汗为首的哈萨克族势力;以阿合买提江、阿巴索夫为首的伊宁亲苏实力派;以宋希濂、马呈祥为首的军队主战派;以及张治中为首的国民党主和派,可以说是四分五裂,没有核心。同时,张治中也把民族势力分为激进派、保守派和中间派,中间派又分为中间偏左、中间偏右。即使是张治中这个名义上的最高长官,也得不到太多支持,甚至是军方的支持。

面对困局,张治中苦思冥想,决定辞去新疆省政府主席职务,让一位少数民族人士接任,免得自己这个汉人在民族斗争中左右为难,屡遭误解。同时,鉴于新疆问题也是受到南京方面反共反苏政策的影响,受到国内形势的影响,如果自己有更多时间往返南京和西北之间,去调处国共矛盾,实现国内和平,那么新疆问题也就解决了。但选谁接任呢?考虑到新疆75%以上是维吾尔族人口,由维吾尔族中提出主席人选,将是符合民族自治精神,符合新疆人民愿望的。经过反复比较,在当时维吾尔族的三个领导人中(激进派的阿合买提江、保守派的麦斯武德、中间偏左的包尔汉),张治中选择了麦斯武德。

麦斯武德是伊犁人,出身于富商兼大地主之家,曾留学土耳其,深受泛突厥主义思想的影响,回国后以办学为名传播泛突厥主义思想,被当时的新疆统治者杨增新逮捕入狱。后被盛世才驱逐逃亡内地,任过国民政府委员、

第十章　殚精竭虑　造福西北

国民党中央监察委员等职务，张治中到新疆时，将带其回疆担任监察使。张治中在没有和阿合买提江等人协商的情况下，于5月10日前后径电蒋介石请辞新疆省政府主席职务，并推荐麦斯武德继任。麦斯武德、伊敏及艾沙等人在政治上都属于泛突厥主义者。宋希濂认为："这一派人是反对阶级斗争的学说的，对苏联式的革命，深存戒心。他们在开始时曾极力鼓吹民族思想，为伊斯兰教徒争自由与独立，有些人还是革命暴动的思想领导者和组织者，但随后他们感觉到新疆不可能实现真正的独立，又害怕苏联式的革命，因此主张在中国的名义下来设法实现新疆的民族自治。这些人，曾主张更新疆省为突厥省（称"新疆"这两个字是意味着汉人新扩张的领土，含有殖民主义的意义），经常向汉人介绍突厥的历史与文化，坚决反对汉族的同化政策。不脱离中国，不搞独立运动，反对汉人统治，反对阶级斗争，是这一派人的基本纲领。"由于乌斯满在和伊宁方面的斗争中，就曾得到张治中、宋希濂等人的支持，此时又没有协商，即推荐麦斯武德继任省政府主席，因此阿合买提江等激进派即指责张治中"以夷制夷"。

国民党政府于5月19日批准张治中辞去新疆省府主席的兼职，并任命麦斯武德继任新疆省府主席。同时，撤销包尔汉的新疆省政府副主席职务，调任南京国府委员。20日迪化市大街上就发现了反对麦斯武德的传单标语。张治中约见阿合买提江，将南京的决定告诉他，他坚决不同意，并要求张治中继续担任省政府主席职务。张治中则表示国民政府命令已经发表，无法改变。

5月28日麦斯武德举行就职典礼，伊宁方面的省政府委员都没有参加。紧接着就有属于伊方的省参议员40余人致书张治中，认为《和平条款》尚未贯彻，省府任务尚未完成不应改组，并说省府副主席及委员们事先都不知道，省参议员亦未同意，更换领导是不适当。与此同时，属于哈密、阿克苏、和田等区的省参议员六七十人联名致书张治中，表示拥护中央决定，欢迎麦斯武德接任省府主席。这样，东突厥斯坦主义者和泛突厥主义者在反对或拥护麦斯武德接任省府主席上，发生尖锐的冲突。

伊宁方面除在其控制的三区举行大规模的反对麦斯武德运动外,在其他七区也广泛发动反对运动,表现得最激烈的,是邻近迪化的吐鲁番、鄯善、托克逊三县。吐鲁番县自伊宁方面推荐阿不都热合满充任县长后,即积极组织"东突厥斯坦青年团",编练青年,装备武器。张治中在闻报后,曾指示警备司令部注意侦察和防范。自麦斯武德就任省府主席,紧接着爆发北塔山事件后,吐鲁番方面认为有机可乘,遂开始发难,抢夺枪支,拦劫军车,劫走军粮、器材,鼓动民族群众仇视汉人,驱逐驻军。在吐鲁番西面的托克逊,以伊宁方面的干部海米提为首,聚众侵扰公路,阻止南疆的粮食运往北疆,要求中央驻军撤离吐、鄯、托三县,罢免麦斯武德的省府主席职务。在吐鲁番东面的鄯善,亦有"东突厥斯坦游击队"围攻警察所,杀害警察,夺取枪支马匹,所提要求则与托克逊民族武装如出一辙。

这一期间,国共内战打得正酣,国民党军队开始节节败退,国民党政府根本无力西顾,张治中为稳定新疆局面,既不能采取镇压措施,又无法进行谈判,只能勉力维持。在这种情况下,伊宁方面决心进一步发动攻势,企图打出一个谈判局面来。

7月12日晚,托克逊的"东突厥斯坦游击队"二三百人突然围攻库米什,企图消灭该地驻军。13日吐鲁番县县长阿不都热合满、副县长巴武东会同维文会派出的那满江等人,指挥吐鲁番、鄯善两地近2000人"东突厥斯坦游击队",袭击胜金口。库米什、胜金口是南北疆交通的枢纽,如果暴动成功,将会影响南疆、东疆等地相继发生变乱,威胁迪化,并与伊、塔、阿三区成夹攻之势,中央驻新部队将陷入极端不利的形势。

而张治中在喀什受到少数民族群众围攻后,态度也发生转变。据宋希濂回忆,张曾对他说:"这些家伙简直不可理喻,他们把我苦心谋求新疆和平当作怯懦,对我们招招进逼,除非我们全部撤离新疆,否则是不会满足他们的欲望的。"宋问今后打算怎样做?张治中毫无踌躇地说:"对他们必须采取强硬态度,决不再容让。我们对新疆各少数民族中的人士,凡愿意拥护国家,服从中央的,我们应尽量扶植他们,信任他们;凡反国家,反政府的,我们

第十章　殚精竭虑　造福西北

必须约束他们,制裁他们"。张治中的秘书陶天白也回忆说,张治中回到迪化后发表题为《正本清源》的谈话,严肃指出,国家领土主权绝不能遭受损害,否则,就是诉诸战争也在所不惜,这是国家把民主权利交给新疆人民的前提。并严厉地批评宗教说,时代的巨轮在不断地向前转,宗教也不例外,也要进一步改革。利用宗教把娃娃发动起来游行示威,不仅宗教里没有,即使有也要改革。"因此,外国媒体评价张治中将军的胆量大,连宗教也敢批评。"故此,在三县暴动后,宋希濂组织军队镇压,张治中坚决支持,要求宋希濂"坚决镇压,彻底肃清"。宋希濂奉命后立即召开紧急军事会议,命令库米什、胜金口两处驻军坚决抵抗,固守待援;命令驻在托克逊的冶长寿骑兵团,除留一部守备托克逊县城外,由冶团长亲率主力迅即赶往胜金口,击破"暴徒",并加以扫荡;命令驻在哈密的一七八师师长莫我若派出步兵两营乘汽车赶往胜金口,会同冶长寿团击破该股"暴徒"并消灭之;命令驻焉耆的一二八师师长钟祖荫指派一位团长率相当兵力,立即往援库米什,并消灭该股"暴徒";命令驻迪化的四十六师立即派出步兵一营由供应局备车运往达板城(位于迪化至吐鲁番公路的中间)以南一带高地布防,截击流窜的"暴徒"。同时电告各地驻军,要他们提高警惕,严密戒备,如发现有暴动的可疑行迹,应立即予以镇压。

在库米什方面,"东突厥斯坦游击队"由于缺乏作战训练,又没有重兵器,虽多次向驻军猛扑,均被击退。14日一二八师派来的增援部队赶到,将该股武装完全击溃,恢复交通。

在胜金口方面,这部分"东突厥斯坦游击队"的作战能力要比库米什那部分强得多,而且携有轻重机枪20多挺,手榴弹更多,进攻相当猛烈,守军在碉堡内用机枪扫射,并投出手榴弹,使攻击者伤亡惨重。阿不都热合满为迟滞中央军的增援,达到消灭胜金口驻军的目的,将吐鲁番、鄯善之间的电话、电报线加以破坏,将胜金口附近公路桥梁全部烧毁。碉堡储存有大量的粮食弹药,守军官兵都是从内地来新疆的汉人,他们明白如果不坚决战斗,一旦碉堡被"暴徒"攻破,就绝无生路。一个昼夜的激战,守军在"离此一步即无死所"的激励下,打退"东突厥斯坦游击队"的多次进攻。"东突厥斯坦游击队"继续纠集力量,调整部署,准备再次发动攻击。此时,中央军援军赶到,形成东西和内外夹攻之势。阿不都热合满等人见形势不利,遂分股向洋海、二堡、三堡、木头沟、苏巴什等方向退去。在中央政府各地驻军的夹击、追歼下,"东突厥斯坦游击队"残余不足100人最后撤退到了伊犁。

反麦斯武德事件最终导致1947年8月伊方参加省府的委员及工作人员相继撤离迪化,返回伊犁去,新疆省联合政府宣告破裂,但张治中依然没有放弃对新疆和平的追求。他明白,在当前这种情况下,战争随时可能爆发。为此,他以西北军政长官的身份,召开一系列军政会议,严厉制约宋希濂等强硬军事派,不得不负责任地轻启战端。同时向伊宁方面传递信息,要和平,不要战争。1947年9月1日,张治中给在伊宁的阿合买提江和赖合木江写信,为证明"伊方一贯企图一派控制",信中列举塔城、额敏事件、二二五事件,吐鲁番、鄯善、托克逊地区暴动,以及"反政府、反汉人、反中央的示威游行和宣传",从事"东突厥斯坦"的宣传等,既严厉指责伊宁方面没有履行《和平条款》中的许多关于军事和政治的重要条款,态度偏激,无视中央政府的容忍,又希望他们重返迪化,开诚布公地进行商谈。10月16日,伊宁方面给张治中回信,反驳张的指责毫无根据,不符合事实,并列举一些片面看法,以说明破坏《和平条狂》的是汉人,特别是地方军警。张治中于1947年12月9日和1948年4月1日先后又写了两封信给阿合买提江和赖合木江,对他们所谓的事实进行了驳斥,取消三区特殊化,不要再从事"东突厥斯坦"的宣传,希望他们

回到迪化或到南京,双方根据《和平条款》作一次彻底的检讨和解决。伊宁方面回信很是迟缓,向张治中提出停止排斥进步分子的行为、免去麦斯武德职务、镇压乌斯满、释放被拘押的进步人士并惩办拘捕人员等要求。双方争执不下,令人欣慰的是,伊宁方面仍由和平解决问题的愿望,目前局势虽陷入僵局,但还不至于诉诸战争。

这一时期,麦斯武德积极宣扬新疆"高度自治"。为此,不仅利用报刊造

第十章 殚精竭虑 造福西北

谣生事，离间民族关系，还结党营私，铲除异己。他重用伊敏、艾沙等人，让一批泛突厥主义分子担任专员、县长、一些重点学校校长等要职；其子麦焕新也假其父名擅自更换地方官吏，干涉司法行政。麦斯武德的泛突厥主义言行给新疆带来严重后果，导致本已危机四伏的新疆社会更加动荡。

鉴于这样的现状，张治中自省其非，"为了保障全省和平，维护国家统一，实行民主政治，加强民族团结的既定政策不被破坏"，在征得蒋介石的同意后，提请中央政府撤换了麦斯武德和军事强硬派宋希濂的职务，由政治立场中间偏左的包尔汉担任新疆省政府主席，立场稳健的陶峙岳再次担任新疆警备司令。此时已到1948年底。历史已经证明，张治中这一重大人事安排，为扭转新疆的分裂局面铺平了道路，为1949年9月新疆和平解放奠定了重要的基础。

第四节 促进新疆起义

早在1949年3月，毛泽东在中共七届二中全会上就指出："辽宁、淮海、平津战役以后，国民党军队的主力已被消灭。国民党的作战部队仅仅剩下100多万人，分布在新疆到台湾的广大的地区内和漫长的战线上。今后解决这100多万国民党军队的方式，不外天津、北平、绥远三种。"在这以后不久，毛泽东又明确指出，和平解放新疆问题的可能性是存在的。国共北平和谈期间，周恩来曾向屈武询问新疆部队将领的情况，特别是陶峙岳的政治态度。周恩来对屈武说："国内实现和平的希望很小，如果决裂了，你要赶紧回到新疆去，策动那方面的部队起义，尽量使人民不受和少受损失。"国共和谈破裂后，张治中留在北平，屈武返回新疆。

1949年5月，国民政府免去张治中西北军政长官职务，马步芳接任。马步芳是一个坚决的反共分子，曾扬言"哪怕只剩下一个人也要和共产党人打到底。"国民党此时想依靠穆斯林保住西北，而马步芳则想依靠国民党所供应的粮秣弹药，在美国的支持下，成立他自己的伊斯兰国家。当时美国人对马步芳、马鸿逵很重视，"如果两马在西北地区失败的话，打算退入新疆"，在南疆成立一个伊斯兰共和国。陶峙岳虽然是新疆警备总司令,但没有兵权。新疆的国民党部队分属马步芳、胡宗南系统,警备司令部和他们只是一种象征性的隶属关系。驻军整编骑一师师长马呈祥、七十八师师长叶成及其所属一七九旅旅长罗恕人(此处的军队番号,是根据国共军队整编方案整编后的番号,基本原则是军改师,师改旅,依次递降,但军队实力未减),结成联盟坚决反共。马步芳就任西北军政长官后,马呈祥办起《新新报》,吹捧马步芳的"拼命保命,破产保命"战略,他对财政厅长贾尼木汗说:"我们都是穆斯林,要联合起来,要同心协力反对共产党","需要的话,美国能帮助我们"。艾沙更是扬言组织 10 万维吾尔青年为马步芳当兵,在西北建立一个"回教独立国"。

另一方面,早在 1948 年秋,张治中在多次向蒋介石建议实行"和共""联苏"政策,遭到拒绝后,即转而利用西北军政长官的权力,想在西北一隅实行和平解决。为此,他将反共好战的宋希濂调离新疆,让西北军政长官公署副长官陶峙岳兼任新疆警备总司令。陶峙岳和张治中是保定军校同学,深受张治中爱国思想的影响,陶赴任前,张治中曾向他出示迭次建议蒋介石力主国内和平的一些函件和谈话记录,并谈到一些今后的安排,因而对于新疆将来的出路问题,有了共同的默契。撤换麦斯武德,任命亲苏并和三区关系比较融洽的包尔汉为新疆省主席。包尔汉在上任之日,即宣布今后仍将执行张治中"和平、民主、统一、团结"的政治主张。张治中在与包尔汉的谈话中,更是明确指出:"十一项条款和政治纲领要全面实现,一定要加强与苏联的友好关系,同伊犁要尽快地和好。在整个西北范围内我一定要维持住和平局面,要制止战争。"包尔汉则表示,新疆虽环境特殊,人民复杂,但希望和平是一致的。在张治中的调整下,新疆形成一个以国民党民主派为核心的领导集团。在军队方面有新疆警备总司令陶峙岳,新疆警备总司令部参谋长陶晋初,新疆警备副总司令兼南疆警备司令、整编四十二师师长赵锡光等;在政府中有新疆省主席包尔汉,西北军政长官公署秘书长兼新疆省政府秘书长刘孟纯,省府委员兼迪化市长屈武,外交特派员刘泽荣等。这个领导集团坚决执行张治中制定的政策,坚决亲苏,坚决主张和平。这是新疆和平起

第十章 殚精竭虑 造福西北

义得以实现的组织保证和思想基础。

在新疆的顽固派积极准备反共战争的同时,国民党民主派则开始酝酿起义工作。5月,屈武返回新疆,在新疆学院及汉族文化促进会发表演说,报告国共和谈经过,表示赞成张治中的一贯和平主张。陶晋初是陶峙岳的堂弟,在抗战时期就与共产党有联系,中共曾通过乔冠华与他联系,希望他在新疆策划起义。他曾上书陶峙岳,力主陶峙岳率部起义。陶晋初甚至帮助迪化的地下秘密活动,曾用参谋处名义

陶峙岳

向警察局要出被捕的地下工作者。刘孟纯则在马步芳就任西北军政长官时,"向马提出必须继续执行张(治中)的亲苏政策及施政纲领,否则辞职反对"。1949年6月26日,张治中发表《对时局的声明》,希望"国民党中央和各地负责同志能够善用理智,正视现实,以反省自咎的胸襟,作悬崖勒马的打算,悲天悯人,忍辱负重,为军民减少牺牲,为国家多保元气,现在虽未为最晚,实已到了最后机会,万不宜轻忽地听其错过。"同一天的《人民日报》发表了题为《评张治中声明》的新华社评论,认为"这个声明是值得欢迎的。其中对于国民党内爱国分子的劝告,是向他们指出唯一的光明出路。"新疆的国民党民主派"特意把张治中的声明和新华社的评论印了3000多份,到处散发"。张治中的《声明》对新疆国民党民主派酝酿和平起义是一个有力推动。

而新疆和平起义的最关键人物陶峙岳,由主张和平到决心与蒋介石集团决裂,则经历了一个极其痛苦的思想斗争过程。陶峙岳虽然不是蒋介石的嫡系,但他毕竟一步步上升,直至西北军政长官公署的副长官兼新疆警备总司令。他历来注重的做人准则就是"人以国士待我,我以国士报之"。一旦要与蒋介石集团彻底决裂,他不可能不在思想上有所犹豫。再者,他的妻子和二女儿住在重庆,儿子和大女儿则被胁迫到台湾去了,起义之后,国民党能不报复吗?这一时期的陶峙岳,犹如身在炼狱。1949年6月,陶峙岳去

包尔汉

兰州向马步芳述职,然后去重庆探望家属,一去就是47天,实际上是"观察国内形势"。7月22日返回迪化,"回来后,态度急转,认为国民党已无前途,无力再做军事抵抗,所以倾向和平,积极进行活动"。7月23日,陶峙岳明确宣布:在新疆必须继续执行张长官执行的政策,对外增进中苏亲善,对内实现民族平等,以确保新疆之和平安定。从这时开始,新疆和平起义工作正式启动。7月底至8月上旬,陶峙岳、包尔汉、刘孟纯、屈武、刘泽荣以及苏联驻迪化总领事萨维列也夫,多次就新疆局势正交换意见,达成军政共识。此后,陶峙岳以检查战备为名,外出与赵锡光及驻酒泉的西北长官公署副参谋长彭铭鼎、第八补给区司令曾震五秘密会晤,达成和平起义共识。

中共中央最早是从苏联那里得知新疆的一些情况的。1949年6月,刘少奇率代表团去莫斯科,进行中苏关系的谈判。谈判期间,斯大林提出,据可靠情报,美国人企图将西北的马步芳、马鸿逵等撤到新疆,与当地反动势力相结合,组织大伊斯兰共和国。此计划如能得逞,将给中国革命带来很大困难,对苏联也极端不利,因此建议人民解放军加速向新疆前进。在此情况下,毛泽东多次电示彭德怀、贺龙、习仲勋,进一步对西北的大进军作出具体部署,并指出"除用战斗方式解决外,尚须兼取政治方式去解决"。按照中央军委和毛泽东的战略部署,7月11日,第一野战军发起扶(风)郿(县)战役,歼灭国民党胡宗南部主力;7月24日至8月11日,发起陇东追击战,追歼马步芳、马鸿逵部;8月4日,彭德怀发出攻取兰州、西宁的作战命令,决定集中优势兵力首先歼灭马步芳部。为配合解放军的西北作战,苏联主动提出可以利用伊宁方面的武装力量,牵制国民党。于是,中共中央决定派赴苏代表团政治秘书邓力群,以中共中央联络员身份,从莫斯科赴伊宁。邓力群于8月14日携带电台到达伊宁,建立"力群台"。17日,伊宁方面领导人阿合买

第十章 殚精竭虑 造福西北

提江等接见邓力群,邓向他们说明此行的任务,并请他们给予支持和帮助。阿合买提江等表示:"中共中央和毛主席在复杂和艰巨的任务中,关心到处在偏僻地区的他们,并派人来此联络,使他们感到很大的兴奋","他们将尽一切力量来帮助完成任务"。中共中央原准备派两个兵团6个军到新疆来,由东向西,伊宁方面的"民族军"则自西向东,东西夹攻,迫使陶峙岳等就范。后通过邓力群了解到陶峙岳等正在策划和平起义,遂放弃此计划。

8月18日,根据邓力群的提议,毛泽东写信阿合买提江,邀请伊宁方面派代表去北平参加新政协会议,阿合买提江愉快地接受了邀请。8月22日,伊宁方面的5位代表,即新疆省政府副主席阿合买提江、三区"民族军"总指挥伊斯哈克伯克、新疆保卫和平民主同盟中央委员阿巴索夫、"民族军"副总指挥达列力汗、新疆中苏文化协会负责人罗志离开伊宁,计划绕道苏联去北平参加新政协会议。8月27日,5代表乘坐的飞机飞至

邓力群

外贝加尔湖地区上空时,因气候恶劣,能见度很低,撞到山上,5名代表及机上人员共17人全部遇难。伊宁方面重新组织由赛福鼎、涂治、阿里木江组成的代表团,赴北平参加新政协会议。

至9月5日,人民解放军先后攻占兰州、西宁,马步芳、马鸿逵的精锐部队势力全部被消灭。此时,新疆外援断绝,退路不通,运输困难,给养不济,军队士气极其低落。新疆"各族工人、学生、公教人员、士兵、中下级官兵、小商人,由于吃不饱,穿不暖,都痛恨国民党的反动统治,欢迎解放军早日来解放他们。迪化市现在流行的一个口号就是:太阳快出来了。"新疆和平起义的条件已经成熟。

而早在国共和谈破裂,张治中在中共的诚挚邀请下,决定留在北平后,4月28日,毛泽东即致电在西北前线指挥作战的彭德怀,告知"假如西野方面暂时不打大仗,你可否于回陕前来中央一谈关于用和平方法解决西北和新

疆的问题。看样子,此种可能性是存在的。张治中等人现在决定留平,并向我方靠拢。用和平方法解决西北问题这件事,我们或须考虑通过张治中的帮助去做。"这是中共方面第一次提出通过张治中和平解决西北问题。邓力群到达新疆后,中共中央曾要求他就张治中来新疆督促陶峙岳起义问题,征询伊宁方面的意见。伊宁方面经过慎重研究,答复说,张治中在国民党军队中保有不可忽视的声望和信仰,这种信任在促成陶的起义上将起很大作用。为了加速全新疆的解放,为了帮助人民解放军在新疆的胜利,并避免和减少可能遇到的困难,赞成中共中央派张来迪化促成陶的起义。

9月8日,毛泽东约见张治中,告诉他,人民解放军已决定由兰州和青海分两路向新疆进军,希望张治中致电新疆,敦促新疆军政当局走和平解放的道路。并说:"你是前西北军政长官,新疆军政当局都是你的部下,只要你去电,新疆方面就会照办的。"张治中欣然同意,但不知如何联系?毛泽东说,中共中央已派邓力群去伊宁建立电台,你的电报由他转。10日,张治中致电陶峙岳、包尔汉,劝导新疆当局早下决心。电文如下:

迪化陶副长官岷毓兄、包主席尔汉兄:

> 自接辰真(五月十一日)电后,以西北人事更动,又因时机未至,故未再通讯。治于六月二十六日发表声明,由北平新华社播出,谅已接悉。今大局演进至此,大势已定。且兰州解放,新省孤悬,兄等为革命大义,为新省和平计,亦即为全省人民及全体官兵利害计,亟应及时表明态度,正式宣布与广州政府断绝关系,归向人民民主阵营。在中央人民政府未成立前,接受人民革命军事委员会之领导。治深知毛主席对新省各族人民、全体官兵、军政干部常表关切,必有妥善与满意之处理。治已应邀参加即将召开之新的政协会议,并承毛主席面商,希望治能返新一行。当允如有必要,愿听吩咐。希望兄等当机立断,排除一切困难与顾虑,采取严密部署、果敢行动,则所保全者多,所贡献者亦大。至对各军师长或有关军政干部,如有必要,盼用治名义代拟电文,使皆了解接受。

第十章 殚精竭虑 造福西北

绍周（刘泽荣）、孟纯（刘孟纯）、经文（屈武）诸同志致意。

兄意如何？盼即电复。

张治中申灰，戍平（九月十日十九时北平）①

9月11日，张治中又专门致电陶峙岳，详细询问马步芳、马呈祥、黄祖勋、周嘉彬、王治岐等人的兵力部署情况及政治态度，阐述症结所在，指出如何调度安排和处理。

9月13日，中共中央命令邓力群于日内进驻迪化。15日下午邓力群飞抵迪化，包尔汉、刘孟纯、刘泽荣等到机场迎接，住在包尔汉家中。16日，邓力群与陶峙岳、包尔汉第一次正式会谈，邓转交张治中致陶、包两电原文，并传达中共中央的指示，要陶、包立即派员至兰州与彭德怀洽商和平解决新疆问题。陶峙岳说，河西的黄祖勋、周嘉彬两军已经派人来联络，愿与陶一致行动，向解放军投诚，但派人去兰州一事需等条件成熟：一是等待广州政府飞机运来军饷，以安定军心；二是马呈祥、叶成、罗恕人等交出部队，离开新疆。

9月17日，陶峙岳、包尔汉给张治中复电，表示已对和平转变审慎筹议，最近即选择时机，宣布与广州政府脱离关系，接受人民革命军事委员会之领导。电文如下：

文白将军钧鉴：

九月十日戍平电奉悉。新局前途，承详切指示，至深感激。自全国和局未成，钧座留平不返，职等在此，半年来与绍周、孟纯、经文诸兄，无时不审慎筹议，在保障国家领土，维护本省和平，及避免军队无谓牺牲之三项原则下，选择时机，和平转变。经长时间之努力，此项主张业已获得全疆人士及全军将士之拥护。除少数法西斯，如马呈祥、叶成、罗恕人等，基于个人立场，决定率少数干部最近趁机飞离迪化外，其余南北疆全数部队均将就驻原地，继续维持地方秩序。于马等离开后，即由峙岳领导，宣布与广州政府脱离关

---

① 参见《王震的三次长征》，人民出版社2008年版。

系，依照《国内和平协定》，接受人民革命军事委员会之领导。

至政府方面，在策略转变时，即同时根据钧座与三区所订之《和平条款》，邀请三区原参加省府委员返迪，恢复合作，遵循已定之和平、统一、民主、团结政策，及本省施政纲领，在中央人民政府尚未成立之前，暂行维持地方政务，听候中央命令，组织本省临时人民政府。预计上项工作，在本月内可以全部圆满完成。职等自信，深明革命大义与本身职责，个人对政治上绝无企求，只期全省和平获得保障，人民不涂炭，军队不致牺牲，则对国家、对各族人民应尽之责任，即已达成，亦即有以副毛主席及钧座之期望也。除将和平解决新疆问题意见，书面交邓力群先生转陈主席外，谨电奉闻，乞释廑注。此间人民殷盼钧座早日莅临指导。何时命驾，恳先电示为祷。

职陶峙岳、包尔汉（九月十七日）①

同时，陶峙岳还单独复电张治中，答复张治中电询的各项事宜。9月18日，陶峙岳、刘孟纯交给邓力群一份《新疆问题和平解决意见书》，要求转报中央。并说明这是对今后解决新疆问题所提的意见，何者采纳，何者不采纳，悉由中央决定。19日，包尔汉再给毛泽东发电，表示"决意与国民党反动政府脱离关系"。邓力群将陶峙岳、包尔汉给张治中的两份复电拍发中共中央，毛泽东随即转交张治中，并附信一封：

文白先生：

迪化方面复先生两电，今附上。前次先生致陶峙岳电，我在电尾加了几句话，要陶与中共联络员邓力群妥为接洽。邓力群（邓飞黄之弟）已由伊宁于十五日至迪化与陶、包见了面，谈得还好。关于周（嘉彬）黄（祖勋）两军，自向甘凉肃退后，现至何地不明，已电彭德怀同志注意与该两军联络，不采歼灭方针而取改编方针，未知

---

① 参见《张治中回忆录》，华文出版社2007年版。

第十章 殚精竭虑 造福西北

能如所期否？要紧的，除由迪化派代表去兰州谈判外，周、黄自己应迅速主动派代表去前线认真谈判，表示诚意。因我军已由兰州青海分两路向张掖疾进；而周、黄自天水西撤后，沿途派人谈判均未表示诚意，一面谈，一面跑（大概是惧歼，图至河西集中保全），使我前线将领有些不耐烦（兄给周嘉彬信已送达周部，但未知周本人看到否？）现在先生如有电给周，可由邓力群交陶峙岳转去。

敬问日安！

毛泽东
九月廿一日①

9月22日，张治中再次给陶峙岳、包尔汉发电，嘱咐他们立即派员与彭德怀接洽起义事宜。而此时，陶峙岳根据邓力群的建议，已派出新疆第八补给区司令曾震五前往兰州面见彭德怀，商谈新疆和平解放大计。

在陶峙岳、包尔汉与中共洽商新疆和平解放的过程中，蒋介石、白崇禧也电令其在新疆的亲信，要他们"各方设法，保住新疆"，声称"和平运动，万万不可做"。9月19日，胡宗南致电叶成，责成叶成将新疆部队移至南疆待

---

① 参见《毛泽东书信选集》，人民出版社1983年版。

命,并谓如陶峙岳不走或阻止撤离,可作断然处置。叶成连夜与马呈祥、罗恕人密谋,决定于20日子夜开拔,行动前先将刘孟纯、屈武、陶晋初等逮捕,胁迫陶峙岳随部转移。20日深夜,叶成来找陶峙岳。经陶峙岳召来马呈祥、罗恕人,对他们竟夜劝说,晓以利害,叶成等当夜未能举事。21日,陶峙岳轻车简从,来到马呈祥师部,其时叶、马、罗及其部属正在开会。陶峙岳进一步加以劝告,并说他们如果离开,可以给予重金,保证他们的安全。由于人民解放军迅速向新疆进军,加上马呈祥接其父来电,得知家属已安全逃到广州,他已无心留栈,而叶成此人又非常内惧,他的老婆知道他们的密谋后,坚决不让叶成参加。在此内外影响下,马呈祥、叶成、罗恕人权衡利害,最后表示愿意交出部队,离开新疆。

9月25日,陶峙岳领衔率国民党驻新疆10万部队通电起义,通电谓之"我驻新疆将士三四年来,秉承张治中将军之贤明领导,拥护对内和平,对外亲苏之政策,执行保卫国家、爱护人民的任务,兢业从事,始终如一……郑重宣布:自即日起,与广州政府断绝关系,竭诚接受毛主席之八项和平声明与国内和平协定。全军驻守原防,维持地方秩序,听候人民革命军事委员会及人民解放军总部之命令"。26日,包尔汉率国民党新疆省政府也通电起义。

新疆各族人民欢庆和平解放

陶峙岳、包尔汉通电起义的消息一经传出,迪化全城奔走相告,一片欢腾。28日,毛泽东、朱德给陶峙岳、包尔汉及新疆军政起义人员发来电报,对他们的和平起义表示嘉勉,希望他们团结军政人员,维持民族团结和地方秩序,并和人民解放军合作,废除旧制度,实行新制度,为建设新新疆而奋斗。

第五节　稳定新疆

新疆国民党驻军和平起义后,绝大多数起义部队能驻守原防,维持地方秩序,但也有少数坚持反共反人民的官兵,在哈密、鄯善、吐鲁番、焉耆、轮台、库车、呼图壁、七角井、绥来等地制造叛乱,与新疆的极端民族主义者相呼应,杀人、放火、抢劫、奸淫,危害各族人民,妄图破坏和平起义。包尔汉急电毛泽东、朱德和彭德怀,报告新疆当前的形势,内称"本省危机四伏,情势严重。务希转饬西来之人民解放军兼程来新,以解危局,并慰人民之热望;同时更希多派政治工作人员偕来,以资推动"。陶峙岳亲赴酒泉,向彭德怀、王震等报告新疆情况,请示起义部队的改编方案,并具体研究解放军如何向新疆进军等问题。在这种情况下,人民解放军克服运力不足,补给困难,冒严寒,卧冰雪,将五星红旗插遍天山南北,迅速平息叛乱,巩固了和平起义的成果。

西北军政委员会主席、副主席、委员合影。前排右二至四为张治中、彭德怀、习仲勋

新疆和平起义,西北四省解放后,毛泽东开始考虑西北地区军政领导的人选问题。这一期间,毛泽东、周恩来和张治中就新疆的民族自治、政府改组、军队改编、财经建设以及对苏条约等一系列重大问题进行讨论。事后,张治中还写了一篇书面报告《新疆概要的问题》,就"新疆地理、历史与政治改革""伊宁事变与和平协定""省府改组与伊方撤退"等加以叙述,呈送毛泽东,作为最高决策的参考材料。于是,毛泽东再次点将,让张治中去西北工作。

1949年10月中央人民政府成立,全国划分为六大行政区,彭德怀任西北军政委员会主席,张治中任副主席。在张治中再次赴新疆之前,毛泽东设宴为他饯行,幽默地对他说:"文白先生,我们再来一次国共合作吧!"张治中谦逊地说:"今天您是领导,谈不上什么国共合作。不过西北人民和部队袍泽常常怀念我,我也常常怀念他们,您如认为我有去西北一趟的必要,我愿意做彭老总的顾问。""你过去是西北四省的军政长官,现在是副手,委屈了吧?"毛泽东担心张治中有什么想法。张治中连忙说:"我诚意接受,听命令,听吩咐。"毛泽东高兴地说:"那就好!今后你可以来往于西安北京之间。"张治中欣然应命,表示一定能同彭德怀及西北其他领导人团结合作,共同建设新西北。11月22日,张治中飞赴兰州,周恩来亲自到机场送行。彭德怀、贺龙、习仲勋等西北军政领导人到机场迎接。几天后,张治中偕同彭德怀等飞赴新疆首府乌鲁木齐市(即迪化)视察工作,筹备改组新疆省人民政府,拟订新疆施政方针。

在飞往新疆的途中,张治中和彭德怀从新疆的山川形势、物产气候、人文风情到民族关系、历代统治者的治疆得失等诸多领域,广泛交流,一见如故。抵达新疆后,彭德怀和张治中立即投入工作,他们与10月下旬率两个军进驻新疆、已担任中共新疆分局书记的王震交换看法,与陶峙岳、包尔汉、赛福鼎等开会商讨成立新疆军区、改组新疆省政府、制订新的施政纲领等一系列工作。

成立西北军政委员会首先遇到的问题是人选问题。彭德怀对张治中

第十章 殚精竭虑 造福西北

说:"人民的事业得靠大家干。西北军政委员会成立后需要许多专门人才,请你介绍一些人,怎么样?"张治中说:"当然可以"。张治中经过慎重考虑,提出一些军政委员会和部队干部的人选,还推荐了一位副秘书长和一位办公厅副主任的人选。这些人多是旧政府和部队中的人员,有的出身不好,有的历史上有点问题,因此,组织人事部门的在考察后提出异议。彭德怀得知后,郑重地说:"我们用干部的标准不取决于是否共产党员,只要他不是汉奸、特务,没有血债和民愤,是个人才,我们就都可以用。"当时,新疆起义部队连同保安人员、警察共有10多万人,全省14个民族,人口接近400万人。和平解放伊始,存在着人心不稳、军心未定的现象。在这种情况下,彭德怀如此信任张治中及所推荐的干部,对起义官兵和旧政府人员都是极大安慰,有利于新疆政局的稳定。

12月6日,彭德怀特别召集在乌鲁木齐的起义官兵和政府人员开会,请张治中作报告。张治中以自己的亲身经历现身说法,作了题为《怎样改造?》的报告,真诚细致地向大家介绍共产党的政治主张、方针政策、民主作风,畅谈自己的体会感想等,引起与会人员的强烈反响。张治中希望全体起义人员正视现实,勇于自我改造,改变领导方式,改进工作作风,改变生活习惯,和中共官兵

张治中对起义官兵讲话

打成一片,向他们虚心学习,这是一条唯一正确的道路。

12日,彭德怀主持召开会议,出席会议的人员有人民解放军第一兵团部分指战员、新疆起义官兵、机关干部。彭德怀在会上正式宣布起义部队改编为人民解放军第二十兵团,下辖三个步兵师、两个骑兵师,陶峙岳任司令员,王震兼政治委员。第二天,彭德怀召集人民解放军第一、二十兵团部分官兵和机关干部,再次请张治中讲话。于是,张治中作《再谈怎样改造》的报告。在这个报告中,他主要从参加政协会议谈起,介绍中共统一战线政策实施的

巨大成功。他要求起义的军政人员对自己的旧意识、旧思想和旧观念来一次彻底的改造,使起义部队成为真正意义上的人民解放军。

彭德怀称赞张治中的两次报告很好,很得体,应该发表,让没听到的人都看到,将会对全国起义部队的改造起到积极作用。于是张治中让秘书余湛邦把报告整理出来,送请彭德怀审阅。一些党内同志表示异议,认为有些内容不合适公开发表,特别是报告中对蒋介石称蒋先生。彭德怀说,为什么不能发表?这主要是说给党外人士听的。报告在《新疆日报》上发表后,《甘肃日报》《光明日报》等报相继转载,收到很好的效果。一些教育国民党旧军政人员的单位,甚至将张治中的报告印成小册子,作为学习改造的参考资料。

17日,新疆省人民政府宣告成立,主席还是包尔汉,副主席高锦纯、赛福鼎,王震、陶峙岳、王恩茂、邓力群等33人为委员,秘书长仍是刘孟纯。同日新疆军区成立,彭德怀任司令员兼政治委员,王震为第一副司令员,陶峙岳为第二副司令员,赛福鼎为第三副司令员。也就在这一天,人民解放军入疆部队和三区"民族军"及新疆起义部队在乌鲁木齐会师,联合举行入城仪式,彭德怀、张治中、王震等检阅部队。在新疆省人民政府成立庆典上,张治中发表了热情洋溢的讲话,他相信,在中国共产党的领导下,新疆已经进入到"和平建设的大道,而开辟了远大光明的前途"。

张治中夫妇(右一、三)与贾拓夫(左二)、习仲勋(左四)在陕西

第十章 殚精竭虑 造福西北

同时,新疆省人民政府讨论通过《新疆省人民政府委员会目前施政方针》。《施政方针》的主要内容是确保本省和平,巩固社会治安;实现军政团结,军民团结;坚决执行全国政协共同纲领中规定的民族政策;建立和加强各族人民民主统一战线;整顿财政,整理税收;实行土地改革;发动与组织工人、农民、青年、妇女等人民团体,使之成为政府建设的有力支柱;实行新民主主义的科学文化教育,提倡各民族的文化和艺术形式,普及国民教育,改进社会教育,发展医药卫生保健工作,根绝鸦片和赌博等社会恶习;巩固发展中苏友好关系。1950年1月,政务院批准《施政方针》。这份解放初期新疆各项工作的纲领性指导文件,也凝聚了张治中的许多见解。

12月28日,张治中与彭德怀等一起飞回兰州,随即去西安,组织成立西北军政委员会,协助彭德怀开始陕、甘、宁、青、新五省繁忙的建政、剿匪、土改及经济、社会、文化的建设工作。这一时期,张治中与彭德怀、习仲勋等团结合作,为西北地区的稳定发展做出了重要贡献。毛泽东对张治中西北之行所做的工作表示满意,当面称赞说,"国共合作得很好啊"!

第十一章
肝胆相照　荣辱与共

张治中参加了中国人民政治协商会议一届一次全体会议,出席了开国大典,见证了人民共和国的成立。新中国成立后,他先后担任中央人民政府委员、西北军政委员会副主席,全国人大常委会副委员长,全国政协常委,国防委员会副主席,民革中央副主席等重要职务。他衷心拥护中国共产党的领导,为社会主义革命和建设,为巩固和扩大爱国统一战线,为祖国统一大业殚精竭虑,作出了积极的贡献。

第一节　爱国为民不遮不掩

张治中对中国共产党始终怀有诚挚的拥护和信仰的感情,他认为这个党"所教育出来的党员和干部,普遍表现出艰苦、朴素、谦虚、踏实、严肃、认真的作风,大公无私,忘我奋斗。""他们考虑问题是那样的周到全面,处理事情是那样的认真恰当,真使我不胜钦佩之至"。他非常热爱社会主义祖国,经常发表文章,热情讴歌社会主义建设取得的巨大成就。1959 年 10 月 1 日,张治中在给台湾故旧的广播稿中写道:"现在我不可能也不想缕述十年来祖国的惊人成就,我只提出某些我们过去梦想不到,而你们现在还不能设想的二三具体事例谈一谈。在旧中国从 1889 年李鸿章在开滦建立第一对近代矿井起,到 1948 年整整 60 年间,总共不过生产了 10 亿吨煤炭,但 1958

年一年的煤炭产量就是2.7亿吨。旧中国从1865年修筑第一条铁道——淞沪铁路起到1931年只有1.4万公里的铁路,到1949年包括日本人侵占时期修筑的铁路在内只有2.1万多公里,而到1958年底,仅铁路的通车里程就增长到3.2万公里。再如就教育发展的情况来说,拿1958年各级学校学生人数与新中国成立前最高年份相比,高等学校学生66万,增长3.3倍;中等专业学生147万,增长2.8倍;中学学生852万,增长4.7倍,小学学生8600万,增长2.6倍;幼儿园儿童3000万,增长230倍。只就以上这几项成就来说,这是多么快速巨大的发展!"张治中曾经多次到全国各地参观、视察,看到伟大祖国在各方面发生的翻天覆地的变化,更加激发了他热爱社会主义祖国的深厚感情。他在回忆录中写道:"十年来我走过的地方不少,看到的东西也很多,祖国的伟大建设是那样日新月异,真是奇迹般的发展和进步,使我不禁引起衷心的喜悦和兴奋。"

正因为张治中对中国共产党和伟大祖国都由衷的热爱,所以他对国家的大政方针、重要方略都认真思考,深入研究,本着对祖国对人民负责的精神,苦心孤诣地提出自己的真知灼见,知无不言,言无不尽,以供党和国家领导人决策参考。

张治中参加中国人民政治协商会议第一届全体会议,并在大会上发言

关于国家名号的问题。1949年全国政协一届一次会议召开前,曾酝酿和讨论国家名号问题。当时提出许多方案,为集思广益,毛泽东邀集张治中在内的一些党外人士座谈,听取意见和建议。座谈会上,毛泽东提出中共中央拟用"中华人民民主共和国"这个国家名号。大家有同意的,也有不同意的。张治中说,"共和"这个词本身就包含"民主"的意思,何必重复?不如就干脆叫"中华人民共和国"。毛泽东听后觉得很有道理,结果一致通过。

关于国旗图案。全国政协一届一次会议讨论时,毛泽东手持两幅图案,一幅是红底,左上方一颗大五角星,中间三条横杠。说明是红底象征革命,五角星代表中国共产党的领导,三条横杠代表长江、黄河、珠江,另一幅是现在的五星红旗。征询大家意见,多数人倾向于三条横杠的一幅。张治中表示了不同意见,他说,杠子向来不能代表河流,中间三横杠容易被认为是分裂国家,分裂革命;杠子在中国人的传统观念中是金箍棒,国旗当中摆上三根金箍棒干吗?因此不如用这一幅五星红旗。毛泽东觉得张治中所言有理,并补充说明五星红旗象征着全国人民在中国共产党领导下的革命大团结,于是大家一致鼓掌通过。

1952年国庆节,张治中参加检阅部队

关于人民政府公告。中央人民政府委员会成立并举行第一次全体会议后,要发表公告。当时,中央拿出来的稿子只列举主席、副主席名单,56位委

第十一章　参政议政　肝胆相照

员就未列姓名。张治中说:"这是正式公告,关系国内外观感,应该把56位委员的姓名也列上。"毛泽东马上同意:"这意见很好,这样可以表现我们中央人民政府的强大阵容。"

关于"反右"。1957年整风"反右"运动开始时,张治中当众说:"现在共产党人在人民群众中威信这样高,社会主义革命和建设的成就又那样巨大。谁还敢出来反对共产党,反对社会主义呢?"整风"反右"运动是毛泽东发起和领导的,张治中的话当然具有针对性,包含了批评和不同意见。在整风"反右"运动中,张治中敢于直言,他在全国政协的发言《更加密切共产党与党外人士的关系》中,指出当前党与非党关系存在有职有权有责问题;对统战政策的认识与执行方法问题;党与非党的友好合作问题。建议要从思想认识上解决问题;从制度上求得保证;从生活和交往上培养感情;从加强学习和宣传教育,加强检查工作上贯彻政策。

关于"文化大革命"。"文革"开始时,张治中正在北戴河疗养,听说红卫兵在北京大搞打砸抢,心中惊疑不定。后来,中央统战部派人到北戴河邀集一批民主人士,传达中央文件,特别强调"文革"是毛泽东发起和领导的,红卫兵是毛主席派来的,要正确对待。张才放心回京。谁知才回到家,红卫兵就找上门来了,红卫兵指着张治中问:"你是谁?"张治中很生气:"你要问我是谁,你可以去问毛主席。"红卫兵楼上楼下,翻箱倒柜,气势汹汹,咄咄逼人,名为"破四旧",实则打砸抢。红卫兵走后,张治中对家人和秘书说:"若干年之后,这将是一个大笑话!"

张治中和彭德怀曾在西北合作公事,对彭德怀很了解。在一个小范围的会议上,毛泽东提出批判彭德怀,张治中当即发言不赞成毛主席的观点。"文革"中,彭德怀被打倒,张治中为此上书毛泽东,信中说彭德怀艰苦朴素,对自己非常严,洗脸水都不倒掉,留着洗脚。他绝对不会反对您。这封"万言书"后被周恩来压下,从而保护了张治中。

"文革"中,毛泽东在天安门多次接见红卫兵,每次张治中都在场,看着天安门上空随风飘扬的"伟大"、"万岁"的标语,他一个劲地摇头,不吭声。

1967年国庆节,张治中被家人用手推车推上天安门城楼上,他见到毛泽东后直言不讳地说:"主席啊,你走得太快了,我跟不上了。我一向认为共产党的干部都是好的,怎么一下子这么多好干部都变成走资派了?""现在被打倒的干部超过5%了吧,党内我有许多老朋友都被打倒了。那些元帅都被打倒了,你怎么办呢?"这种时候,在这样的场合,向毛泽东提出这样尖锐的问题,非有大勇气不敢为!

第二节 随毛泽东视察大江南北

1959年9月上旬,毛泽东对张治中说:"我想到外地视察去,你可愿意同行?"张治中喜出望外,高兴地回答:"那太好了!"张治中回到住处,即告诉秘书余湛邦:"这回你要好好准备。我每天紧跟在毛主席身边,你利用速记把他讲的话每句都记下,并留意环境和采访群众,到晚上我们把材料凑在一起,就可以成为一篇宝贵的日记。"

张治中(右二)在汉口陪同毛泽东会见武汉军区代表

9月10日上午8时,毛泽东、张治中分乘两架飞机由北京飞武汉,11时40分到达。一下飞机,张治中就关心地问毛泽东:"您昨晚恐怕又没睡觉吧?"毛泽东回答:"昨晚开了五个会,今天清晨又接见新疆参观团,没有睡。"张说:"那您好好地睡一觉吧。"毛说:"不,天气热,我们马上到长江去。"说着就登车,张治中和曾希圣、王任重同车随行。他们在船上吃中饭。饭后,毛

第十一章 参政议政 肝胆相照

泽东忙着要下江游泳,他笑着问张和曾:"你们可下水?"张、曾同声说:"不能奉陪了。"毛说:"好吧,你们都当观潮派吧!"

在武汉视察期间,适逢武汉军区召开党代表大会,毛泽东接见党代表后,坐车到大操场和大家照相。张治中对同车的曾希圣说:"这是党代表大会,我不是党员,不必参加了吧?"曾希圣也说:"我也不准备参加。"可是汽车停下来后,看到毛泽东站在那里等候。武汉军区司令员陈再道和叶子龙跑到张、曾面前说:"主席等你们一起照相呢!"张、曾赶快走到毛泽东的面前,张说:"我不要照了吧?"主席说:"为什么?1956年(八大)时我们不是邀请许多党外朋友参加照相了吗?"陈再道补上一句:"你还是国防委员会的副主席啊!"张就只有"恭敬不如从命",陪同毛泽东与500多位代表合影。

在合肥时,毛泽东向张治中介绍《楚辞》,由《楚辞》谈到《论语》,谈到《论语》的朱注,谈到朱熹。由朱熹谈到程颢、程颐,谈到周敦颐,谈到宋、明理学的四个学派,谈到客观唯心主义,谈到中国古代具有朴素的唯物主义思想的人物。谈到朱熹时,毛泽东对张治中说:"朱夫子是你们安徽人。"张说:"朱夫子被江西抢去了,婺源县现在划归江西了。"毛说:"婺源虽然划归江西了,但不能因此改变朱夫子的籍贯,七八百年来他一向被认为是安徽人嘛。"

毛泽东乘敞篷汽车会见合肥群众

在合肥稻香楼宾馆的一间平房里,忙碌一天的毛泽东毫无倦意。应曾希圣的邀请,他笔走龙蛇,写下四张墨香四溢的"安徽大学",生气贯注,遒劲洒脱。尽管毛泽东书法当时已经达到炉火纯青的境界,但仍写了四幅以供选用,体现了领袖的博大胸襟。

在安徽期间,张治中受家乡人民的委托,试探着对毛泽东说,我们家乡人都想见见您。没想到毛泽东竟欣然答应了。得知毛泽东将同大家见面的喜讯后,兴奋、激动、幸福充盈着每一个合肥人的心房。9月19日秋雨蒙蒙,合肥的大街小巷沐浴着清新的空气,金寨路、长江路、胜利路……街道两旁挤满了机关干部、工人、学生,大家不顾细雨打湿衣衫,纷纷在雨中伫立着,盼望能一睹伟大领袖的风采。下午1点多雨霁日出,毛泽东身穿银灰色风衣,满面红光、神采奕奕,在安徽省委第一书记曾希圣的陪同下,乘着一辆绿色的敞篷汽车,经金寨路到长江路再到胜利路缓缓行进,会见合肥人民。"毛主席万岁!"合肥人民发自肺腑表达着对领袖的敬意。"同志们万岁!""人民万岁!"毛泽东那浓浓的湖南方言也激荡在合肥上空。张治中在后面的敞篷车上目睹这人民领袖与人民的血肉联系,感慨万千,他再次想到蒋介石为什么会败退台湾一隅了。

张治中曾对毛泽东夸耀黄山风景之美,说"五岳归来不看山,黄山归来不看岳",动员毛泽东游黄山。毛泽东问:"上山有路吗?汽车能上去吗?"张答:"当然有路,汽车到不了的地方可以坐滑竿。"毛说:"我不能坐滑竿。"张不理解毛为什么不能坐滑竿。这次视察安徽,张又向毛重申前请。毛笑着说:"你们那个偏僻的地方,谁去?"张仍不懂。后来到了杭州,毛向张叙述过去如何游北高峰、南高峰,风景如何美好,张为之动容,但毫不经意地问:"有滑竿上山吗?"毛微微一笑,指着自己的双腿说:"我有这一副滑竿!"这是毛泽东对张治中的委婉批评。在张看来,坐汽车、骑马与坐滑竿都是代步,共产党人为什么能坐汽车,能骑马,就不能坐滑竿?他没意识到坐滑竿是骑在人民头上。人家汗流浃背,你却安然悠闲地欣赏风景,这是不人道的,良心上是说不过去的。

在南京,毛泽东笑问江苏省委第一书记江渭清:"你借文白先生的3000

元到底还了没有?"大家都觉得很奇怪。原来,张治中在抗战期间任湖南省政府主席时,江渭清写信给张治中,说我是共产党人,要抗日打游击,没钱,请你资助。张觉得此人真有胆识,而且对我如此信任,就批给他3000元钱。这一事情是毛泽东与张治中谈话中听到的。毛泽东还指着张治中问大家:"你们可知道他为什么字文白?"大家说不知道。毛泽东说:"他青年时当过警察,取字警魄。后来警察不当了,警魄的字也不用了,遂从警字中取一'文'字,魄字中取一'白'字,故字'文白',看来他还是简化汉字的创始人呢!"大家听了都高兴地笑了。

张治中(左二)陪同毛泽东视察安徽马鞍山钢铁公司

9月21日由南京坐火车经上海去杭州。在南京经过一整天的紧张活动,张治中在11时就睡了,睡梦正酣,叶子龙来说:"主席有请。"张治中忙披衣到毛泽东的座车上去,毛问张:"你大概是夜梦初醒吧?"张说:"刚睡不久。一看手表,快凌晨1时了。"原来,毛泽东利用途经上海之便,要去视察上海钢铁一厂。

杭州是此行视察的终点站,专列未到站前,毛泽东对张治中说:"杭州是大家多次到过的,你的观感如何?"张说:"建国后经过整顿当然不同。"毛说:"有两大缺点:一是湖水太浅,水草太多;二是坟墓太多,与鬼为邻。不过,我虽然批评它,还是喜欢它。"张治中对毛说:"您经年累月没有好好休息,这次到杭州多休息几个星期吧。"毛说:"看情况吧,我只要睡三天就可以恢复过来。"最后还笑着说:"这几天怎样活动,你自己安排,我们暂时分道扬镳吧。"可是事后张治中问叶子龙、徐光禄,才知道毛泽东还是每天睡四五个小时,只有两天睡到六个小时,每天审阅的文件,并不比在北京时少。

到了杭州,浙江党政军领导人前来会见,毛泽东为张治中一一介绍,第一位是省委第一书记江华,毛说:"他不姓江,原名黄春浦,江华是干革命时取的。"介绍书记霍士廉时说:"是霍去病的霍,霍去病在汉代名声功劳最大,不幸27岁上就死了。霍书记大概是霍去病的后裔吧?"介绍副省长吴宪时说:"此人口气真大,口衔天宪!"听了毛泽东纵横两千年的介绍,大家都笑了。

毛泽东与张治中坦诚相交,无话不谈,但也有争论的时候。张治中毛泽东此次视察途中的言论行动都写成日记,到杭州后整理成册,约4万字,题名《真挚、亲切、爽快、率真、英明、伟大的人民领袖》,送请毛泽东审阅,要求发表。"你写的是我的事情,我不答应,当然不能发表。"毛说:"萧三也写过一篇东西,我也曾不让他发表。""我写的都是亲身的见闻,是实事求是的,有一句说一句,没有一点夸大,你看了之后能不能发表再说,如果既不看又不让发表,那我不服。"张治中说。"好。我再考虑考虑,但是你只能说服,不能压服!"毛泽东最后说。此文最终在《人民日报》上发表,题目改为《人民热爱毛主席——随主席视察散记》。

第三节 为两岸统一耗尽心血

新中国成立后,中共对台湾当局的方针政策有一个演变的过程。1956年以前,中共对台基本方针是武力解决。随着中美两国在日内瓦的大使级外交接触,这就为中共和平解放台湾创造了必要的外部条件。因此1956年1月25日,毛泽东在最高国务会议上提出准备进行第三次国共合作。1月30日,周恩来在全国政协会议上正式宣布对台基本方针,号召"为争取和平解放台湾,实现祖国的统一而奋斗"。为加强对台工作,中共中央决定成立对台工作领导小组,由周恩来直接领导对台工作。由于张治中和国共两党高层的深厚关系,且长期在国民党高层负责,执掌国民党中央军校更达十年之久,在台故旧、袍泽、学生众多,因此成为沟通海峡两岸的重要桥梁,而祖国统一更是张治中晚年最大的心愿。

1960年10月,周恩来在北京颐和园会见黄埔校友

早在1950年初,张治中遵照周恩来的指示,率领由屈武、李俊龙、余湛邦等人员组成的特别工作小组,以到广州接返国的女儿为名,曾乘船去某个地方与国民党代表进行密谈。当年6月初,张治中受周恩来总理委托,以个人名义给蒋介石写信,劝其放弃反共立场。此后朝鲜战争爆发,形势发生变化,争取蒋介石的计划暂停下来。朝战后,张治中又选派老部属张梫琴专门负责两岸高层意见沟通,双方对此事均绝对保密。张梫琴不但与国民党人士交往密切,与社会各界均有联系,同时还与中共高层有紧密联系。蒋介石曾在高雄接见过他。

1954年,张治中发表《告逃在台湾的人们》的广播,在历述国民党统治给人民带来的灾难,以及新中国欣欣向荣的发展景象之后,规劝国民党方面放弃"反攻大陆"的不切实际的想法,希望在台故旧"主动地尽自己一切可能靠拢祖国和人民"。张治的讲话被英国报刊评论为"是那么合情合理,那么有说服力,那么令人安心",产生了热烈的反响,对在台人员产生了极大震撼。次年春节,张治中再次作对海外侨胞的广播,对"反攻大陆"进行驳斥。

1956年1月,周恩来宣布争取用和平方式解放台湾的方针。张治中对此给予高度评价,并在接受《团结报》记者采访时表示和平解决台湾是有可能的,期待第三次国共合作。第二年3月,张治中在民革中央三届二中全会的讲话中,再次强调和平解放台湾方针的正确性,并指出这一方针顺应民心,已在海内外产生很大影响,特别是在台湾内部和华侨中反响热烈。民革要认真研究台湾情况,做好对台宣传工作,争取实现通信与交往。

1958年10月,张治中在《台湾应主动抛弃美帝》一文中写道:"你们离开祖国9年了,人寿几何,经得起几回沧桑巨变?鸟倦尚且知还,人情谁不思乡?每当春风桃李花开日,秋雨梧桐叶落时,翘首北望,宁不神伤!你们回来吧!家人亲友在盼望你们,祖国人民在召唤你们!国庆10周年时,张治中再次敦请台湾方面有爱国思想的中国人到大陆上来看看。"特别指出"辞修、经国或亲来,或派人来,我想你们也一定会把成见与偏见丢开而额手称庆的","恳切希望你们团结一致,统一领导,毅然决然,争取通过和平途径,早日回到祖国的怀抱来。"

对台湾问题,大陆既从中、美、苏"大三角"的全局来考虑,又把"小三角"(即蒋介石、蒋经国、陈诚)作为工作重点。为此,中共采取了一系列政策以配合对台战略的转变。如特赦杜聿明、王耀武、曾扩情、郑庭笈、宋希濂等原国民党高级将领。他们通过各种渠道致信台湾国民党军政要员,说明大陆对台政策,希望通过和平谈判,实现祖国统一。

这一期间,蒋介石派宋宜山(宋希濂的胞弟)和曹聚仁回大陆打探情况,张治中将二人引荐给毛泽东,并经常参加毛泽东、周恩来等领导与二人的会谈,解释协调、介绍情况。毛泽东在会见曹聚仁时,曾明确表示台湾回归

曹聚仁、邓珂云夫妇与孩子们

第十一章 参政议政 肝胆相照

后可以保存军队。在双方真诚的交流中,虽在统一方面无实质的推进,但有效地实现了在关键的问题上的合作,使得两岸共同打破了美国分裂中国的图谋。

进入20世纪60年代,美国一方面加强与中国政府的接触,另一方面又向台湾当局施加压力,继续推行"两个中国"政策,美蒋矛盾加深扩大。为此,中共中央确定的对台总方针是台湾宁可放在蒋氏父子手里,也不能落到美国人手中。我们可以等待,解放台湾的任务不一定我们这一代完成,可以留给下一代去做。毛泽东还提出了对台的具体政策,周恩来将其归纳为"一纲四目"。

为了把中共和谈的诚意和信息传递到台湾,大陆通过与国共两党高层都有深交和影响的张治中、傅作义、李济深、邵力子、章士钊等人士,分头寻找线索和渠道转达。1963年初,周恩来请张治中、傅作义致信陈诚、蒋经国,阐明台湾的处境与前途,说明今日反台者并非中共实为美国,而支持台湾者并非美国实为中共,中共这样做是为了维护国家主权与领土完整。1月4日,张治中发出经周恩来修改的致陈诚函。函中说:今日台湾问题之首要关键,在于促成第三次国共合作,使台湾回归祖国。只要台湾回归祖国,其一切问题悉尊重台湾领导人意见妥善处理。其要点是:(一)台湾回归祖国后,除外交必须统一于中央外,所有军政大权人事安排等悉由台湾领导人全权处理。(二)所有军政及经济建设费用,不足之数,悉由中央拨付。(三)台湾之社会改革,可以从缓。必俟条件成熟,并尊重台湾领导人意见协商决定,然后进行。(四)双方互约,不派遣人破坏对方团结之事。此信在周恩来修改后,曾送中共中央政治局常委传阅。周恩来还在这封信的背后,写了这样四句话:"局促东南,三位一体。寥廓海天,不归何待!"从而正式地传达了大陆对台湾工作的"一纲四目"方针:"一纲"即台湾回归祖国,"四目"即上述四要点。

"一纲四目"在海外引起巨大反响,台湾当局表示,今后对大陆不再称呼"用红色中国"、"共党中国",而称"中共政权"。提到他们自己,不再称"自由中国",而用"中华民国"。蒋经国又托人表示,不再派人到大陆进行敌对活动,并说进一步派人到大陆谈判是不可避免的也是必需的。

在台湾的蒋介石与陈诚(左二)

据罗青长回忆,1963年12月初周恩来与张治中到广东省边境,与两位能沟通国共两党关系的人进行秘密会晤,时任中央台办主任的他参与了这次鲜为人知的活动。会晤前夕,周、张顺访了广东省的一些地方,在参观黄埔军校旧址后,来到黄埔港,并由吴瑞林(时任南海舰队司令员)陪同,检阅了南海舰队部分官兵。随后,周、张登上海军的一艘护卫舰,开始秘密航行……从广州到边境的预定会晤地点,有一天多的海上行程。为照顾好周、张的休息,吴瑞林令护卫舰低速行驶,使发动机噪音减小到最低。在周、张此次重要的边境秘密会晤里,吴瑞林又亲自带领3艘军舰,在附近海域进行小分队军事演习,以掩护会晤的顺利进行。"31年后的1995年春节,我与吴瑞林同志见面时,又谈起了这段历史。我向他说明这次会晤沟通了当时的台湾当局(蒋介石、陈诚、蒋经国)与大陆,在都主张一个中国的问题上,事实上达成了默契,使国共两党有了一定基础的共识。"

作为这一重大历史事件的当事人,罗青长始终守口如瓶,只在吴瑞林病逝后所写的一篇回忆文章中,首次证实了他与周恩来、张治中前往南海,与国民党两个可以沟通国共关系的人进行秘密会晤的史实。但是这次国共高层会晤所商谈的问题,国共两党的任何一方始终没有透露。曾经担任彭德怀军事参谋、采访过罗青长的彭绪一回忆:"周恩来和国民党代表当时达成了共识和默契,后来由于大陆的'文革'影响,使共识和默契没能实现。"从几位知情者的回忆中推测,国民党两个可以沟通国共两党关系的人是蒋经国和陈诚,会晤的地点是东沙岛,岛上时有国民党驻军。

1965年3月5日,陈诚在台湾病逝。去世前两天,他留下遗嘱,对"反攻大陆"和"光复大陆"只字未提。台湾国民党当局在发表陈诚这份遗嘱之前,曾经征询陈诚夫人谭祥的意见,建议在"陈副总统"的遗嘱中加上"反共"和"反攻大陆"等内容。谭祥知道,陈诚的遗嘱是他在生命最后时刻,经过深思熟虑后的肺腑之言。因此谭祥表示:"辞修的遗嘱如果一定要发表,就只能按照他生前的口授原件,如果感到这样公布不合时宜,也可以不发表。"有人将谭祥的意见向蒋介石作了报告,蒋介石批准"照原件发表公布!"周恩来获悉陈诚病逝的消息后,曾十分动情地说:"陈辞修是爱国的人,他坚决反对美国制造两个'中国'"。

这些都说明,中共中央的对台工作是卓有成效的,这其中就包含了张治中的诸多心血。张治中机要秘书余湛邦曾说,张治中去世之前,还念念不忘"对台工作希望大家继续做下去"。

第四节 故人的缅怀

由于在"文革"自身受到冲击,家属亦多受牵连,张治中心情十分抑郁,他的身体很快垮下来。他自知病入膏肓不治,但并无畏死之心,在遗嘱中写道,我们应以乐观精神对待病,以达观态度对待死,就自然思想开阔,心情舒畅,"理明牵挂少,心闲岁月宽"了。1969年4月3日,张治中的病情突然恶化,急送医院抢救,延至6日下午溘然长逝,终年79岁。张治中去世后,有人提出不举行告别仪式,周恩来则提出,一定要搞个仪式,并说:"我参加,再通知其他张治中的党内外的老朋友参加。"4月9日,在全国人大隆重举行张治中遗体告别仪式。周恩来向这位老朋友深深鞠躬,郭沫若、赛福鼎、傅作义、卢汉、章士钊、刘文辉、刘斐等张治中生前好友及亲属参加告别仪式。遗体火化后,安放八宝山革命公墓第一室。

中共中央总书记胡耀邦曾说:"要重新思考做人的道理。我很敬佩张治中。大革命和抗战胜利后国共两党分裂时,张两次向蒋介石上万言书,很不赞成。1949年以后,他从不批蒋介石。大概是'大跃进'(应为'文革')时,有次上天安门城楼,在电梯上遇见毛主席,张说:'主席呀,你走得太快了,跟不上。'张治中应当有部电视剧。"

1985年10月,中共中央统战部隆重举行张治中诞辰95周年座谈会,习仲勋(前排中)出席会议并发表讲话

1985年10月,中共中央政治局委员、书记处书记习仲勋代表中共中央在张治中诞辰95周年纪念大会上,对他的一生给予高度评价:"文白先生是杰出的爱国将领,富有远见的政治家,民革中央的卓越领导人,是同我们党有长期历史关系的亲密朋友。"他"一生主和,为国内和平而奔走,心诚志坚,不遗余力","从黄埔建军到共同建国,从言到行,他是国民党方面始终坚持国共合作的代表人物。他对促进国共合作,对民族、对民主革命事业作出的卓越贡献,国家和人民是永远不会忘记的"。

张治中一生爱憎分明,面对日军的侵略,他拍案而起,率部浴血御侮,站在抗战的最前列;面对国共内战,他奔波调和,不辞辛劳,坚决不与共产党人兵戎相见。他对自己的家乡更是爱得深沉,先后耗资在故乡建立数所小学、幼稚园,创建黄麓师范学校,邀请名师执教,倡导"生活即教育,社会即学校,教学做合一",与陶行知先生创立的晓庄师范并称,被赞为"昔日晓庄,今日黄麓"。

中华人民共和国成立后,他更是关注家乡的发展,不仅陪同毛泽东视察安徽,还于1964年5月下旬以国防委员会副主席的身份来安徽视察,用一个月的时间,从皖中到皖西、皖北,参观工厂、人民公社、学校以及新闻单位,面对家乡的日新月异,他兴奋地说,现在和十几年前完全不一样,过去村里是那样的衰落凋

张治中塑像揭幕

零,今天是何等的蓬蓬勃勃,怎能不使人心中高兴呢!家乡人民更是怀念这位著名的乡贤"和平将军",1990年10月,张治中诞辰百年纪念大会在安徽隆重举行,在将军创办的黄麓师范学校校园内,树立高大的将军塑像,洪学智将军为塑像揭幕。

将军的塑像深情凝视着这片生他养他的故土,无限眷念……

主要参考书目

《毛泽东选集》,北京:人民出版社,1991年。

《毛泽东书信选集》,北京:人民出版社,1983年。

《毛泽东与张治中》,乔东光著,北京:北京出版社,1998年。

《周恩来与张治中》,舒风著,北京:华文出版社,2012年。

《张治中与中国共产党——张治中机要秘书回忆录》,余湛邦著,北京:中共中央党校出版社,1991年。

《张治中回忆录》,张治中著,北京:华文出版社,2007年。

《张治中传》,屠筱武等著,合肥:安徽人民出版社,1998年。

《张治中将军》,安徽省政协文史资料研究委员会巢湖市政协文史资料委员会编,北京:中国文史出版社,1990年。

《回忆父亲张治中》,张素我,周海滨著,南京:江苏文艺出版社,2012年。

《纪念父亲张治中将军》,张素我、张素久主编,北京:团结出版社,2003年。

《王震的三次长征》,穆欣著,北京:人民出版社,2008年。

《失去的机会?战时国共谈判实录》,杨奎松著,桂林:广西师范大学出版社,1992年。

《找寻真实的蒋介石:蒋介石日记解读》,杨天石著,太原:山西人民出版社,2008年。

《中国新疆历史与现状》,厉声主编,乌鲁木齐:新疆人民出版社,2006年。

《陈诚回忆录——抗日战争》,陈诚著,北京:东方出版社,2009年。

《上海1937》,(丹麦)何铭生著,田颖慧、冯向晖译,北京:西苑出版社,2015年。

《鹰犬将军——宋希濂自述》,宋希濂著,北京:中国文史出版社,1986年。

《新疆五十年:包尔汉回忆录》,包尔汉著,北京:中国文史出版社,2013年。

《八一三淞沪抗战》,政协全国委员会文史资料研究委员会《八一三淞沪抗战》编审组编,北京:中国文史出版社,1987年。

《新疆三区革命史》,徐玉圻主编,新疆三区革命史编写组编,北京:民族出版社,1998年。

《新疆三区革命史鉴》,杜荣坤等著,北京:中国社会科学出版社,2013年。

《中国近代史大辞典》,北京:中共中央党史出版社,1992年。

《中华民国国民政府军政职官人物志》,刘国铭主编,北京:春秋出版社,1989年。

《中华民国重要史料初编——对日抗战时期 绪编》,秦孝仪主编,中国国民党中央委员会党史委员会,1981年。

《宪制道路与中国命运:中国近代宪法文献选编(1840-1949)下卷》,徐辰编著,北京:中央编译出版社,2017年。

《新疆社会科学》,2011年第四期新疆社会科学院主办。

《新疆大学学报》,新疆大学主办。

《伊犁教育学院学报》,2003年第一期,伊犁教育学院主办。

《文史资料选辑》(第1-118辑),中国人民政治协商会议全国委员会文史资料委员会《文史资料选辑》编辑部编。

《安徽文史资料选辑》(第 24、29 辑),中国人民政治协商会议安徽省委员会文史资料研究委员会编。

《江淮文史》(总第 88、121、122、127、128、129 期),中国人民政治协商会议安徽省委员会文史资料研究委员会编。

《湖南文史资料选辑》(第 18 辑),中国人民政治协商会议湖南省委员会文史资料研究委员会编,长沙:湖南人民出版社,1984 年。

《长沙文史资料》(第 1 辑),中国人民政治协商会方长沙市委员会文史资料研究委员会编,1984 年。

后 记

张治中将军是我景仰的家乡先贤,家乡处处传诵着有关将军的趣闻轶事,以及将军对国家、对民族、对家乡的热爱。参加工作后,我长期从事文史资料的征编、研究和出版工作,接触将军的史料就更多了,让我对将军更加敬佩。有关张治中将军的传记,已经出版诸多版本,这些师友们的著作,对我来说既是压力,也是动力,他们的作品都是我学习汲取的好资料。在本书的撰写过程中,我力求在前人的基础上,进一步挖掘研究最新资料,求史实之真,运史笔之活,尽最大努力还原这个敢于向国共两党重要历史人物毛泽东、蒋介石直谏的和平将军的立体形象。如果说,这本传记尚有可取之处,那是因为我站在前人的肩膀上。张治中将军的小女儿、美国著名爱国侨领、张治中文化教育基金会主席张素久女士,以及张治中文化教育基金会副主席、张治中将军外孙朱一山先生,审阅书稿并授权使用相关图文资料;著名历史学家杨天石先生审阅书稿,并为之作序;中共安徽省政协机关党组原副书记、文史资料委员会原主任屠筱武审阅书稿;安徽省社会科学院文学研究所原所长钱念孙,中共安徽省委统战部副巡视员李传玺,著名学者傅国涌先生,安徽省社会科学院研究员张秀玉,以及我的同事汪丽、王金梅等提供帮助,在此一并致以诚挚的谢意!由于水平有限,资料缺失,书中疏漏错讹之处,在所难免,敬请广大读者和专家给予批评指正。

作　者

2018 年 9 月

本书采用的部分图片、资料,因一时联系不上版权所有者,敬请有关人士予以谅解,并请版权所有者与本社联系稿酬事宜。